Ein sonderbares Licht in Teutschland

ZEITSCHRIFT FÜR HISTORISCHE FORSCHUNG

Vierteljahresschrift zur Erforschung des Spätmittelalters u. der frühen Neuzeit

Herausgegeben von

Johannes Kunisch, Klaus Luig, Peter Moraw
Volker Press

Beiheft 8

Ein sonderbares Licht in Teutschland

Beiträge zur Geschichte des Großen Kurfürsten von Brandenburg (1640 - 1688)

Herausgegeben von

Gerd Heinrich

Duncker & Humblot · Berlin

(1990)

CIP-Titelaufnahme der Deutschen Bibliothek

Ein **sonderbares Licht in Teutschland**: Beiträge zur Geschichte des Großen Kurfürsten von Brandenburg (1640 - 1688) / hrsg. von Gerd Heinrich. — Berlin: Duncker u. Humblot, 1990
(Zeitschrift für Historische Forschung: Beiheft; 8)
ISBN 3-428-06751-7 brosch.
ISBN 3-428-06736-3 engl. brosch.
NE: Heinrich, Gerd [Hrsg.]; Zeitschrift für Historische Forschung / Beiheft

Druck: Berliner Buchdruckerei Union GmbH, Berlin 61
Printed in Germany

ISSN 0931-5268
ISBN 3-428-06751-7 (Brosch.)
ISBN 3-428-06736-3 (Engl. Brosch.)

Vorwort

Der 300. Todestag des Kurfürsten Friedrich Wilhelm von Brandenburg ist in der historisch interessierten Öffentlichkeit Berlin-Brandenburgs nicht unbeachtet geblieben. Hüben wie drüben wurden Vortragsreihen und Spezialausstellungen angeboten. Hervorzuheben ist die Ausstellung der Staatlichen Schlösser und Gärten Potsdam, die auch im Charlottenburger Schloß zu sehen war. Die Preußische Historische Kommission hat ihre Jahrestagung im März 1988 dem Großen Kurfürsten und seiner Zeit gewidmet. Die um einen weiteren Beitrag über die Kolonialpolitik ergänzten Referate können hier nun in zum Teil erweiterter Form vorgelegt werden. Ein Dank gilt allen Referenten und Autoren, allen an der Vorbereitung der Tagung und dieses Bandes Beteiligten, insbesondere Frau Dr. Iselin Gundermann, Herrn Kollegen Johannes Kunisch, der den Sammelband in die Reihe der Beihefte seiner Zeitschrift aufnahm, und meinem Assistenten Jürgen Luh. Möge der Band dazu einladen, das Brandenburg-Preußen des 17. Jahrhunderts in Ereignissen, Strukturen und Beziehungen weiter von den Quellen her zu erforschen und in den größeren Zusammenhängen zu deuten.

Berlin, im Oktober 1989

Gerd Heinrich

Verzeichnis der Mitarbeiter

Prof. Dr. *Peter Baumgart,* Universität Würzburg, Institut für Geschichte, Am Hubland, D-8700 Würzburg

Prof. Dr. *Günter Birtsch,* Universität Trier, Fachbereich III: Geschichte, Postfach 3825, D-5500 Trier-Tarforst

Museumsdirektor Prof. Dr. *Helmut Börsch-Supan,* Verwaltung der Staatlichen Schlösser und Gärten, Schloß Charlottenburg, D-1000 Berlin 19

Wiss. Direktor Dr. *Stefan Hartmann,* Geheimes Staatsarchiv Preußischer Kulturbesitz, Archivstr. 12, D-1000 Berlin 33

Prof. Dr. *Gerd Heinrich,* Freie Universität Berlin, Fachbereich Geschichtswissenschaften, Friedrich Meinecke-Institut, Abteilung Historische Landeskunde, Habelschwerdter Allee 45, D-1000 Berlin 33

Prof. Dr. *Alfred Kelletat,* Breese im Bruche 22, D-3139 Jameln

Prof. Dr. *Johannes Kunisch,* Universität zu Köln, Historisches Seminar, Albertus-Magnus-Platz (Philosophikum), D-5000 Köln 41

Priv.-Doz. Dr. *Klaus-Jürgen Matz,* Universität Mannheim, Fakultät für Geschichte und Geographie, Historisches Institut, Schloß Ehrenhof Ost, D-6800 Mannheim 1

Prof. Dr. *Ernst Opgenoorth,* Rheinische Friedrich-Wilhelms-Universität Bonn, Historisches Seminar, Konviktstr. 11, D-5300 Bonn 1

Prof. Dr. *Anton Schindling,* Universität Osnabrück, Fachbereich Kultur- und Geowissenschaften, Historisches Seminar, Schloßstr. 8, D-4500 Osnabrück

Inhaltsverzeichnis

Kurfürst Friedrich Wilhelm und die Großen Mächte

Von Johannes Kunisch, Köln

I.

Es ist in der Methodendiskussion der Politikwissenschaft und der neueren Historiographie bis in Veröffentlichungen der jüngsten Zeit hinein darüber gestritten worden, ob die geschichtliche Entwicklung unter dem Primat äußerer oder innerer Faktoren gesehen werden muß[1]. Dabei ist etwa von Karl Dietrich Bracher in einem Aufsatz von 1963 vorgebracht worden, daß selbst ein den Problemen moderner Verfassungs- und Wirtschaftssoziologie so aufgeschlossen gegenüberstehender Historiker wie Otto Hintze „die Abhängigkeit innerstaatlicher Einrichtungen von außenpolitischen Bedürfnissen und Ereignissen uneingeschränkt betont" hat[2]. Zwar habe er sich um eine „Modernisierung der Staatswissenschaft seiner Zeit" bemüht und im Unterschied zu den meisten Kollegen seines Faches die Dynamik innenpolitischer Entwicklungen ernstgenommen und erstmals ins Blickfeld der politischen Geschichte gerückt. „Aber diese Dynamik blieb auch für Hintze, der sich hier scharf von der Sozialforschung Roschers oder Schmollers absetzte, von der Außenpolitik bestimmt, die als Machtpolitik der inneren Gestaltung der Verfassungsverhältnisse Möglichkeiten und Grenzen zuwies[3]."

Und in der Tat hat Hintze in seinem grundlegenden Aufsatz über „Staatsverfassung und Heeresverfassung" aus dem Jahre 1906 die Auffassung vertreten, daß es „eine einseitige, übertriebene und darum falsche Vorstellung" sei, wenn man „die sozialen Klassenkämpfe" als „das ausschließlich bewe-

---

1 Etwa: Innen- und Außenpolitik. Primat oder Interdependenz. Festschrift zum 60. Geburtstag von Walther Hofer, hrsg. von *Urs Altermatt* und *Judit Garamvölgyi*, Bern - Stuttgart 1980; *Andreas Hillgruber*, Die Diskussion über den „Primat der Außenpolitik", in: Ders., Die Zerstörung Europas. Beiträge zur Weltkriegsepoche 1914 bis 1945, Frankfurt/Main - Berlin 1988, 32 - 47. Zum Grundsätzlichen auch *Ernst-Otto Czempiel*, Internationale Politik. Ein Konfliktmodell (UTB, 1067), Paderborn 1981, bes. das Kapitel: Prozesse und Strukturen, 192 – 257.

2 *Karl Dietrich Bracher*, Kritische Betrachtungen über den Primat der Außenpolitik, in: Faktoren der politischen Entscheidung. Festgabe für Ernst Fraenkel zum 65. Geburtstag, hrsg. von Gerhard A. Ritter und Gilbert Ziebura, Berlin 1963, 115 - 148, hier 132. Vgl. überdies: Otto Hintze und die moderne Geschichtswissenschaft. Ein Tagungsbericht, hrsg. von *Otto Büsch* und *Michael Erbe* (Veröffentlichungen der Historischen Kommission zu Berlin, 38), Berlin 1983. Die außenpolitischen Aspekte im Werke Hintzes werden in diesem Band allerdings nur beiläufig behandelt.

3 *K. D. Bracher*, Kritische Betrachtungen (Anm. 2), 132.

gende Moment in der Geschichte" betrachte. „Die Völkerkämpfe", fuhr er fort, „sind doch noch weit wichtiger gewesen, und zu allen Zeiten hat der Druck von außen maßgebend auf die innere Struktur gewirkt[4]." Und in den einleitenden Bemerkungen zu seiner Abhandlung über „Staatenbildung und Verfassungsentwicklung" (1902) findet sich unter dem Hinweis auf Ranke die Sentenz: „In der Geschichte dominiert die äußere Politik der Staaten[5]." Hintze argumentierte hier wie auch in anderen seiner großen Abhandlungen in welthistorischer Perspektive und mit dem Anspruch, Grundbedingungen geschichtlicher Wirklichkeit zu erfassen. Es gehe ihm, schrieb er in dem angeführten Aufsatz, um die Frage, „ob und inwiefern die äußere Form der Staaten, die ja meist durch Momente der auswärtigen Politik bedingt ist, ihre innere Struktur, d. h. ihre Verfassung, beeinflußt, und ob es sich dabei nur um vereinzelte, unter sich unvergleichbare Fälle handelt, oder ob diese Erscheinungen sich gruppenweise zusammenfassen und als typische, reguläre Verhältnisse darstellen lassen"[6].

Ausgangspunkt seiner Überlegungen war demnach von vornherein die Annahme, daß außenpolitische Faktoren für die Entwicklung von Staat und Gesellschaft maßgeblich gewesen seien. Bei der Ausführung dieser Exposition stieß er dann auf die Umrisse jener „typischen" Erscheinungsformen, die sich seiner Fragestellung entsprechend gruppenweise zusammenfassen und dann in ihrer chronologischen Aufeinanderfolge darstellen ließen. Doch hat Hintze neben einer Betrachtungsweise, die umfassende Zusammenhänge der Weltgeschichte unter der Kategorie des Typischen ins Auge zu fassen bestrebt war, zugleich auch Lehren aus der Geschichte zu ziehen und damit Einfluß auf die Entscheidungen der damaligen Politik zu nehmen versucht[7]. An diesem Punkt nun hat sich die Methodenkritik zu Wort gemeldet. Denn spätestens seit der Französischen Revolution, so wurde von Bracher und anderen eingewandt, könne die Vorstellung von der Dominanz außenpolitischer Faktoren in der Weltpolitik keineswegs mehr als selbstverständlich oder maßgeblich betrachtet werden[8]. Sie sei vielmehr — bewußt oder unbewußt — instrumentalisiert worden durch eine Politik, die sich des Drucks von außen zur Niederhaltung des inneren Zwistes zu bedienen versuchte[9].

---

4 *Otto Hintze,* Staatsverfassung und Heeresverfassung, in: Ders., Staat und Verfassung. Gesammelte Abhandlungen zur allgemeinen Verfassungsgeschichte, 3. Aufl., hrsg. von Gerhard Oestreich, Göttingen 1970, 52 - 83, hier 55.

5 *O. Hintze,* Staatenbildung und Verfassungsentwicklung. Eine historisch-politische Studie, ebd., 34 - 51, hier 34.

6 Ebd., 35.

7 Vgl. etwa *O. Hintze,* Staatsverfassung und Heeresverfassung (Anm. 4), 83.

8 *K. D. Bracher,* Kritische Betrachtungen (Anm. 2), 132 - 135; vgl. auch *Ernst-Otto Czempiel,* Der Primat der auswärtigen Politik, in: PVS 4 (1963), 266 - 287, hier bes. 282 - 285.

9 In Anlehnung an eine Formulierung von *O. Hintze,* in: Ders., Staatsverfassung und Heeresverfassung (Anm. 4), 55.

In Hintzes Aufsatz über „Staatsverfassung und Heeresverfassung" steht etwa der Satz, daß „eine Kontinentalmacht wie Preußen [. . .] ihre bewaffnete Macht nicht von den Beschlüssen wechselnder Parlamentsmajoritäten abhängig machen" konnte [10]. Eine solche Schlußfolgerung lief nach Auffassung Brachers auf eine Rechtfertigung des preußischen Verfassungskonflikts der Bismarckzeit hinaus und bedeutete in ihrer politischen Konsequenz die „Zurückdrängung des parlamentarischen Prinzips durch geographisch-außenpolitische Momente, getreu der Überzeugung, daß der Druck auf Deutschlands Grenzen die innenpolitische Freiheit beschränken müsse" [11]. Sie stellte demnach weniger eine historische Erkenntnis als vielmehr eine politische Option dar, die ihre Legitimation aus den strukturellen Gesetzmäßigkeiten der Vergangenheit herzuleiten suchte.

Ähnlich ist auch die Bedeutung Rankes in der Frage des Primats der Außenpolitik eingeschätzt worden [12]. Als Beleg für diese Auffassung ist immer wieder eine zentrale Aussage aus dem „Politischen Gespräch" von 1836 angeführt worden. „Das Maß an Unabhängigkeit", heißt es dort, „gibt einem Staate seine Stellung in der Welt; es legt ihm zugleich die Notwendigkeit auf, alle inneren Verhältnisse zu dem Zwecke einzurichten, sich zu behaupten. Dies ist sein oberstes Gesetz" [13]. An sich, äußert Ernst-Otto Czempiel, sei eine solche Feststellung als legitim, ja selbstverständlich auch vorher schon anerkannt gewesen [14]. „Integritet, Tranquillitet, Libertet und Sicherung" der Staaten wurden schon in § 65 des Prager Friedens von 1635 als Maximen politischen Handelns proklamiert [15]. Bemerkenswert erscheint nach Auffassung Czempiels jedoch, daß Ranke über das Unabhängigkeitspostulat hinaus noch ein weiter gestecktes Ziel außenpolitischen Handelns an einer Stelle nur wenige Absätze vor der angeführten Sentenz ins Auge gefaßt hat [16]. „Um etwas zu sein", heißt es dort, „muß man sich erheben aus eigener Kraft, freie Selbständigkeit entwickeln, und das Recht, das uns nicht zugestanden wird, müssen wir uns erkämpfen" [17]. Hier ist in der Tat nicht mehr

---

10 Ebd., 78.

11 *K. D. Bracher,* Kritische Betrachtungen (Anm. 2), 134 f.

12 Zum Grundsätzlichen *Theodor Schieder,* Das historische Weltbild Leopold von Rankes, in: Ders., Begegnungen mit der Geschichte, Göttingen 1962, 105 – 128, und *Max von Szczepanski,* Rankes Anschauungen über den Zusammenhang zwischen der auswärtigen und inneren Politik der Staaten, in: Zeitschrift für Politik 7 (1914), 489 – 623.

13 *Leopold von Ranke,* Politisches Gespräch, in: Ders., Sämtliche Werke 49/50, Leipzig 1887, 328.

14 *E.-O. Czempiel,* Der Primat der auswärtigen Politik (Anm. 8), 277.

15 *[Johann Jacob Schmauß-Heinrich Christian von Senckenberg* (Hrsg.)], Neue und vollständigere Sammlung der Reichs-Abschiede, welche von den Zeiten Konrads II. bis jetzt auf den Teutschen Reichs-Tägen abgefasset worden ..., 4 Teile in 2 Bänden, Frankfurt/Main 1747, hier Teil 3, 544.

16 *E.-O. Czempiel,* Der Primat der auswärtigen Politik (Anm. 8), 277.

17 *L. von Ranke,* Politisches Gespräch (Anm. 13), 327.

nur die Rede davon, sich zu behaupten und die eigene Unabhängigkeit sicherzustellen, sondern davon, „etwas zu sein“, oder — wie es an anderer Stelle heißt — „sich zu universaler Bedeutung [zu] erheben“ [18]. Für Ranke stellten die Staaten „schöpferische Kräfte“ und „moralische Energien“ dar. „Sie blühen auf, nehmen die Welt ein, . . . bestreiten, beschränken, überwältigen einander; in ihrer Wechselwirkung und Aufeinanderfolge, in ihrem Leben, ihrem Vergehen oder ihrer Wiederbelebung, die dann immer größere Fülle, höhere Bedeutung, weiteren Umfang in sich schließt, liegt das Geheimnis der Weltgeschichte [19].“ Sie erscheint Ranke „als ein sinngeformter Prozeß“ mit offenkundig aufsteigender Tendenz — jedenfalls für diejenigen unter den Mächten, die sich ihre Rechte zu erkämpfen wußten [20]. Ranke war in seinem genuin historischen Erkenntnisinteresse bestrebt, „die Regel des Werdens zu finden“ [21]. Aber zugleich versuchte er wie nach ihm auch Hintze, die Entwicklungsprinzipien, zu denen er in der Betrachtung der Historie vorgedrungen war, in durchaus politisch verstandene Handlungsmaximen umzusetzen, die ihm gerade auch für seine Zeit maßgeblich und unverzichtbar zu sein schienen. Es war letztlich das altvertraute Konzept staatlicher Reputation und territorialer Arrondierung, das ihm vorschwebte, wobei es nach Auffassung von Czempiel und Ludwig Dehio ausgemacht schien, daß die Innenpolitik a priori und total eine Funktion der außenpolitischen Verhältnisse darstellte [22].

Wie immer nun die Fragen, die mit ideologiekritischem Ansatz an die Historiographie des 19. und beginnenden 20. Jahrhunderts gestellt worden sind, auch beantwortet werden müssen: aufschlußreich ist jedenfalls, daß auch Autoren wie Bracher und Czempiel gesehen und anerkannt haben, daß mit dem methodischen Instrumentarium, wie es von Ranke, Hintze und vielen der Schüler des ersteren verwendet worden ist, die mächtepolitische Wirklichkeit der frühen Neuzeit durchaus adäquat analysiert werden kann. „Der Staatsindividualismus nach außen“, schreibt Bracher, „entsprach [im Absolutismus] dem Obrigkeitsstaat mit bürokratischer Verwaltung, der Machtstaat dem Administrativstaat [23].“ Ja, es hat sogar den Anschein, als wenn

---

18 Ebd.

19 *L. von Ranke,* Die Großen Mächte, in: Ders., Sämtliche Werke 24, Leipzig 1872, 39 f.

20 *Fritz Wagner,* Europa um 1700 — Idee und Wirklichkeit, in: Francia 2 (1974), 295 - 308, hier 296 f.

21 *L. von Ranke,* Politisches Gespräch (Anm. 13), 327.

22 *E.-O. Czempiel,* Der Primat der auswärtigen Politik (Anm. 8), 279; *Ludwig Dehio,* Ranke und der deutsche Imperialismus, in: Ders., Deutschland und die Weltpolitik im 20. Jahrhundert, München 1955, 37 - 69.

23 *K. D. Bracher,* Kritische Betrachtungen (Anm. 2), 126 (Zitat) und 134; vgl. auch *E.-O. Czempiel,* Der Primat der auswärtigen Politik (Anm. 8), 279, und *Ders.,* Strukturen absolutistischer Außenpolitik, in: ZHF 7 (1980), 445 - 451. „Die Innenpolitik der Territorien“, heißt es hier (450), „spielte im Absolutismus keine Rolle, weil sie von der Herrschaft des absoluten Fürsten praktisch gar nicht erfaßt wurde“.

sich an den Spielregeln und Erscheinungsformen der vorrevolutionären Staatsbildung die Maßstäbe und Kriterien ausgebildet hätten, mit denen man den Sinn und Zweck der Staaten überhaupt zu beurteilen unternahm. Insofern betrifft der hauptsächlich von der Politikwissenschaft erhobene Einspruch gegen den „Primat der Außenpolitik" auch weniger die eigentlich historische Betrachtung der Mächtepolitik, sondern die Übertragung und Verabsolutierung außenpolitischer Bewertungskriterien auf eine Zeit, die eigentlich schon nach anderen, vorwiegend innenpolitischen Prinzipien hätte befragt werden müssen. Die Französische Revolution erscheint dabei „als der große Kreuzungspunkt, an dem diese neue Verschiebung der Akzente am sichtbarsten geworden ist"[24].

Für das hier zu erörternde Kapitel brandenburgischer Mächtepolitik gilt demzufolge, daß die Haupt- und Staatsaktionen, in die sich der Große Kurfürst einzulassen gezwungen sah, als primäre Gestaltungsfaktoren der politischen Geschichte in ihrer Gesamtheit zu betrachten sind. Auf Reputation bedachte Staatenpolitik, dynastischer Ehrgeiz und Arrondierungsstreben waren im 17. Jahrhundert nicht etwas, was man wollen oder lassen konnte; sie waren etwas Notwendiges, das im Hinblick auf die Selbstbehauptung und territoriale Integrität des Landes gewollt werden mußte[25]. Denn in selbstgenügsamer Autarkie waren weder die großen noch die kleinen Mächte des Kontinents überlebens- und entwicklungsfähig. Das eine sei gewiß, äußerte der Große Kurfürst in dem der Mächtepolitik gewidmeten Kapitel seines Politischen Testaments an den Thronfolger gewandt, daß euer Land, wenn ihr stille sitzt und meint, daß das Feuer noch weit von euren Grenzen entfernt sei, das Theatrum abgeben werde, „darauff man die tragedi Spiellen" wird. Wenn ein Krieg ausbreche, so sucht durch eine „interposition" den Streit beizulegen, „aber steht allzeit in gutter postur, damitt Ihr nachdruck habet"[26].

So haben wir es bei der Mächtepolitik des Großen Kurfürsten mit einem Problem zu tun, dem zentrale Bedeutung zugemessen werden muß. Es umfaßt nicht nur jenen Bereich politischer Betätigung, der in der späteren Neuzeit mit dem Begriff „Außenpolitik" bezeichnet worden ist, sondern ein sehr viel weiteres Feld. Denn die meisten der großen gesellschaftspolitischen Umbrü-

---

24 *K. D. Bracher,* Kritische Betrachtungen (Anm. 2), 127.

25 *Werner Näf,* Die europäische Staatengemeinschaft in der neueren Geschichte (Schweizer Vereinigung für internationales Recht — Druckschrift 37), Zürich - Leipzig 1943; *Ders.,* Die Entwicklung des Staatensystems (Zum Problem des Überstaatlichen in der Geschichte), in: Schweizer Beiträge zur Allgemeinen Geschichte 9 (1951), 5 - 33; *Johannes Kunisch,* Absolutismus. Europäische Geschichte vom Westfälischen Frieden bis zur Krise des Ancien Régime (UTB, 1426), Göttingen 1986, 157 - 171 und 219 f.

26 Politisches Testament des Großen Kurfürsten, Cölln an der Spree 19. Mai 1667, abgedr. in: Die Politischen Testamente der Hohenzollern, bearb. von *Richard Dietrich* (Veröffentlichungen aus den Archiven Preußischer Kulturbesitz, 20), Köln - Wien 1986, 188.

che und institutionellen Reformen, die in der beinahe ein halbes Jahrhundert währenden Regentschaft des Großen Kurfürsten zu verzeichnen sind, stehen in mehr oder weniger unmittelbarem Bezug zu den Ereignissen, in die die brandenburgische Politik im Rahmen mächtepolitischer Konflikte einbezogen war. Dabei verfügte der Große Kurfürst — das wird sich im Verlaufe dieses Vortrags mit aller Deutlichkeit zeigen — keineswegs über ein freies, auf souveräner Machtvollkommenheit beruhendes Gestaltungsvermögen. Vielmehr blieb er gerade in mächtepolitischer Hinsicht an jenen eng umgrenzten Aktionsradius gebunden, der Brandenburg im System der Mächte zugestanden wurde. Und dennoch sind es die außenpolitischen Verwicklungen, die das Schwungrad des inneren Staatsausbaus ingang gesetzt haben. Hier liegen die Antriebe für das, was man im weitesten Sinne als Politik bezeichnen kann[27].

II.

Zunächst gab es unter den Rahmenbedingungen der brandenburgischen Außenpolitik eine Reihe dynastisch-territorialer Komponenten, die eine Verwicklung des Großen Kurfürsten in die Machtkämpfe des europäischen Staatensystems als beinahe unausweichlich erscheinen ließen[28]. An erster Stelle unter diesen territorialen Problemen stand das Herzogtum Preußen. Es war nach der Säkularisierung des Ordensstaates im Jahre 1525 in den erblichen Besitz einer Nebenlinie des Hauses Hohenzollern übergegangen. Es blieb jedoch auch als weltliches Herzogtum in Lehnsabhängigkeit von der Krone Polens. Als im Jahre 1619 mit Albrecht Friedrich die herzogliche Linie ausstarb, fiel Preußen trotz des Widerstandes polnischer Magnaten und der preußischen Landstände an die Kurlinie des Hauses Hohenzollern, nachdem diese in Anbetracht des sich schon abzeichnenden Erbfalls 1569 erstmals eine Mitbelehnung durch den polnischen König durchgesetzt hatte.

Zu einem Problem der großen Politik wurde dieser scheinbar so abgelegene Lehnsbesitz, als nach der Abdankung der Königin Christine im Jahre 1654

---

27 *O. Hintze,* Wesen und Wandlung des modernen Staats, in: Ders., Staat und Verfassung (Anm. 4), 470 - 496, hier 480.

28 Die Quellen sind bereitgestellt worden in: Urkunden und Actenstücke zur Geschichte des Kurfürsten Friedrich Wilhelm von Brandenburg, 23 Bde., Berlin - Leipzig 1864 - 1930. In Betracht kommen hier im besonderen die Abteilungen: Politische Verhandlungen (14 Bde.) und Auswärtige Acten (5 Bde.). Vgl. hier und im folgenden auch *Albert Waddington,* Le Grand Electeur Frédéric Guilleaume de Brandebourg. Sa politique extérieure 1640 - 1688, 2 Bde., Paris 1905/08, und *Alfred Francis Pribram,* Zur auswärtigen Politik des Kurfürsten Friedrich Wilhelm von Brandenburg, in: FBPG 5 (1892), 103 - 133. *Ernst Opgenoorth,* Der Große Kurfürst, das Reich und die europäischen Mächte, in: Preußen, Europa und das Reich, hrsg. von Oswald Hauser (Neue Forschungen zur Brandenburg-Preußischen Geschichte, 7), Köln - Wien 1987, 19 - 31; *Anton Schindling,* Kurbrandenburg im System des Reiches während der zweiten Hälfte des 17. Jahrhunderts, ebd., 33 - 46.

der seit langem schwelende Konflikt zwischen den rivalisierenden Linien des Hauses Wasa um die Erbfolge in Schweden ausbrach[29]. Dort war Karl X. Gustav aus dem Hause Pfalz-Zweibrücken, ein Neffe der abgedankten Königin, gegen den heftigen Widerstand des polnischen Wasakönigs Johann Kasimir auf den Thron gelangt. Angesichts der angespannten Lage, die überdies auch zwischen Polen und Rußland herrschte, ergriff Karl Gustav sofort die Initiative, in die gerade auch das Herzogtum Preußen als Operationsbasis für einen Feldzug gegen Polen einbezogen war. Angesichts der Expansionsgelüste Schwedens, die sich besonders auf die Anrainerstaaten der Ostsee richteten, blieb Friedrich Wilhelm im Grunde keine Wahl, als sich an der Seite Karl Gustavs an der Niederwerfung Polens zu beteiligen. In den Verhandlungen, die Ende Juli / Anfang August 1655 in Stettin geführt wurden, ließ es der Schwedenkönig in der Ungewißheit über den Erfolg seiner Kriegsoperationen für einen Augenblick lang möglich erscheinen, daß der Große Kurfürst für eine Waffenhilfe von 8 000 Mann die Souveränität im Herzogtum Preußen würde erlangen können[30]. Doch in erneuten Verhandlungen — nach dem Vormarsch Karl Gustavs schon auf polnischem Boden — wurde deutlich, daß an dieses Ziel vorerst nicht zu denken war. Nach dem Sieg der Schweden sah sich Friedrich Wilhelm vielmehr genötigt, im Königsberger Vertrag vom 16. Januar 1656 in ein Bündnis einzuwilligen, das ihn nun zum Vasallen der Krone Schwedens machte und zwang, die Häfen Pillau und Memel dem Verbündeten zu öffnen. Darüber hinaus mußte er sich verpflichten, im Falle der Fortsetzung des Krieges gegen Polen eine Lehnshilfe von 1 500 Mann zu leisten[31]. Doch wandte sich das Blatt ein weiteres Mal grundlegend und schnell. Schon im Sommer waren die Schweden zurückgeworfen und genötigt worden, sich ihres Bündnispartners nun ernsthafter zu versichern. So kam es im Vertrag von Marienburg auf der Grundlage gemeinsamen Vorgehens zu Zugeständnissen von schwedischer Seite, die zwar das Souveränitätsproblem unberührt ließen, aber doch eine territoriale Entschädigung vorsahen[32]. Die Folge war ein Vorstoß auf Warschau, der nach einer dreitägigen Schlacht mit einem Sieg der Bündnispartner endete, ohne freilich die politische Lage entscheidend zu verändern. Durch den wachsenden außenpolitischen Druck sah sich Karl Gustav schließlich sogar gezwungen, dem

---

29 Zum Gesamtzusammenhang *Klaus Zernack,* Das Zeitalter der nordischen Kriege von 1558 bis 1809 als frühneuzeitliche Geschichtsepoche, in: ZHF 1 (1974), 55 - 79; *Ders.,* Schweden als europäische Großmacht der frühen Neuzeit, in: HZ 232 (1981), 327 - 357.

30 Zu den Einzelheiten der Verhandlungen *Ernst Opgenoorth,* Friedrich Wilhelm. Der Große Kurfürst von Brandenburg. Eine politische Biographie, 2 Bde., Göttingen 1971/78, hier Bd. 1, 302 ff.

31 Ebd., 323 ff. Vgl. im einzelnen Kurbrandenburgs Staatsverträge von 1601 bis 1700, bearb. von *Theodor von Moerner,* Ndr. der Ausgabe von 1867, Berlin 1965, 195 - 198.

32 *E. Opgenoorth,* Friedrich Wilhelm (Anm. 30), 331 ff., und Kurbrandenburgs Staatsverträge (Anm. 31), 206 - 209.

Drängen des Kurfürsten nachzugeben und ihm im Vertrag von Labiau vom 10. November 1656 den souveränen Besitz von Preußen zu garantieren[33].

Die Wende des Krieges brachte allerdings das überraschende Eingreifen Friedrichs III. von Dänemark. Es nötigte den Schwedenkönig zur sofortigen Rückkehr und eröffnete dem Kurfürsten von Brandenburg die Möglichkeit, sich unter Vermittlung des kaiserlichen Gesandten Franz Paul Freiherrn von Lisola mit König Johann Kasimir von Polen in der Souveränitätsfrage zu einigen[34]. Der Krieg nahm unterdessen seinen Fortgang. Es gelang Karl Gustav, sich in einem wagemutigen Winterfeldzug gegen Dänemark zu behaupten, so daß nun zu befürchten stand, daß er auf den kontinentalen Kriegsschauplatz zurückkehren und seine ursprünglich gegen Polen gerichteten Absichten weiterverfolgen würde. Doch formierte sich im Frühjahr 1658 eine Allianz, in der sich neben Polen auch Brandenburg und der Kaiser auf eine gemeinsame Intervention verständigten. Mit dieser Rückendeckung nun glaubte es der Große Kurfürst wagen zu können, sich offensiv gegen den Schwedenkönig zu wenden, um nicht nur einer erneuten Auseinandersetzung um Preußen zuvorzukommen, sondern auch in der Absicht, den brandenburgischen Anspruch auf den ungeteilten Besitz von Pommern zur Geltung zu bringen[35].

Das herzogliche Haus der Greifen war im Jahre 1637 ausgestorben. Seit 1529 bestand jedoch ein Erbverbrüderungsvertrag mit dem Hause Brandenburg, der zwar die Reichsunmittelbarkeit des Landes bestätigte, zugleich aber den Erbanspruch der Hohenzollern zu einer förmlichen Reichsangelegenheit machte. So konnte an der Legitimität des brandenburgischen Sukzessionsbegehrens kein Zweifel bestehen. Doch hatte sich der Große Kurfürst bei der Regelung der Besitzstandsfrage im Westfälischen Frieden mit Hinterpommern und dem Bistum Kammin begnügen müssen, während der größere und wegen seiner Hafenstädte bedeutendere Teil des Greifenerbes der Krone Schwedens zugeschlagen worden war. Nun, auf dem Höhepunkt des von

---

33 *E. Opgenoorth,* Friedrich Wilhelm (Anm. 30), 345 ff., und Kurbrandenburgs Staatsverträge (Anm. 31), 211 - 216.

34 Vgl. zu den außerordentlich schwierigen Verhandlungen zwischen Polen und Brandenburg *Alfred Francis Pribram,* Franz Paul Freiherr von Lisola (1613 - 1674) und die Politik seiner Zeit, Leipzig 1894, 101 ff. Die entsprechenden Korrespondenzen und Relationen hat ebenfalls Pribram veröffentlicht. Vgl. *Ders.,* Die Berichte des kaiserlichen Gesandten Franz von Lisola aus den Jahren 1655 bis 1660; in: Archiv für Österreichische Geschichte 70 (1887), 1 - 571. Vgl. ferner auch *Ernst Salzer,* Der Übertritt des Großen Kurfürsten von der schwedischen auf die polnische Seite während des ersten nordischen Krieges in Pufendorfs „Carl Gustav" und „Friedrich Wilhelm" (Heidelberger Abhandlungen, 6), Heidelberg 1904. Auszüge aus dem Vertragstext von Wehlau in: Kurbrandenburgs Staatsverträge (Anm. 31), 220 - 227.

35 *A. F. Pribram,* Franz Paul Freiherr von Lisola (Anm. 34), 134 ff., und *E. Opgenoorth,* Friedrich Wilhelm (Anm. 30), 383 ff. Die Vertragsbestimmungen zwischen Brandenburg und dem Kaiser in: Kurbrandenburgs Staatsverträge (Anm. 31), 229 - 232.

Karl Gustav entfesselten Krieges, schien sich die Möglichkeit zu bieten, die Teilung Pommerns im Sinne des brandenburgischen Erbanspruchs zu revidieren. So setzte sich Friedrich Wilhelm im September 1658 an der Spitze einer Armee von 30 000 Mann, die sich aus brandenburgischen, kaiserlichen und polnischen Kontingenten zusammensetzte, nach Norden in Bewegung, und es gelang ihm zusammen mit dem kaiserlichen Oberkommandierenden, General-Leutnant Raimund Graf (später Fürst) Montecuccoli[36], die Schweden aus den Herzogtümern Schleswig und Holstein zurückzudrängen. Im Dezember stieß er mit Unterstützung dänischer Kriegsschiffe auf die Insel Alsen vor und nahm im Feldzug des folgenden Jahres ganz Jütland in Besitz. Im Mai fiel Fridericia, die letzte Bastion der Schweden auf dem Festland. Da aber nun die Holländer im Einvernehmen mit England und Frankreich zu verhindern wußten, daß Karl Gustav die Faustpfänder, die ihm mit den Inseln Fünen und Seeland verblieben waren, entrissen wurden, wandte sich Kurfürst Friedrich Wilhelm nach Pommern, das er bis zum Ende des Feldzugs 1659 mit Ausnahme der Seestädte Stralsund und Stettin in seinen Besitz zu bringen vermochte.

Unterdessen waren unter Vermittlung Frankreichs die Friedensverhandlungen in Kloster Oliva unweit von Danzig eröffnet worden. Weder der Schwedenkönig noch der Kurfürst von Brandenburg waren indessen bereit, auf die von Mazarin unterbreiteten Vorschläge zur Lösung der anstehenden Konflikte einzugehen. So wurde gewissermaßen verfügt, daß Brandenburg das besetzte Pommern zugunsten Schwedens als einer der beiden Garantiemächte des Westfälischen Friedens zu räumen habe. Schon die Drohung, daß Frankreich mit einer Armee von 40 000 Mann zu intervenieren gedenke, veranlaßten den Kaiser und Polen, ihre an der Belagerung von Stettin beteiligten Truppen zurückzuziehen und den noch vor Jahresfrist umworbenen Bündnispartner auch politisch im Stich zu lassen. So gelang es dem Großen Kurfürsten lediglich, die zunächst von Schweden und dann von Polen zugestandene Souveränität im Herzogtum Preußen im Friedensvertrag von Oliva bestätigen zu lassen[37].

Es waren also im hohen Maße dynastische und territoriale Zwänge, die die Außenpolitik des Großen Kurfürsten auf die Bahn bewaffneter Selbstbehauptung und militärischer Expansion drängten. Es war der Zugriff Karls

---

36 Im einzelnen *Ferdinand Stöller,* Feldmarschall Raimund Graf Montecuccoli (1609 - 1680), in: Gestalter der Geschicke Österreichs, hrsg. von Hugo Hantsch, Innsbruck - Wien - München 1962, 171 - 184, und *Piero Pieri,* Raimondo Montecuccoli, in: Klassiker der Kriegskunst, hrsg. von Werner Hahlweg, Darmstadt 1960, 134 - 149. Zum Verlauf der Feldzüge *Eckhardt Opitz,* Österreich und Brandenburg im Schwedisch-Polnischen Krieg 1655 - 1660. Vorbereitung und Durchführung der Feldzüge nach Dänemark und Pommern (Militärgeschichtliche Studien, 10), Boppard 1969.

37 *E. Opgenoorth,* Friedrich Wilhelm (Anm. 30), 406 - 413, und *A. F. Pribram,* Franz Paul Freiherr von Lisola (Anm. 34), 201 - 219. Die wichtigsten Bestimmungen des Vertrages in: Kurbrandenburgs Staatsverträge (Anm. 31), 239 - 251.

X. Gustav auf das Herzogtum Preußen, der ihn gezwungen hat, sich in eine Konfrontation mit Polen einzulassen, in der er außer der Wahrung der eigenen Besitzstandsrechte keine Machtinteressen verfolgte. Hinzu kam das Streben, den ihm vorenthaltenen Teil des pommerschen Erbes doch noch für das Haus Brandenburg zu gewinnen. Die Aussicht auf die Einlösung dieses legitimen Rechtsanspruchs ließ ihn schließlich zur treibenden Kraft der antischwedischen Allianz werden. So waren es die durch dynastische und territoriale Faktoren bestimmten Rahmenbedingungen des europäischen Staatensystems, die Brandenburg notwendigerweise und zwangsläufig in kriegerische Konflikte hineinzogen. Zwar hatte es solche „casus extremae necessitatis“ auch vorher schon gegeben. Das Haus Brandenburg war jedoch seit der ausgreifenden Heirats- und Arrondierungspolitik, der sich schon Johann Sigismund mit Zielstrebigkeit und beträchtlichem Erfolg verschrieben hatte, in eine solche Fülle mächtepolitischer Verwicklungen und Streitigkeiten eingebunden, daß ein Rückzug aus den Macht- und Prestigekämpfen der großen Dynastien im Grunde nicht mehr möglich war.

Daß der Große Kurfürst sich jedenfalls die Optionen, die ihm das mächtepolitische Szenarium zur Behauptung und Konsolidierung seines Hauses eröffneten, zu nutzen entschlossen war, zeigen nicht nur die Ereignisse des Nordischen Krieges selbst, sondern auch die administrativen Maßnahmen, die er noch während des Krieges und in verstärktem Maße nach dem Friedensschluß zur Steigerung seines Machtpotentials ergriff. Überhaupt trat nun der selbständige, autokratische Zug in der Regententätigkeit des Kurfürsten in immer schärferer Ausprägung hervor[38]. Dabei handelte er nach Maßregeln, wie sie Montecuccoli, sein Kampfgefährte im Schwedisch-Polnischen Krieg und in den Auseinandersetzungen mit Ludwig XIV. (1674), als einer der bedeutendsten Militärtheoretiker seiner Zeit vertreten hat. Wie ein guter Seefahrer, schrieb dieser in seinem in den Jahren 1639 – 1641 verfaßten „Trattato della guerra“, bevor er den Hafen verläßt, sein Schiff mit allen Erfordernissen ausstatte, „so muß auch der umsichtige Feldherr alles zum Kriege vorbereiten, ehe er sich dem Glücke anvertraut“[39]. Rüstungen, fuhr er fort, sind im Kriege förderlicher als gewaltsame Aushebungen nach Ausbruch der Kampfhandlungen. Wenn sie rechtzeitig beendet seien, „so dienen sie nicht bloß dazu, den Krieg zu führen, sondern ihn auch zu verhindern“. So gelangte er zu der Sentenz: „Wer den Frieden will, bereitet sich auf den Krieg vor. Die wichtigste Vorbereitung ist die Aufstellung einer starken, zahlreichen Armee; denn Großes läßt sich nur mit großer Kraft bewirken[40].“

[38] *O. Hintze,* Die Hohenzollern und ihr Werk. Fünfhundert Jahre vaterländische Geschichte, Berlin 1915, 200.

[39] *Raimund Graf Montecuccoli,* Abhandlung über den Krieg, in: Ausgewählte Schriften des Raimund Fürsten Montecuccoli, General-Leutnant und Feldmarschall, hrsg. von der Direktion des K. u. K. Kriegsarchivs, bearb. von *Alois Veltzé,* 4 Bde., Wien - Leipzig 1899 – 1900, hier Bd. 1, 73.

[40] Ebd., 73 f.

Wir wissen wenig darüber, wie eng das Verhältnis zwischen den beiden Feldherren gewesen ist[41]. Wir wissen auch nicht, ob Friedrich Wilhelm den „Trattato della guerra", der zu Lebzeiten seines Verfassers nur in wenigen Exemplaren in Umlauf war[42], überhaupt gekannt hat. Aber es ist doch zu vermuten, daß er über die Grundsätze, nach denen Montecuccoli zu handeln pflegte, durch die Tischgespräche, Verhandlungen und Korrespondenzen über die gemeinsam zu ergreifenden Maßnahmen auf das Genaueste unterrichtet war. Jedenfalls machte er sich den Maximen Montecuccolis entsprechend mit aller Energie daran, Vorsorge für einen erneuten Waffengang zu treffen. So wurde das Institut der Kriegskommissare als ein allein dem fürstlichen Machtanspruch verpflichtetes Herrschaftsinstrument wiederbelebt und ausgebaut. Es wurde vom unmittelbaren Truppendienst gelöst und den einzelnen Kommissaren Bezirke angewiesen, in denen sie neben der Kontrolle militärischer Einrichtungen auch die Leitung und Aufsicht des Steuerwesens zu übernehmen hatten. Auf diesem Wege wuchsen sie allmählich in die zivile Verwaltung hinein und verdrängten dort die ständischen Funktionsträger[43].

Die Fäden dieser längst über das Heerwesen hinausgewachsenen Verwaltungsbehörde liefen im Generalkriegskommissariat zusammen, dessen institutionelles Profil sich mit dem Ausbruch des Nordischen Krieges abzuzeichnen begann. Zwar war schon im Jahre 1651 anläßlich der Neuordnung des Geheimen Rates die Bearbeitung der Militärverwaltungssachen einem Offizier, dem Grafen Georg Friedrich von Waldeck, übertragen und in den folgenden Jahren eine „Geheime Kriegskanzlei" eingerichtet worden. Doch gewann die in Umrissen bereits erkennbare Behörde ihre schließlich überragende Bedeutung erst, als mit zunehmender Kriegsgefahr dem General von Sparr das „General-Kommando" der Armee übertragen und ihm zugeordnet eine Behörde geschaffen wurde, die eine Kanzlei, die Feldkriegskasse und das Proviantamt in sich vereinigte und den Titel „Generalkriegskommissariat" trug[44].

Als ersten Chef dieses Amtes berief der Kurfürst im Jahre 1655 den Wirklichen Geheimen Rat Claus Ernst von Platen, einen im Staatsdienst bewährten

---

41 Im einzelnen *E. Opitz,* Österreich und Brandenburg im Schwedisch-Polnischen Krieg (Anm. 36); vgl. auch die militärische Korrespondenz zwischen Friedrich Wilhelm und Montecuccoli während des Nordischen Krieges (1657 - 1660), in: Urkunden und Actenstücke zur Geschichte des Kurfürsten Friedrich Wilhelm von Brandenburg (Anm. 28), hier Bd. 8, hrsg. von *Bernhard Erdmannsdörffer,* Berlin 1884, 335 - 432.

42 *P. Pieri,* Raimondo Montecuccoli (Anm. 36), 148.

43 *Hans Helfritz,* Geschichte der Preußischen Heeresverwaltung, Berlin 1938, 112 f. Vgl. ferner *Curt Jany,* Geschichte der Königlich Preußischen Armee bis zum Jahre 1807, Bd. 1: Von den Anfängen bis 1740, Berlin 1928, 153 - 157. Zusammenfassend auch *Francis L. Carsten,* Die Entstehung Preußens, Köln - Berlin 1968, 204 - 223, hier bes. 209 ff.

44 *H. Helfritz,* Geschichte der Preußischen Heeresverwaltung (Anm. 43), 115 - 119.

Juristen, der sich auch als Kriegskommissar verdient gemacht hatte[45]. Platen blieb auch nach der Beendigung des Krieges im Amt, obwohl die Armee nach dem Ausbleiben der Subsidienzahlungen zunächst von 348 auf 111 und im Jahre 1663 schließlich auf 68 Kompanien reduziert werden mußte[46]. Dennoch wurde mit seiner Berufung eine zentrale Heeresverwaltung ins Leben gerufen, die den inneren Staatsausbau in Brandenburg-Preußen in entscheidendem Maße gefördert und mitgeprägt hat. Sie vor allem versetzte aber den Kurfürsten auch in die Lage, die Rolle, die er im Mächtesystem zu spielen übernommen hatte, nun mit ungleich größerem Nachdruck zur Geltung zu bringen. Das hohe Maß an politisch-militärischer Beweglichkeit, das sich schon während des Schwedisch-Polnischen Krieges zeigte, war wesentlich verknüpft mit der Effizienz dieser Behörde. Sie war eingerichtet und konzipiert als ein Instrument, das dem Selbstbehauptungsanspruch Brandenburgs zu dienen hatte. Sie entwickelte sich zum eigentlichen Kernstück des Staatsapparats, mit dem auch weitergesteckte Ziele ins Auge gefaßt werden konnten[47].

Im engsten Zusammenhang mit der Schaffung einer zentralen Militärbehörde stand auch die Neuordnung des Kontributionswesens. Auch Montecuccoli hatte in seinem kriegstheoretischen Hauptwerk unterstrichen, „daß das Geld der Nerv des Krieges ist“. Man müsse, schrieb er, die Mächte nicht nur nach ihrem Länderumfang, sondern auch nach der Menge des Geldes einschätzen. Dieses müsse jederzeit verfügbar sein und nicht erst im Kriegsfall zu beschaffen versucht werden. Es müsse darüber hinaus in großer Menge vorhanden sein: „denn die Kosten eines Krieges lassen sich nicht im voraus berechnen und feststellen“[48].

Der Große Kurfürst hatte Platen am 8. April 1655 — zu einem Zeitpunkt also, als sich die Kriegsverwicklungen zwischen Schweden und Polen bereits abzuzeichnen begannen, angewiesen, eine Aufstellung über die Werbung von 4 000 Reitern, 6 000 Fußsoldaten, 500 Dragonern samt der erforderlichen Artillerie und den dazu notwendigen Werbegeldern zu liefern. Er hatte ihn darüber hinaus gebeten, einen Entwurf darüber anzufertigen, wie der Unterhalt dieser Truppen sechs Monate lang aus Mitteln aller kurfürstlichen Länder und besonders aus Preußen gewährleistet werden könne[49]. Doch mußte

---

45 *Friedrich Wolters,* Geschichte der brandenburgischen Finanzen in der Zeit von 1640 bis 1697. Darstellungen und Akten, Bd. 2: Die Zentralverwaltung des Heeres und der Steuern (Urkunden und Aktenstücke zur Geschichte der inneren Politik des Kurfürsten Friedrich Wilhelm von Brandenburg, I/2), München - Leipzig 1915, 80 - 96.

46 Ebd., 91. Vgl. auch *C. Jany,* Geschichte der Königlich Preußischen Armee (Anm. 43), Bd. 1, 192 - 201.

47 Vgl. zusammenfassend auch *Gerhard Oestreich,* Friedrich Wilhelm. Der Große Kurfürst (Persönlichkeit und Geschichte, 65), Göttingen 1971, 81 f.

48 *R. Graf Montecuccoli,* Abhandlung über den Krieg, bearb. von *A. Veltzé* (Anm. 39), 76 f. Vgl. zum Grundsätzlichen auch *Michael Stolleis,* Pecunia Nervus Rerum. Zur Staatsfinanzierung der frühen Neuzeit, Frankfurt/Main 1983.

in Zukunft, das zeigte der Kriegsverlauf mit unabweisbarer Deutlichkeit, längerfristig disponiert werden. Immerhin war es Friedrich Wilhelm schon vor dem Ausbruch des Nordischen Krieges gelungen, sich mit den kurmärkischen Ständen in Artikel 22 des Landtags-Rezesses vom 26. Juli 1653 auf eine Kontributionszahlung von insgesamt 530 000 Talern für die Dauer von sechs Jahren als Gegenleistung für die Zusicherung des Kurfürsten zu einigen, daß in Angelegenheiten, „daran des Landes Gedeih und Verderb gelegen", nichts ohne Zustimmung des Landtags geschehen dürfe[50]. Die Entwicklung — unmittelbar beeinflußt durch den Kriegsverlauf — schritt jedoch über diesen Ausgleich hinweg. „Es waren", schreibt Francis L. Carsten, „mehr die Verhältnisse, die ihn (den Großen Kurfürsten) auf diesen Weg zwangen, vor allem der Einfluß von äußeren Ereignissen auf die innere Entwicklung". So könne, fährt er fort, der Schwedisch-Polnische Krieg von 1655 – 1660 als der „Wendepunkt in dem Verhältnis des Kurfürsten zu den Ständen aller seiner Territorien" bezeichnet werden[51]. Seit 1653 wurde kein Landtag in der Kurmark mehr einberufen und damit das Prinzip gemeinsamen Beratens und Beschließens wenn auch nicht programmatisch, so doch faktisch suspendiert. Auch wurde die Kontribution nach Ablauf der Sechs-Jahres-Frist ohne Rücksprache mit den Betroffenen weiter erhoben und schließlich unter Zureden und Drohungen zu einer Dauereinrichtung gemacht[52]. Dabei ist errechnet worden, daß sich die brandenburgischen Staatseinkünfte während der Regierungszeit Friedrich Wilhelms etwa verdreifacht haben und die Militärausgaben im Zeitraum von 1655 bis 1688 auf eine Summe von annähernd 54 Millionen Talern stiegen. Von diesem Betrag wurden nur 10 Millionen nicht durch Steuererhebungen im eigenen Land aufgebracht. Der Hauptanteil entfiel dabei auf die Subsidien auswärtiger Mächte und auf die Einkünfte aus dem Kamerale, also den kurfürstlichen Domänen, der Münze, der Post, den Zöllen und anderen Regalien des Landes-

---

49 *F. Wolters,* Geschichte der brandenburgischen Finanzen (Anm. 45), 86.

50 *Melle Klinkenborg,* Das Archiv der Brandenburgischen Provinzialverwaltung, Bd. 1: Das Kurmärkische Ständearchiv, Berlin 1920, 452 – 501, hier 495 ff.; Auszüge aus dem Revers des Großen Kurfürsten für die kurmärkischen Stände auch bei *Peter Baumgart* (Hrsg.), Erscheinungsformen des preußischen Absolutismus. Verfassung und Verwaltung (Historische Texte Neuzeit, 1), Germering 1966, 9 – 25, hier 23 f.

51 *F. L. Carsten,* Die Entstehung Preußens (Anm. 43), 157.

52 Im einzelnen *Peter Baumgart,* Zur Geschichte der kurmärkischen Stände im 17. und 18. Jahrhundert, in: Dietrich Gerhard (Hrsg.), Ständische Vertretungen in Europa im 17. und 18. Jahrhundert, 2. Aufl., Göttingen 1974, 131 – 161, bes. 135 f., 145 - 154 und 160 f.; *Ders.,* (Hrsg.), Ständetum und Staatsbildung in Brandenburg-Preußen. Ergebnisse einer internationalen Fachtagung (Veröffentlichungen der Historischen Kommission zu Berlin, 55), Berlin 1983 (vgl. besonders den Beitrag von *Peter Michael Hahn*); *Christoph Fürbringer,* Necessitas et Libertas. Staatsbildung und Landstände im 17. Jahrhundert in Brandenburg, Frankfurt/Main 1985, 149 – 166; *F. L. Carsten,* Die Entstehung Preußens (Anm. 43), 149 – 203. Einen Überblick über die Ständeproblematik im Zeitalter des Großen Kurfürsten vermittelt auch *G. Oestreich,* Friedrich Wilhelm. Der Große Kurfürst (Anm. 47), 24 – 30, 42 – 48 und 51 – 59.

herrn. Ein hoher Anteil der Aufwendungen für das Heerwesen mußte demzufolge aus dem Steueraufkommen der brandenburgischen Territorien gedeckt werden[53].

Die Zwänge, die das Staatensystem auf einen zusammengesetzten Territorienstaat wie Brandenburg-Preußen ausübte, blieben für die Außenpolitik des Großen Kurfürsten auch nach dem Friedensschluß von Oliva bestehen. Sie hatten einen raschen Wechsel der verschiedensten Bündniskonstellationen zur Folge, der in seiner hektischen Kurzatmigkeit hier nicht zur Debatte stehen kann. Häufig waren es auch lediglich Subsidientraktate, denen sich Friedrich Wilhelm in der Absicht anvertraute, den die Kräfte seines Landes immer wieder übersteigenden Unterhalt seiner Armee gewährleisten zu können. „Der Staat", schreibt Hintze, „hat erst langsam in die Rüstung hineinwachsen müssen, die er sich angelegt hatte"[54]. Dabei galt es, über Annäherungsversuche und Allianzen dieser Art das eigentliche Ziel der Selbstbehauptung und Reputation des Staates nicht aus dem Auge zu verlieren und sich trotz der Abhängigkeit, in die man durch solche Bindungen geriet, an der Durchsetzung eigener Machtprätentionen nicht hindern zu lassen. Im übrigen aber war es im Hin und Her der mächtepolitischen Winkelzüge und Manöver die erklärte Absicht des Kurfürsten, den Zustand eines äußerst labilen und immer von neuem gefährdeten Gleichgewichts unter den rivalisierenden Mächten so weit, als es in seinen Kräften stand, aufrecht zu erhalten, um bei sich bietender Gelegenheit selbst im Vorteil zu sein. Schon die italienischen Fürsten, schrieb er in seinem Politischen Testament von 1667, hätten sich durch die Aufrechterhaltung der rechten Balance zu manutenieren gewußt und im Falle, „daß einer oder der andere zunimbt, groß und mechtig wirdt und die eine partie der anderen überlegen ist", sich an die schwächere gehalten und sich also den anderen entgegengesetzt[55]. Dabei handelte er in dem Bestreben, sich mit einer eigenen Streitmacht so unabhängig wie möglich zu machen, ganz offensichtlich nach dem schon von Montecuccoli formulierten Grundsatz, daß „einer, der über eine Macht von 10 000 Mann verfügt", mehr zu fürchten ist als zehn Alliierte, von denen jeder über 6 000 Mann gebietet. „Denn zwischen diesen gibt es keine einheitliche oberste Autorität". Vielmehr entstünden täglich neue Streitigkeiten über die verschiedensten Dinge, und die günstigen Gelegenheiten würden verpaßt, ehe die Sache beschlossen sei[56].

In der Mächtepolitik der sechziger Jahre trat zunächst noch einmal Polen in den Vordergrund. Dort hatte sich König Johann Kasimir zu einem Thron-

---

53 Vgl. die entsprechenden Angaben und Nachweise bei *F. L. Carsten,* Die Entstehung Preußens (Anm. 43), 213 f.

54 *O. Hintze,* Die Hohenzollern und ihr Werk (Anm. 38), 221.

55 Politisches Testament (Anm. 26), 190.

56 *R. Graf Montecuccoli,* Abhandlung über den Krieg, bearb. von *A. Veltzé* (Anm. 39), 66.

verzicht entschlossen — ein Vorgang, der die Höfe und Kabinette überall in Europa in Unruhe versetzte und zumindest die großen Mächte zu kaum verhüllter Einflußnahme auf das Wahlverfahren veranlaßte. Zur Wahl stand auch Ludwig II., Prinz von Condé, der sog. „Große Condé". Er stammte aus einer Seitenlinie des Hauses Bourbon und war der Kandidat einer einflußreichen Partei bei Hofe, die eine enge Bindung zwischen Warschau und Paris herzustellen wünschte. Diese für Brandenburg außerordentlich bedrohliche Entwicklung alarmierte auch Friedrich Wilhelm[57]. Denn er konnte mit seinem weit verstreuten und von allen Seiten angreifbaren Territorialbesitz nun in eine Umklammerung geraten, die ihn jederzeit unter Druck zu setzen ermöglichte und seinen Handlungsspielraum endgültig auf regionale Bereiche abseits der großen Politik beschränkte. Die Sorge um die Eigenständigkeit seiner Politik wuchs schließlich so sehr, daß er sich herbeiließ, als Gegenleistung für den Verzicht auf die Thronkandidatur Condés ein Neutralitätsabkommen mit Frankreich in einem Konflikt um die Spanischen Niederlande abzuschließen. So stand Brandenburg-Preußen abseits, als der Devolutionskrieg ausbrach und 1668 unter dem Druck der drei protestantischen Mächte England, Schweden und Holland auf der Grundlage des Status quo ante beendet wurde. Friedrich Wilhelm verpflichtete sich in einem neuen, auf zehn Jahre abgeschlossenen Vertrag (31. Dezember 1669) sogar, ein förmliches Bündnis einzugehen und dem König von Frankreich bei einem Erbfall in Spanien mit einem Armeekorps von 10 000 Mann unter der persönlichen Führung des Kurfürsten beizustehen. Frankreich verpflichtete sich seinerseits zur Zahlung von Werbegeldern und Subsidien im Kriegsfall in Höhe von 40 000 Talern jährlich und zur territorialen Entschädigung in Geldern[58]. So war der Große Kurfürst bereits an Ludwig XIV. gebunden, als zu Beginn der siebziger Jahre der Plan, die Republik der Vereinigten Niederlande in einem dieses Mal entscheidenden Waffengang niederzuwerfen und zu annektieren, konkrete Gestalt annahm. Doch bedurfte es neuer Verhandlungen, um den Bündnispartner auch für einen Angriffskrieg zu gewinnen. Die Vermittlung übernahm der kurkölnische Minister Wilhelm von Fürstenberg. Er unterbreitete in Berlin den Plan einer Aufteilung der Niederlande, so daß Brandenburg mit einer Arrondierung seiner niederrheinischen Besitztümer hätte rechnen können[59].

Friedrich Wilhelm hat lange geschwankt, ob er auf dieses insgesamt doch verlockende Angebot eingehen sollte. Auch die Umgebung des Kurfürsten, die Räte und Generale, waren in eine französische und eine niederländische

---

57 *E. Opgenoorth,* Friedrich Wilhelm (Anm. 30), Bd. 2, 97 ff.

58 Die Vertragsbestimmungen im einzelnen: Kurbrandenburgs Staatsverträge (Anm. 31), 335 - 337.

59 Vgl. im einzelnen *Max Braubach,* Wilhelm von Fürstenberg (1629 - 1704) und die französische Politik im Zeitalter Ludwigs XIV. (Bonner Historische Forschungen, 36), Bonn 1977, 167 - 172.

Partei gespalten. Er glaubte zunächst, eine Vermittlung zwischen den beiden Kontrahenten zustande bringen oder neutral bleiben zu können, erkannte dann jedoch, daß an der Kriegsentschlossenheit Ludwigs XIV. nicht zu zweifeln war. Am Ende überwogen die Bedenken hinsichtlich der unabsehbaren Folgen, die ein Gewaltakt wie der hier geplante für das Mächtegleichgewicht und den Welthandel im allgemeinen und die brandenburgischen Interessen im konkreten haben mußte. Für eine Parteinahme zugunsten Hollands sprach im übrigen ein Motiv, das sich auf den ersten Blick wie eine Reminiszenz aus glücklich überstandenen Zeiten ausnehmen mochte, in Wirklichkeit aber noch immer prägend war für eine Politik, die sich im übrigen zugute hielt, den Prinzipien reiner Staatsräson verpflichtet zu sein: die Konfessionsverwandtschaft. Es war die erklärte Absicht Ludwigs XIV., mit seiner Expansionspolitik zugleich auch eine Wiedererrichtung der römischen Kirche durchzusetzen. Zu einem solchen Plan aber konnte der Große Kurfürst seine Zustimmung nicht geben. So entschloß er sich zur Unterstützung der Generalstaaten, obwohl ihm die Repräsentanten der Republik, die krämerhaft gesinnten Sachwalter einer Kaufmannsaristokratie und geschworenen Feinde der Oranier, genauso suspekt blieben wie Ludwig XIV.[60]. Am 6. Mai 1672 wurde nach langwierigen Verhandlungen ein Bündnisvertrag geschlossen, der den Großen Kurfürsten im Falle eines Angriffs zur Bereitstellung einer Armee von 20 000 Mann verpflichtete. Die Niederlande übernahmen dem Vertrag zufolge die Hälfte der erforderlichen Werbegelder und Soldzahlungen. Nach dem Empfang dieser Subsidien und dem Aufmarsch der Armee sollte er dem Angreifer den Krieg erklären[61].

Die Ereignisse überstürzten sich nun und gingen über all diese Vereinbarungen hinweg. Friedrich Wilhelm mußte — in politischer wie militärischer Hinsicht völlig überfordert — zusehen, wie die Generalstaaten unter dem diplomatisch wie militärisch gleichermaßen glänzend vorbereiteten Ansturm der Franzosen zusammenbrachen. So kam es weder zu einer Anweisung der zugesagten Subsidien noch zu einer Kriegserklärung an Frankreich. Alles blieb in der Schwebe, bis sich Friedrich Wilhelm entschloß, im Reich und vor allem beim Kaiser Rückhalt zu suchen. So kam im Juni 1672 eine den ursprünglichen Intentionen der brandenburgischen Politik beinahe entgegengesetzte Allianz zustande, die sich in vorsichtigem Taktieren lediglich die Aufrechterhaltung der Reichsverfassung und die Befreiung der von den Kriegsparteien besetzten Territorien zum Ziele gesetzt hatte. Entsprechend zögernd und halbherzig waren auch die Rüstungen, die man zur Durchsetzung dieser Neutralitätspolitik vereinbarte. Dürftig und entmutigend waren schließlich auch die Ergebnisse, die das am Niederrhein und in Westfalen operierende Armeekorps der Verbündeten zustande brachte; Kleve blieb von

60 Einen guten Einblick in die Motive Friedrich Wilhelms vermittelt *O. Hintze,* Die Hohenzollern und ihr Werk (Anm. 38), 224 f.

61 Vgl. Kurbrandenburgs Staatsverträge (Anm. 31), 359 - 363.

den Franzosen besetzt, und auch für die Grafschaft Mark und Ravensberg konnte kein wirkungsvoller Schutz geboten werden.

Deshalb entschloß sich Friedrich Wilhelm zu einem erneuten Bündniswechsel und trat am 6. Juni 1673 doch noch auf die Seite Ludwigs XIV. Dabei spielte die Frage von Subsidienzahlungen einmal mehr eine entscheidende Rolle[62]. Es eröffne, schreibt Hintze, einen tiefen Einblick in die Politik und Kriegführung des Großen Kurfürsten, wenn man sich vor Augen führe, wie er in dieser Sache zu verfahren sich genötigt sah[63]. Denn im selben Augenblick, als er im Haag die Mitteilung machte, sich aus dem Krieg zurückziehen zu wollen, erhob er noch einmal die Forderung nach Auszahlung der zugesagten Subsidien. Als die Generalstaaten dieses Ansinnen zurückwiesen, sprang der Sonnenkönig ein und zahlte die entsprechende Summe, noch ehe der Vertrag mit Brandenburg geschlossen war. Er sicherte dem Kurfürsten zu, in den Friedensverhandlungen mit den Niederlanden die von Brandenburg beanspruchten Subsidien einfordern zu wollen. Bemerkenswert an dieser Episode ist nicht nur die Geschmeidigkeit der französischen Diplomatie. Vielmehr dokumentiert sie auf eindrucksvolle Weise, wie sehr die brandenburgische Politik abhängig blieb von Hilfeleistungen verbündeter Mächte. Nur so ist ja auch erklärlich, daß der Kurfürst bei der geringsten Schwankung der mächtepolitischen Konstellation genötigt war, seine gründlich erwogenen Konzepte aufzugeben und beinahe das Gegenteil von dem zu tun, was er ursprünglich geplant hatte. Er konnte seine Armee nur zusammenhalten, wenn er auf die Unterstützung seiner Bündnispartner rechnen konnte. Und der Preis für diese Abhängigkeit bestand in einer Politik, die zu ständigem Lavieren und der Ausnutzung kurzfristiger Vorteile gezwungen war.

Unterdessen machten sich unter dem Eindruck einer immer rücksichtsloseren Expansionspolitik Frankreichs erste Anzeichen eines allgemeinen Umschwungs bemerkbar. Die Bündnispartner, die sich Frankreich gerade auch im Reich zu sichern gewußt hatte, fielen ab, und zugleich formierte sich eine Allianz, in der an der Seite der Generalstaaten Kaiser und Reich, Spanien,

---

62 Die Einzelbestimmungen in: Kurbrandenburgs Staatsverträge (Anm. 31), 373 - 375. Zur Allianzpolitik im Zeitalter der Kabinettskriege und zu den Subsidienverträgen im allgemeinen und denen des Großen Kurfürsten im besonderen vgl. Handbuch der deutschen Militärgeschichte, hrsg. vom Militärgeschichtlichen Forschungsamt, Bd. 1; München 1979, 186 - 199, hier bes. 194; *Max Braubach,* Die Bedeutung der Subsidien für die Politik im Spanischen Erbfolgekriege, Bonn-Leipzig 1923; *Gottfried Lorenz,* Schweden und die französischen Hilfsgelder von 1638 bis 1649. Ein Beitrag zur Finanzierung des Krieges im 17. Jahrhundert, in: Forschungen und Quellen zur Geschichte des Dreißigjährigen Krieges (Schriftenreihe der Vereinigung zur Erforschung der Neueren Geschichte, 12), Münster 1981, 98 - 148, und *Peter Claus Hartmann,* Geld als Instrument europäischer Machtpolitik im Zeitalter des Merkantilismus. Studien zu den finanziellen und politischen Beziehungen der Wittelsbacher Territorien Kurbayern, Kurpfalz und Kurköln mit Frankreich und dem Kaiser (Studien zur Bayerischen Verfassungs- und Sozialgeschichte, 8), München 1976.

63 *O. Hintze,* Die Hohenzollern und ihr Werk (Anm. 38), 228.

England und Dänemark vertreten waren. Unter diesem aufs äußerste wachsenden Druck trat Friedrich Wilhelm am 1. Juli 1674 erneut auf die Seite des Kaisers über, während Spanien und die Niederlande die Bereitstellung der Subsidiengelder für die Hälfte des Heeresbedarfs zusagten[64]. Der Große Kurfürst selbst führte den Oberbefehl der im Elsaß und am Oberrhein operierenden Armee, ohne sich freilich gegen das Zögern seiner Ratgeber und Kommandeure durchsetzen zu können[65]. Der Kriegsverlauf nahm indessen eine überraschende Wende. Am Weihnachtstag des Jahres 1674 war auf Veranlassung der französischen Diplomatie eine schwedische Armee in die von Truppen entblößte Mark Brandenburg eingefallen, während der Kurfürst mit seiner Armee in Franken in den Winterquartieren lag. Es folgten Wochen hektischer Verhandlungen, vor allem mit den Generalstaaten und Dänemark. Aber es zeigte sich nun, daß Friedrich Wilhelm angesichts der Bedrohung des eigenen Landes und eines Gegners, der ihm ein Erbteil vorenthalten hatte, trotz körperlicher Beschwerden zu einer Zielstrebigkeit und Durchsetzungskraft zurückfand, wie er sie im Nordischen Krieg unter Beweis gestellt hatte[66]. So gab er sich mit dem Sieg von Fehrbellin vom 28. Juni 1675 über die zahlenmäßig weit überlegenen Schweden, der ihm die Aura der Größe und eine außerordentliche Volkstümlichkeit im ganzen Reich einbrachte, nicht zufrieden, sondern machte im engen Zusammenwirken mit Dänemark und den Niederlanden den Versuch, Pommern und die übrigen Reichsterritorien in schwedischem Besitz in seine Hand zu bringen. Im Feldzug des Jahres 1676 gelang es ihm, die Inseln Usedom und Wollin und die Odermündung mit Anklam und Demmin zu besetzen. Im Juli 1677 erfolgte die Belagerung von Stettin, das sich bis in den Dezember hinein zu halten vermochte. Am 6. Januar 1678 aber nahm der Kurfürst seinen Einzug in die Stadt. Noch im selben Jahr erfolgte die Besetzung von Rügen und die wiederum durch Belagerungen erzwungene Einnahme von Stralsund und Greifswald.

Die von Frankreich beherrschten Friedensverhandlungen waren in Nymwegen schon im Gange, als es durch den Vorstoß eines schwedischen Armeekorps von Livland nach Preußen zu einer erneuten Herausforderung Brandenburgs durch die französische Diplomatie kam. Da die schwedischen Truppen in einem Winterfeldzug bis auf Königsberg vorgestoßen waren, entschloß sich Friedrich Wilhelm, selbst in das bedrohte Herzogtum aufzubrechen. Und tatsächlich gelang es ihm, schon durch sein Erscheinen und einen zum äußersten entschlossenen Vormarsch die Schweden aufzuhalten

---

64 *E. Opgenoorth*, Friedrich Wilhelm (Anm. 30), Bd. 2, 152 f., und Kurbrandenburgs Staatsverträge (Anm. 31), 383 - 385.

65 *E. Opgenoorth*, Friedrich Wilhelm (Anm. 30), 156 - 160.

66 Ebd., 160 - 185; vgl. auch *O. Hintze*, Die Hohenzollern und ihr Werk (Anm. 38), 231 - 238, und *C. Jany*, Geschichte der Königlich Preußischen Armee (Anm. 43), Bd. 1, 229 - 273.

und schließlich auf ihre Ausgangsstellungen in Livland zurückzuwerfen[67]. Doch aller Wagemut und alle Anstrengungen, mit denen er seine Rechte und den Rang, den er mittlerweile errungen hatte, zu verteidigen versuchte, halfen ihm nichts. Preisgegeben von seinen Bündnispartnern, die sich einzeln und nacheinander mit Frankreich arrangiert hatten, war er nicht in der Lage, sich dem Diktat des Sonnenkönigs zu widersetzen. „Brandenburg war zu mächtig geworden, aber nicht mächtig genug, die Eroberungen aus eigener Kraft zu halten". Das Vertragsdokument, der nach zähen Verhandlungen geschlossene Friede von St. Germain-en-Laye (29. Juni 1679), traf die Verfügung, daß Brandenburg das besetzte Vorpommern bis auf einen Grenzstreifen entlang der Oder an Schweden zurückzugeben habe. Immerhin übernahm es Frankreich, dem Kurfürsten einen Teil der Kriegskosten in Höhe von 300 000 Talern zu erstatten — ein Zugeständnis, das die ökonomische Ohnmacht, in der sich Staaten vom Zuschnitt Brandenburgs den Großen Mächten gegenüber befanden, von neuem offenlegte[68].

Es ist bekannt, daß der Große Kurfürst aus der Niederlage, die er in St. Germain trotz aller Waffentaten und Faustpfänder hinnehmen mußte, die Schlußfolgerung zog, sich in Zukunft in allen Fragen der auswärtigen Politik an Frankreich zu halten. Der Kaiser hatte ihn ein weiteres Mal und 1675 überdies auch in seinen unbestreitbar legitimen Ansprüchen auf das Erbe der schlesischen Piasten fallengelassen. Er war entschlossen, sich mit Unterstützung desjenigen, der im Kartell der Großen Mächte unverkennbar das entscheidende Gewicht besaß, für die Demütigungen schadlos zu halten, die man ihm als zweimaligem Sieger über Schweden zugefügt hatte. Er hoffte, durch die Freundschaft mit Frankreich zu gewinnen, was ihm die Feindschaft nicht eingebracht hatte. Doch könne, urteilt Gerhard Oestreich, in diesem vordergründigen Kalkül keine Leistung gesehen werden, „die der militärischen an die Seite zu stellen wäre". Gewiß sei es nicht angebracht, das Staatsräsondenken dieser Zeit an Kriterien der Nationalstaatsidee des 19. Jahrhunderts zu messen. „Die Vorwürfe aber, die er seinen ehemaligen Verbündeten machte, so menschlich verständlich sie auch sind, zeugen nicht von einer realen Einschätzung der politischen Gesamtlage, sie zeugen nicht von Nüchternheit und nicht von Weitblick". Und wenn er aus Verärgerung auf die Seite Frankreichs getreten sein sollte, sei das schon gar kein Zeichen von Größe[69].

Das Bündnis mit Ludwig XIV.[70], das in den folgenden Jahren mehrfach erneuert und von Mal zu Mal erweitert wurde[71], sollte aus brandenburgischer

---

67 *E. Opgenoorth,* Friedrich Wilhelm (Anm. 30), Bd. 2, 185 - 187.

68 Ebd., 187 - 197, und Kurbrandenburgs Staatsverträge (Anm. 31), 408 - 412.

69 *G. Oestreich,* Friedrich Wilhelm (Anm. 47), 79.

70 Kurbrandenburgs Staatsverträge (Anm. 31), 413 - 415.

71 Ebd., 418 - 421; 426 - 428; 431 f.

Sicht zwei konkreten Zielen dienen: dem Unterhalt der Armee mit Hilfe französischer Subsidien und der endgültigen Sicherung des pommerschen Erbes. Es hatte neben der eindeutig antischwedischen zugleich auch eine antihabsburgische Komponente und war in einem von Jahr zu Jahr wachsenden Maße mit der Hypothek der französischen Reunionspolitik belastet. Der Versuch des Kurfürsten jedoch, Ludwig XIV. im Zusammengehen mit Dänemark zu einer Abwendung von Schweden und damit zu einem Entgegenkommen in der Pommernfrage zu bewegen, schlug fehl[72]. So bot die Bedrohung Wiens durch die Türken den längst schon ins Auge gefaßten Anlaß, die Gespräche mit dem Kaiser wiederaufzunehmen. Sie führten am 12. August 1683 zur Paraphierung eines Bündnisvertrages, den der Kurfürst zunächst jedoch nicht zu ratifizieren bereit war. Er unterstützte vielmehr das Angebot des Sonnenkönigs an Kaiser und Reich, gegen die Anerkennung der Reunionen einen Waffenstillstand für die Dauer von zwanzig Jahren zu schließen. Nachdem die französische Diplomatie dieses Ziel aber durchgesetzt hatte, verfiel das Bündnis der so ungleichen Partner immer mehr.

Zunächst waren es die Niederlande und besonders ihr Generalstatthalter, Wilhelm von Oranien, ein Neffe des Kurfürsten, mit denen sich eine Verständigung anbahnte. Die hegemoniale Machtstellung Frankreichs empfanden beide als eine immer unerträglichere Bedrohung. So kam es am 23. August 1685 zur Unterzeichnung einer Allianz, die das wahre Kalkül der Bündnispartner aus Rücksicht auf den Argwohn des Sonnenkönigs eher verschleierte als offenbarte[73]. Durch die Aufkündigung des Toleranzediktes von Nantes durch Ludwig XIV. am 18. Oktober desselben Jahres erhielt das Vertrauensverhältnis der beiden Regenten zusätzliche Impulse. Aber auch mit dem Kaiser kam nun ein Bündnis zustande, das Brandenburg unter Ausklammerung seiner Erbansprüche auf die schlesischen Herzogtümer zu militärischen Hilfeleistungen im Türkenkrieg verpflichtete, während das Haus Österreich die erforderlichen Subsidien aufzubringen versprach (25. Dezember 1685 und 22. März 1686)[74]. Bei dieser aus brandenburgischer Sicht keineswegs ungünstigen Mächtekonstellation blieb es, als der Kurfürst am 9. Mai 1688 die Augen schloß. Sie hat sich dann in den folgenden Jahrzehnten in ihren Grundzügen bewährt und allmählich hinausgeführt aus dem hektischen Wechsel der mächtepolitischen Bindungen.

---

[72] Ebd., 439 - 443: Defensiv- und Offensivbündnis zwischen König Ludwig XIV. von Frankreich und Kurfürst Friedrich Wilhelm von Brandenburg — unter baldmöglichster Heranziehung Dänemarks — gegen die drohenden Reichsfriedensstörer, besonders Schweden, 30. April 1683.

[73] Ebd., 469 f.

[74] *E. Opgenoorth,* Friedrich Wilhelm (Anm. 30), Bd. 2, 217 - 269, und Kurbrandenburgs Staatsverträge (Anm. 31), 476 - 478 und 481 - 486.

III.

Was ist die Bilanz dieses Lebenswerkes, dessen außenpolitische Aspekte hier in großen Zügen zu skizzieren versucht wurden? Gibt es ungeachtet der Glücks- und Unglücksfälle seiner Unternehmungen und des schroffen Wechsels der Bündnisse und Vertragsbrüche eine Art von Triebfeder, die der so willkürlich und widerspruchsvoll erscheinenden Mächtepolitik des Großen Kurfürsten eine innere Logik und Konsequenz verleiht? Fast mit jeder der maßgeblichen Mächte hat er — und sei es nur für die Spanne eines Feldzugs — in Verbindung gestanden und sich dann mit sprunghafter Entschiedenheit in Bündnisse gestürzt, die der aufgekündigten Allianz entgegentraten. Er hat sich auf kein System und keine dauerhafte Bindung festgelegt und letztlich doch nur im Auge gehabt, das rechtmäßige Erbe seines Hauses zu bewahren. War es dieser Wille zu ehrgeiziger Selbstbehauptung, der ihn in seiner Mächtepolitik geleitet hat? Hat dieser dynastisch geprägte Machtinstinkt als jenes Motiv zu gelten, das seinem Lebenswerk die innere Schlüssigkeit verleiht?

Ungeachtet aller persönlichen Impulse jedoch, die den Großen Kurfürsten in seinem Handeln bestimmt haben mögen, ist unverkennbar, daß er nur in seltenen Fällen aus freiem Entschluß und eigener Überzeugung Politik zu machen vermochte[75]. Als Regel hat vielmehr zu gelten, daß er zum Handeln gezwungen war und günstigstenfalls als Reagierender einem Prinzip gerecht zu werden versuchte, das als Staatsräson bezeichnet werden kann. Besonders der Streit mit den rivalisierenden Linien des Hauses Wasa um den Besitzstand des Herzogtums Preußen zeigt mit aller Eindringlichkeit, daß Brandenburg noch weit davon entfernt war, ein selbstentscheidendes Mitglied des Staatensystems zu sein. Vielmehr blieb es — wie besonders die Friedensschlüsse dokumentieren — im Status einer Auxiliarmacht, der man die Bedingungen der „puissances à intérêt généraux" diktieren konnte. Fast alle Bündnisverträge, die der Große Kurfürst eingegangen ist, waren überdies nicht an politische oder territoriale Zugeständnisse der Alliierten geknüpft, sondern an die Gewährung von Krediten oder die Zahlung von Subsidien. Allein die wohlgerüstete und kriegserfahrene Armee und das Feldherrntalent des Kurfürsten waren es deshalb, die das Land überhaupt bündnisfähig machten. Um sich aber das Faustpfand, das die Armee in der permanenten Angespanntheit der politischen Lage darstellte, erhalten zu können, bedurfte es auch in Friedenszeiten entsprechender Bündniszusagen. So entstand ein circulus vitiosus, aus dem es für eine Macht vom Range Brandenburgs erst dann ein Entrinnen gab, wenn die für ein stehendes Heer erforderlichen

---

75 Als ein besonders markantes Beispiel für diese Auffassung der "Borussischen Schule" erscheint mir der Aufsatz von *Johann Gustav Droysen,* Preußen und das System der Großmächte (1849), zuletzt in: Ders., Abhandlungen zur neueren Geschichte, Leipzig 1876, 133 - 152.

Geldmittel aus eigenen Einkünften bestritten werden konnten. Erst dann war auch der Zeitpunkt gekommen, wo die Zweckmäßigkeit von Bündnissen nach Maßgabe wirklicher Staatsräson entschieden werden konnte.

Bekanntlich hat erst König Friedrich Wilhelm I. diese Stufe des inneren Staatsausbaus zu erreichen vermocht. Er hat die Abhängigkeiten gesehen, unter denen sein Vater und sein Großvater sich zu behaupten gezwungen waren, und aus diesen Erfahrungen heraus das Ziel verfolgt, nicht nur in militärischer, sondern auch finanzieller Hinsicht auf eigenen Füßen zu stehen. Gewiß haben wir gelernt, die Entwicklung des preußischen Staates nicht mehr nur unter dem Aspekt ihrer unaufhaltsam erscheinenden Dynamik und gleichsam gottgewollten Zwangsläufigkeit zu sehen[76]. Doch ist gerade an den Stufen politischer und militärischer Machtentfaltung in Brandenburg seit dem Dreißigjährigen Krieg unverkennbar, mit welcher Konsequenz die jeweils nachfolgende Generation die Erfahrungen genutzt hat, die die Vorfahren im Konzert der Mächte gemacht hatten. Hier ist tatsächlich eine Kontinuität in aufsteigender Linie zu erkennen, die immer noch und unbeschadet aller Skepsis gegenüber einer ungehemmten Potenzierung staatlicher Macht zum Faszinierendsten gehört, was in der deutschen Geschichte der frühen Neuzeit beobachtet werden kann.

So bleiben am Ende der energische Selbstbehauptungswille und ein elementares, sich steigerndes Geltungsbedürfnis als jene Faktoren übrig, die die brandenburgische Mächtepolitik seit dem Großen Kurfürsten geprägt haben. Sie sind es, die den kurzfristigen Arrangements und plötzlichen Kehrtwendungen eine innere Kohärenz verleihen. Die Regel in den Staatenbeziehungen war, daß die Absichtserklärungen der Bündnispartner den eigentlichen Zweck der Allianzen, die Gewährung und den Erhalt von Subsidien, nur notdürftig zu verschleiern vermochten. Beim Ausbleiben der zugesicherten Zahlungen war der Fundus an politischen Überzeugungen häufig schon aufgezehrt. Die Fürsten, urteilte Montecuccoli in seinem „Trattato della Guerra“ im Kapitel über die Bündnisse, hielten nur selten ihr Wort und „haben von vornherein niemanden zum Freunde oder Feind“. Die Freundschaften und Feindschaften messen sie vielmehr „mit dem Maße ihres Interesses“; daher vergehe der Eifer für ein Bündnis sehr schnell, wenn man es sich nicht sogleich zunutze mache. „Denn es wird zwischen so vielen Köpfen schwerlich ohne Meinungsverschiedenheiten und Streit abgehen“. So liege es „in der Natur der Bündnisse, daß sie sich bei der geringsten

---

[76] Aufschlußreich ist z. B., wie sehr Brandenburg-Preußen in den — allerdings nur bis 1668 reichenden — "Mémoires" Ludwigs XIV. noch als ein Machtfaktor erscheint, den man an der Peripherie des Staatensystems zu sehen gewohnt war und deshalb als eine quantité negligeable einzuschätzen für angemessen hielt. Nur ganz zum Schluß seines autobiographisch-didaktischen Werkes findet sich der Hinweis, daß der Kurfürst von Brandenburg eine starke Streitmacht besitze, die er im Falle eines Konflikts den Feinden Frankreichs auszuleihen in der Lage sei. Vgl. Mémoires de Louis XIV., ed. *Jean Longnon,* Paris 1927, 273.

Unbequemlichkeit auflösen“ [77]. Auch Ludwig XIV., einer der großen Gegenspieler Friedrich Wilhelms, war der Auffassung, daß Verträge, wenn man die Wahrheit offen ausspricht, von vornherein im Geiste nur vorübergehend verhüllter Eifersucht geschlossen werden. „Alle die schönen Bestimmungen der Allianzen, die Freundschaftsbeteuerungen, das Versprechen, einander alle nur denkbaren Vorteile einzuräumen, bedeuten nach der Erfahrung der Jahrhunderte und dem Selbstverständnis der beiden Vertragschließenden nichts anderes, als daß sie sich lediglich bewaffneter Übergriffe und unverhohlener Feindseligkeit zu enthalten beabsichtigen. Gewöhnliche Vertragsverletzungen, die nicht an die Öffentlichkeit dringen, erwartet dagegen jeder vom anderen [. . .]. Deshalb ließe sich“, fuhr er fort, „die Feststellung treffen, daß man sich auf beiden Seiten der Verpflichtung enthoben fühlt, die Verträge zu beachten und daß man daher im Grunde genommen auch nicht gegen die Verträge verstoßen kann. Denn ihre Bestimmungen sind ja nicht wörtlich zu nehmen. Man muß sich eben der Worte bedienen, wie man es ja auch in anderer Weise auf dem Gebiet der Höflichkeitsformeln tut, die durchaus notwendig sind, wenn Menschen miteinander leben wollen; aber sie besitzen keine tiefere Bedeutung“ [78].

Auch hier also ein außerordentliches Maß an Unbedenklichkeit den eingegangenen Vertragsverpflichtungen gegenüber. Und da das Kurfürstentum Brandenburg überdies nicht imstande war, den Kurs der Mächtepolitik mitlenkend zu beeinflussen, war es mehr noch als die Staaten vom Zuschnitt der Großmächte darauf verwiesen, die sich bietenden Umverteilungschancen zu nutzen und durch das Lavieren zwischen den Bündnissystemen dem Ziel einer Statusverbesserung näher zu kommen. Dabei konnten Fehleinschätzungen und Widersprüche nicht ausbleiben. Und dennoch gab es unbeschadet des Mangels an klaren Konturen und festen Grundsätzen den Orientierungspunkt eines mächtepolitischen Aufstiegs, der im Zeitalter des Großen Kurfürsten vielfach noch instinktiv und immer wieder überstürzt ins Auge gefaßt wurde, letztlich aber doch geeignet war, die brandenburgische Politik in eine eindeutige Richtung zu weisen.

Jean Jacques Rousseau hat in bezug auf das Staatensystem des ancien régime den Satz aufgestellt, daß sich die Staaten durch die Relativität ihrer Größe zu vergleichen gezwungen seien. „Jede Regierung fühlt sich schwach, solange es andere gibt, die stärker sind; ihre Sicherheit, ihre Erhaltung gebieten es, stärker zu werden als ihre Nachbarn“. Jede Macht „ist in allem von ihrer Umwelt abhängig, sie muß sich für alles interessieren, was vorgeht. Sie mag sich vornehmen, in sich zu ruhen, ohne etwas zu gewinnen, ohne etwas zu verlieren, und sie wird doch schwach oder stark — je nachdem, ob

---

[77] *R. Graf Montecuccoli,* Abhandlung über den Krieg, bearb. von *A. Veltzé* (Anm. 39), 65 f.

[78] Mémoires de Louis XIV. (Anm. 76), 46 f.

ihr Nachbar sich ausdehnt oder schrumpft, stark oder schwach wird"[79]. Bertrand de Jouvenel zog in seinem Buch „Über die Staatsgewalt" aus diesem Räsonnement den Schluß, daß es für die Herrscher dieser Zeit gar keine Wahl gab, als nach einer Ausdehnung und Potenzierung obrigkeitlicher Autonomie zu streben und die Verfügungsgewalt über das Militär und die ökonomischen Ressourcen des Landes an sich zu reißen. Als ein „Gesetz der politischen Konkurrenz" erschien es ihm, daß stärkere Militarisierung und stärkere Staatsgewalt sich gegenseitig bedingten. Allenthalben in der europäischen Geschichte, fuhr er fort, werde die intime Beziehung zwischen Krieg und Staat sichtbar. „Alle Staaten, die einmal eine hegemoniale Stellung innehatten" oder — so ist hinzuzufügen — diese anstrebten, „verschafften sich die Mittel dazu, indem sie die Untertanen fester in den Griff nahmen als ihre Rivalen. Dadurch wurden wiederum die anderen gezwungen, das gleiche zu tun". Jeder Erfolg der Staatsgewalt diene dem Krieg; der Krieg andererseits helfe der Staatsgewalt, ihre Kompetenzen immer weiter auszudehnen. Aber er treibe auch die zurückgebliebenen Mächte an, ihren Rückstand auf dem Weg zu einer höheren Effizienz des Staatsapparates aufzuholen[80].

In diesen „Mechanismus politischer Konkurrenz" geriet die brandenburgische Politik seit Beginn des 17. Jahrhunderts in verstärktem Maße. Während Kurfürst Georg Wilhelm der Rivalität der Mächte und Parteien noch ohnmächtig und wehrlos gegenüberstand, traf Friedrich Wilhelm nach kurzem Schwanken erste Vorkehrungen, um im Falle neuer mächtepolitischer Verwicklungen wenigstens seinen territorialen Besitzstand wahren zu können. Damit betrat er gezwungenermaßen und unwiderruflich die Bahn einer sich von Jahr zu Jahr beschleunigenden Anspannung aller verfügbaren Kräfte, um sich mit jedem Schritt, den er dieser Richtung folgte, tiefer in die Zwänge zu verstricken, die ihm durch die Rivalität der Mächte auferlegt wurden. Diese Zwänge jedoch waren nur die eine Seite des Geschehens. Hinzu traten der Wille und das Temperament einer Herrscherpersönlichkeit, die ungeachtet aller Rückschläge und Enttäuschungen die Chancen zu nutzen entschlossen war, die sich der brandenburgischen Politik im Auf und Ab der Konjunkturen boten. Und hier wird die Größe sichtbar, die Friedrich Wilhelm in mächtepolitischer und militärischer Perspektive zuerkannt werden muß.

---

[79] *Jean Jacques Rousseau,* L'état de guerre, in: The Political writings of J. J. Rousseau, edited from the original manuscripts and authentic editions by C. E. Vaughan, 2 Bde., New York 1915, hier Bd. 1, 293 - 307, das Zitat 297 f.

[80] *Bertrand de Jouvenel,* Über die Staatsgewalt. Die Naturgeschichte ihres Wachstums, Freiburg i. Br. 1972, 173.

Der Große Kurfürst

Staatsdenken und Staatsarbeit eines europäischen Dynasten*

Von Peter Baumgart, Würzburg

Der am 9. Mai 1688, in einem Entscheidungsjahr europäischer Geschichte, 68jährig in seinem Stadtschloß zu Potsdam verstorbene brandenburgische Kurfürst Friedrich Wilhelm gilt in der Geschichtsschreibung ziemlich unbestritten als der Begründer des brandenburgisch-preußischen Staates absolutistischer Prägung, jedenfalls aber als eine Zentralgestalt auf dem Wege dorthin. Eben deshalb haben die Mit- und Nachwelt ihm den Ehrentitel eines „Großen Kurfürsten" beigelegt, für den der zwar Aufsehen erregende, aber transitorische Schlachtensieg über die Schweden bei Fehrbellin 1675 nur einen Anstoß gab[1].

Die historiographische Tradition von der entscheidenden Weichenstellung brandenburgischer wie preußischer Geschichte durch den Kurfürsten Friedrich Wilhelm reicht zurück ins 18. Jahrhundert. Schon der Verfasser der „Denkwürdigkeiten des Hauses Brandenburg" verknüpfte in der Nachfolge seines Vaters Friedrich Wilhelm I. den Aufstieg des nordostdeutschen Kurstaates aus durchschnittlicher und unauffälliger deutscher Territorialstaatlichkeit zu einem innerlich gefestigten, unter den Reichsständen herausra-

---

* Nur geringfügig überarbeitete und mit dem notwendigen Apparat versehene Fassung meines öffentlichen Vortrages vom 24. März 1988 bei der aus Anlaß des 300. Todestages des Kurfürsten Friedrich Wilhelm von Brandenburg, des Großen Kurfürsten, veranstalteten Jahrestagung der Preußischen Historischen Kommission zu Berlin. — Im Rahmen der mir vorgegebenen Themenstellung sollte versucht werden, die Leitmotive und Leitvorstellungen der inneren wie der äußeren Politik des Kurfürsten Friedrich Wilhelm während einer langen Regierungszeit im Kontext der Zeitverhältnisse herauszuarbeiten, um so zum Verständnis und zu einer Würdigung seiner politischen Leistung zu gelangen.

1 Zur Einführung des Attributs der „Große Kurfürst" im Zusammenhang der Schlacht bei Fehrbellin vgl. *Herman v. Petersdorff,* Der Große Kurfürst (1926), Neuausgabe Leipzig 1939, 148 ff.; dazu auch König *Friedrich II.,* Denkwürdigkeiten zur Geschichte des Hauses Brandenburg, in: Die Werke Friedrichs des Großen in deutscher Übersetzung, hrsg. von Gustav Berthold Volz, Bd. 1, Berlin 1913, 74 ff., bes. 78: „Dieser kühne und glänzende Kriegszug verdient es, Cäsars Veni, vidi, vici auf ihn anzuwenden. Selbst seine Feinde rühmten Friedrich Wilhelm, seine Untertanen segneten ihn. Und seine Nachkommen datieren von diesem ruhmreichen Tage den hohen Aufschwung, den das Haus Brandenburg in der Folge gewonnen hat" (le point d'élévation où la maison de Brandebourg est parvenue dans la suite). Vgl. dazu Oeuvres de Frédéric le Grand, Tome I, Berlin 1840, 50 ff., bes. 76.

genden und von den europäischen Mächten respektierten, sogar umworbenen politischen Gebilde in erster Linie mit der Person und Leistung des Urgroßvaters. Ihm bestätigte der Urenkel Friedrich, als er 1750 vor den sterblichen Überresten des in die neue Domgruft umzubettenden Vorfahren stand, „viel" für das Land „getan" zu haben, ja der allem älteren Herrscher- und Persönlichkeitskult abholde, aufgeklärte Monarch billigte Friedrich Wilhelm historische Größe zu: „Die Talente eines großen Königs waren bei ihm an das bescheidene Los eines Kurfürsten gebunden." Friedrich verglich ihn mit seinem jüngeren Zeitgenossen Ludwig XIV. von Frankreich und billigte beiden das Attribut „der Große" zu: „Ludwig XIV., der Europa vor seiner Macht erzittern ließ, alle Talente unter seinen Schutz nahm und einer Nation die Achtung der ganzen Welt erzwang, und Friedrich Wilhelm, der mit geringen Mitteln Großes vollbrachte, sein eigener Minister und Feldherr war und einen unter Trümmern begrabenen Staat zu blühendem Dasein erweckte[2]."

An dieser Würdigung des Fürsten und Politikers Friedrich Wilhelm änderte sich in der preußischen Historiographie nur wenig[3], mochten auch die in die ältere, spezifisch borussische Geschichtsschreibung, namentlich durch Droysen, eingeflossenen idealisierend-heroischen Züge des barocken Fürsten inzwischen manchen Korrekturen unterworfen worden sein[4], mochte außerdem Friedrich Wilhelms brandenburgische Interessenpolitik nicht länger als ein seit Droysen scheinbar notwendiges oder folgerichtiges Glied im

---

2 Denkwürdigkeiten (Anm. 1), 54 f., 90 ff.; demgegenüber verdiene der „erfolgreiche Tyrann" Cromwell nicht den Beinamen des Großen. — Schilderung der Gruftszene bei *Gerd Heinrich,* Geschichte Preußens. Staat und Dynastie, Frankfurt u. a. 1981, 90. — König Friedrich Wilhelms I. Urteil in seiner Instruktion für den Nachfolger von 1722, jetzt in: *Richard Dietrich* (Hrsg.), Die Politischen Testamente der Hohenzollern (= Veröffentlichungen aus den Archiven Preuß. Kulturbesitz 20), Köln - Wien 1986, 236.

3 *Leopold von Ranke,* Zwölf Bücher Preußischer Geschichte, Akademieausgabe, hrsg. von Georg Küntzel, Bd. 1, München 1930, Drittes Buch, 251 ff. (ursprünglich: Neun Bücher Preußischer Geschichte 1847/48); *Johann Gustav Droysen,* Geschichte der Preußischen Politik, 3. Theil, 1. - 3. Abt.: Der Staat des Großen Kurfürsten, 3 Bde., Leipzig 1861 - 1865; stark panegyrisch daneben *Martin Philippson,* Der Große Kurfürst Friedrich Wilhelm von Brandenburg, 3 Bde., Berlin 1897 - 1903; *Bernhard Erdmannsdörffer,* Der Große Kurfürst, in: Kleinere historische Schriften, hrsg. von Heinrich Lilienfein (= Deutsche Bücherei 120/122), 1. Bd., Großenwörden 1911; *Ders.* in: ADB, Bd. 7, Leipzig 1878, 480 ff.; *Ders.,* Deutsche Geschichte vom Westfälischen Frieden bis zum Regierungsantritt Friedrichs des Großen 1648 - 1740, Leipzig 1932, Bd. 1, 89 ff. u. ö.; *Otto Hintze,* Die Hohenzollern und ihr Werk, 4. Aufl. 1915, 177 ff.; *Ders.,* Der Staat des Großen Kurfürsten, in: Internationale Monatsschrift für Wissenschaft, Kunst und Technik, 8. Jg., März 1914, Sp. 657 ff.

4 Einzelkorrekturen an dem älteren borussischen Bild schon bei *Hans Prutz,* Aus des Großen Kurfürsten letzten Jahren. Zur Geschichte des Hauses und Hofes, seiner Regierung und Politik, Berlin 1897; auch *Ders.,* Analekten zur Geschichte des Großen Kurfürsten, in: FBPG 12 (1899), 163 ff.; ferner besonders für die Außenpolitik *Albert Waddington,* Le Grand Electeur. Sa politique extérieure, 2 Bde., Paris 1905 - 1908; außerdem *Georges Pagès,* Le Grand Electeur et Louis XIV. 1660 - 1688, Paris 1905.

verschlungenen Gang der deutschen Geschichte zum Nationalstaat verstanden werden[5].

Trotz berechtigter Kritik und zahlreichen Einschränkungen, wie sie in der Nachkriegshistoriographie mit ihrer radikal veränderten historisch-politischen Perspektive namentlich von Francis L. Carsten und zuletzt noch von der DDR-Historikerin Ingrid Mittenzwei[6], aber auch von Gerhard Oestreich und Ernst Opgenoorth ausgesprochen wurden[7], bleibt doch, jedenfalls in den Grundzügen, das tradierte Bild von Kurfürst Friedrich Wilhelm als einer herausragenden Gründergestalt des brandenburgisch-preußischen Staates erhalten. Sie dürfte sich auch heute und hier ungeachtet aller beinahe schon übersteigerten Revisionsbereitschaft gegenwärtiger Preußenhistoriographie schwerlich revidieren lassen.

Um dies zu verstehen und die politisch-staatsmännische Leistung des Kurfürsten für seinen Staat richtig zu würdigen, wird es notwendig sein, die Ausgangssituation der nahezu fünfzig Jahre währenden Regierung Friedrich Wilhelms mit den Ergebnissen seiner Herrschaft zu kontrastieren, um dann danach zu fragen, welches sein persönlicher Anteil daran in Theorie und Praxis gewesen sein mag. Dabei gilt es zu bedenken, daß der Kurfürst im Unterschied zu seinem Urenkel Friedrich II. nicht auch zugleich der Geschichtsschreiber und politische Theoretiker seiner eigenen Regierung war, daß er sich eher schwer getan hat, seine politischen Maximen zusammenhängend zu formulieren, geschweige denn damit, wie Friedrich II., den Anspruch eines „système de la politique“ zu verbinden. Insoweit bleibt Fritz Hartungs Charakteristik des Kurfürsten Friedrich Wilhelm als eines praktischen Absolutisten sicherlich zu Recht bestehen[8].

Schon für die beiden Preußenkönige Friedrich Wilhelm I. und Friedrich den Großen, unter deren Regierung Brandenburg-Preußen seine für die Folge typische Prägung, seine eigentümliche „Staatsidee“ erhielt[9], begann die Ge-

---

[5] Vgl. etwa *Georg Küntzel,* Die drei großen Hohenzollern (= Meister der Politik 2) Stuttgart - Berlin 1922 (2. Aufl. 1924), Separatdruck, 1 ff.

[6] *Francis L. Carsten,* The Origins of Prussia, Oxford 1954 (deutsche Ausgabe: Die Entstehung Preußens, Köln 1968); auch *Ders.*, The Great Elector and the Foundation of the Hohenzollern Despotism, in: EHR 65 (1950), 175 ff.; *Ingrid Mittenzwei / Erika Herzfeld,* Brandenburg-Preußen 1648 bis 1789. Das Zeitalter des Absolutismus in Text und Bild, Berlin(-Ost) 1987; recht differenziert *Günter Vogler,* Kurfürst Friedrich Wilhelm, in: Preußen. Legende und Wirklichkeit, Berlin(-Ost) 1983, 23 ff.

[7] *Gerhard Oestreich,* Friedrich Wilhelm, der Große Kurfürst (= Persönlichkeit und Geschichte 65), Göttingen 1971; *Ernst Opgenoorth,* Friedrich Wilhelm. Der Große Kurfürst von Brandenburg. Eine politische Biographie, 2 Bde., Göttingen 1971 u. 1978; außerdem *Ludwig Hüttl,* Friedrich Wilhelm von Brandenburg, der Große Kurfürst 1620 – 1688. Eine politische Biographie, München 1981.

[8] *Fritz Hartung,* Die politischen Testamente der Hohenzollern (1915), in: Volk und Staat in der deutschen Geschichte, Leipzig 1940, 120: „der praktische Absolutismus“.

schichte des Hauses Brandenburg erst seit Beginn des 17. Jahrhunderts wichtig und interessant zu werden[10]. Damals, unter der Regierung des Kurfürsten Johann Sigismund (1608 - 1619) fielen dem Kurstaat Brandenburg aus durchaus traditionellen dynastischen Familienverbindungen und -interessen, wie sie seit jeher die deutschen Fürstenhäuser bestimmt hatten[11], fast gleichzeitig Territorialbesitz und Territorialherrschaft in geographisch weit auseinander liegenden Gebieten zu: Im Nordosten, außerhalb der Reichsgrenzen, erlangte die Kurlinie 1618 definitiv die Erbfolge im unter polnischer Lehnshoheit stehenden Herzogtum Preußen, im Westen des Reiches, in einem Schnittpunkt europäischer Großmacht- und Konfessionspolitik, fiel ihr im Provisionalvergleich von Xanten 1614 das niederrheinische Herzogtum Kleve samt den Grafschaften Mark und Ravensberg zu.

Dieser bedeutsame Territorialzuwachs in Ost und West veränderte Kurbrandenburgs reichspolitische Position und innere Struktur erheblich. Er verwandelte den mehr oder minder geschlossenen Landesstaat des 16. Jahrhunderts in ein zusammengesetztes Staatsgebilde, das lediglich von der Dynastie zusammengehalten wurde. Es ließe sich mit Otto Brunner in Analogie zu den österreichischen Ländern der Habsburgermonarchie als eine „monarchische Union von Ständestaaten" charakterisieren[12], als ein staatliches Gebilde von untereinander allenfalls lose oder gar nicht verbundenen Territorien, deren inneres Gefüge weniger die fürstliche Landesherrschaft als die jeweiligen korporativ organisierten Landstände mit ihren Privilegien und Rechten bestimmten. Es handelte sich mithin, wie neuerdings Johannes Kunisch formulierte[13], um eine „dynastische Union von regional geprägten Territorialstaaten".

Eben deshalb blieb die „monarchische" Gewalt der hohenzollerschen Kurfürsten zunächst nur schwach ausgeprägt, zumal die damaligen Regenten sich als Herrscherpersönlichkeiten wenig zu profilieren vermochten. Immerhin konnte die Dynastie im Geraer Hausvertrag von 1598, der 1603 durchgesetzt wurde[14], den für die Kontinuität des Fürstenstaates konstitutiven

---

9 Knapp zusammenfassend *Peter Baumgart,* Zur Entstehung der Monarchie und des preußischen Staatsgedankens, in: Manfred Schlenke (Hrsg.), Preußen-Ploetz, Freiburg - Würzburg 1983, 122 ff.

10 Friedrich Wilhelm I., Instruktion von 1722 (Anm. 2), 222; *Friedrich II.,* Denkwürdigkeiten, Einführung von 1751 (Anm. 1), 10: „Es geht mit Geschichtswerken wie mit Gewässern, die erst da Bedeutung gewinnen, wo sie schiffbar werden. Die Geschichte des Hauses Brandenburg wird erst fesselnd mit Johann Sigismund." Bezeichnenderweise bezieht sich der religiös geprägte Friedrich Wilhelm auf den Konfessionswechsel, wohingegen der aufgeklärte Nachfolger den Territorialzuwachs betont.

11 Vgl. *Baumgart,* Entstehung der Monarchie (Anm. 9), 127 ff.

12 *Otto Brunner,* Land und Herrschaft. Grundfragen der territorialen Verfassungsgeschichte Österreichs im Mittelalter, 5. Aufl., Wien 1965, 447.

13 *Johannes Kunisch,* La guerre — c'est moi! Zum Problem der Staatenkonflikte im Zeitalter des Absolutismus, in: ZHF 14 (1987), 427.

Grundsatz der Primogenitur und Unteilbarkeit der Kurlande verankern, der dem Hause innere Stabilität verhieß. Außerdem hatte die Landesherrschaft bereits 1604 mit der Aussicht auf die territorialen Erwerbungen nach auswärtigen Vorbildern den „Geheimen Rat“ als übergreifendes Beratergremium geschaffen, der eine, wenngleich noch sehr unvollkommene, „gesamtstaatliche“ Politik verfolgen und einer künftigen zentralisierenden Staatsverwaltung vorgreifen konnte[15].

Der spektakuläre Konfessionswechsel des Kurfürsten Johann Sigismund vom Luthertum zum Calvinismus im Jahre 1613 besaß zwar sicherlich die ihm in der Preußenhistoriographie zumal von Otto Hintze[16] beigemessene große politische Bedeutung für den Aufstieg des Hauses Brandenburg; aber zumindest anfangs war von einem Brückenschlag der modernen Staats- und Wirtschaftsräson aus Westeuropa in die Mark Brandenburg unter Johann Sigismund[17] und seinem gänzlich unselbständigen Nachfolger Georg Wilhelm noch wenig zu spüren. Dennoch bewirkte die damalige Wendung des Landesherrn zum reichsrechtlich noch nicht anerkannten reformierten Bekenntnis jedenfalls längerfristig eine politische Bewußtseinsänderung und Neuorientierung; sie ging mit dem Hineinwachsen der Hohenzollern in neue Familienverbindungen einher, unter denen wiederum neben der pfälzischen, aus der Friedrich Wilhelm stammte, diejenige mit dem Hause Nassau-Oranien die bedeutsamste war[18].

Während der Bekenntniswechsel innerhalb der regierenden Dynastie selbst zur Ausbildung eines prononcierten Erwählungs- und Bewährungsgedankens führte, der sich zuerst bei Kurfürst Friedrich Wilhelm in einer

---

14 Vgl. *Johannes Schultze,* Die Mark Brandenburg, Bd. 4, Berlin 1964, 154 f.; dazu aus der Sicht der erneuerten fränkischen Linie und zum Onolzbacher Vergleich vom 21. 6. 1603 die Monographie von *Hans-Jörg Herold,* Markgraf Joachim Ernst von Brandenburg-Ansbach als Reichsfürst (= Schriftenreihe der Histor. Komm. bei der Bayer. Akad. der Wissenschaften 10), Göttingen 1973, 30 ff.

15 Aus der kontroversen Literatur nur *Reinhold Koser,* Geschichte der brandenburgischen Politik bis zum Westfälischen Frieden von 1648, Stuttgart - Berlin 1913, 334 ff.

16 Vor allem *Otto Hintze,* Kalvinismus und Staatsräson in Brandenburg zu Beginn des 17. Jahrhunderts (1931), jetzt in: Regierung und Verwaltung, Gesammelte Abhandlungen zur Staats-, Rechts- und Sozialgeschichte Preußens, 2. Aufl., hrsg. von Gerhard Oestreich, Göttingen 1967, 255 ff.

17 *Hintze,* Kalvinismus und Staatsräson (Anm. 16), 283 ff., möchte, da die Persönlichkeit des Kurfürsten Johann Sigismund, dessen Konfessionswechsel seinerzeit schon Johann Gustav Droysen als einschneidend hervorhob, nur wenig für seine These hergibt, den kurprinzlichen Ratgeber Otto-Heinrich von Bylandt, Herrn von Rheydt, als den „ersten modernen Staatsmann in der brandenburgischen Geschichte“ einführen, ohne daß die Beweisführung voll trägt. Hintzes These sowie eine sehr positive Beurteilung Johann Sigismunds auch bei *Lackner* (Anm. 20), 42 ff.

18 Stark betont von *Carl Hinrichs* in seinem knappen, aber prägnanten Abriß für „Die Großen Deutschen“: Der Große Kurfürst, jetzt in: Preußen als historisches Problem. Gesammelte Abhandlungen, hrsg. von Gerhard Oestreich (= Veröffentlichungen der Histor. Komm. zu Berlin 10), Berlin 1964, 227 ff., bes. 228 f.

gesteigerten politischen Aktivität äußerte, bewirkte er in den Hohenzollernlanden eine Bi- oder sogar Trikonfessionalisierung. Der Calvinismus blieb zwar in den brandenburgischen Territorien stets nur eine Hof- und Beamtenreligion[19], aber das fortbestehende landesherrliche Kirchenregiment tendierte gleichwohl oder vielleicht gerade deshalb zur Toleranz, zur Parität zwischen den beiden protestantischen Bekenntnissen; es gewährte Lutheranern und Reformierten Glaubens- und Gewissensfreiheit, freilich weniger aus Einsicht als aus einer rechtlichen und faktischen Zwangslage sowie bisweilen aus wirtschaftlichen Rücksichten[20].

Vorerst allerdings konnten die großen Möglichkeiten, die in der Erweiterung der territorialen Basis, der Stabilisierung und politischen Aktivierung der Dynastie lagen, nicht zur Geltung gelangen, weil die allgemeinpolitischen Verhältnisse in Europa und speziell im Reich dies verhinderten. An den übermächtigen äußeren Zwängen hätten wohl auch stärkere Persönlichkeiten scheitern können, als es der seit 1620 regierende Kurfürst Georg Wilhelm war, unter dem Kurbrandenburg in den Dreißigjährigen Krieg hineinglitt, um dort eine wenig rühmliche Rolle zu spielen[21].

Von seinem beinahe allmächtigen Günstling Adam Graf zu Schwarzenberg wurde der entscheidungsschwache, körperlich behinderte Kurfürst zu einer Politik der Anlehnung an den Kaiser getrieben[22]; tatsächlich schwankte die brandenburgische Politik in den wechselnden Konstellationen des längst zu europäischen Dimensionen angewachsenen Krieges jedoch zwischen strikter Neutralität, Anschluß an den Kaiser oder Hinwendung zu Schweden, zwischen Auf- und Abrüstung hin und her, so daß sie es nahezu mit allen Seiten verdarb. Im Ergebnis wurden insbesondere die kurmärkischen Kernlandschaften zum Aufmarsch- und Durchzugsgebiet fremder Heere, zum Spiel-

---

19 Vgl. *Rudolf von Thadden,* Die brandenburgisch-preußischen Hofprediger im 17. und 18. Jahrhundert (= Arbeiten zur Kirchengeschichte 32), Berlin 1959; außerdem deskriptiv *Bodo Nischan,* The Second Reformation in Brandenburg: Aims and Goals, in: Sixteenth Century Journal 14 (1983) 173 ff.: „The second reformation never became a popular movement. It basically remained a phenomenon limited to the elector and his court" (186).

20 Dazu neben *J. Schultze* (Anm. 14), Bd. 4, 190 ff., besonders *Ulrich Stutz,* Kurfürst Johann Sigismund und das Reformationsrecht, in: Sitzungsberichte der Preuß. Akad. der Wissenschaften, philos.-histor. Klasse, Jg. 1922, Berlin 1922, bes. 29 ff.; zur religiösen Entwicklung in Kurbrandenburg auch *Martin Lackner,* Die Kirchenpolitik des Großen Kurfürsten (= Untersuchungen zur Kirchengeschichte 8), Witten 1973, 50 ff. Speziell zur Toleranz: *Gerd Heinrich,* Religionstoleranz in Brandenburg-Preußen. Idee und Wirklichkeit (1981), jetzt in: Manfred Schlenke (Hrsg.), Preußen. Politik, Kultur, Gesellschaft, Bd. 1, Reinbek bei Hamburg 1986, 83 ff.

21 Überblick und Charakteristik bei *Hintze,* Hohenzollern (Anm. 3), 166 ff.

22 Kontroverse, überwiegend negative Beurteilung der Politik und Persönlichkeit Schwarzenbergs in der Literatur; vgl. etwa *J. Schultze* (Anm. 14), Bd. 4, 277 ff., mit der älteren Literatur; eine Wegbereiterrolle Schwarzenbergs für die spätere absolutistische Stände- und Militärpolitik Kurfürst Friedrich Wilhelms akzentuiert stark *F. L. Carsten,* The Great Elector (Anm. 6), 180 ff.

ball zwischen den großen Mächten, zwischen den Schweden und den Kaiserlichen. Sie gehörten, wie eine 1652 angeordnete landesherrliche Untersuchung der Kriegsfolgen ergab[23], zu den großen Zerstörungsgebieten des Krieges, waren bevölkerungsmäßig um bis zu 50 % dezimiert und wirtschaftlich vollständig ausgelaugt. Während die weniger verwüsteten Außenterritorien sich entweder weitgehend selbst überlassen oder aber dem Einfluß fremder Mächte ausgeliefert blieben, besetzten die Schweden als Faustpfand ihrer Ostseeherrschaft das benachbarte Herzogtum Pommern, das nach dem Erlöschen des Greifenhauses 1637 aufgrund alter dynastischer Erbabreden an Brandenburg fallen sollte[24].

In dieser ebenso desolaten wie desperaten Situation mußte der damals erst zwanzigjährige, bislang von den Geschäften systematisch ferngehaltene Friedrich Wilhelm im Dezember 1640 die Regierung übernehmen[25]. Angesichts der prekären Lage seines allenthalben bedrohten Staatswesens bewies der regierungsunerfahrene Kurfürst von Anfang an eine erstaunliche Besonnenheit und zugleich politische Beweglichkeit; er wußte sein ehrgeiziges Temperament und seinen starken Machtwillen durch einen ausgeprägten Sinn für das Mögliche zu zügeln, und ungeachtet aller großen Pläne, die ihn im Verlaufe seiner Regierung beflügeln mochten, blieb er ein „Realpolitiker“[26], der das Erreichbare mit allen ihm zur Verfügung stehenden Mitteln ansteuerte, sei es mit kluger Berechnung oder durch Überraschung, sei es durch Verzögerungen oder scheinbares Nachgeben, jedenfalls aber durch rücksichtslose Ausnutzung der ihm gegebenen Möglichkeiten.

Ein Beispiel solchen Realitätssinnes war gleich zu Beginn seiner Regierung die überraschende Rückkehr Kurbrandenburgs zur unbewaffneten Neutralität durch Abdankung der noch auf den Kaiser verpflichteten eigenen Truppen; mit ihr suchte Friedrich Wilhelm sein nächstes Ziel zu erreichen, nämlich vorerst einmal Herr im eigenen Lande zu werden, sich des gefährlichen väterlichen Günstlings Schwarzenberg zu entledigen und dabei zugleich die Unterstützung der kriegsmüden märkischen Landstände zu gewinnen. Schon drei Jahre später mußte er jedoch erkennen, daß ein Neutralitätskurs ohne eigene Machtmittel unrealistisch war und ihn bei den Friedensverhandlun-

---

[23] Vgl. *Günther Franz,* Der Dreißigjährige Krieg und das deutsche Volk (= Quellen und Forschungen zur Agrargeschichte 7), 4. Aufl., Stuttgart - New York 1978, 19 ff.

[24] Siehe *Peter Baumgart,* Schlesien und Pommern in der Politik des brandenburgisch-preußischen Staates, in: Schlesien und Pommern in den deutsch-polnischen Beziehungen vom 16. bis zum 18. Jahrhundert. XIV. deutsch-polnische Schulbuchkonferenz der Historiker 1981 in Zamość, Redaktion: Rainer Riemenschneider (= Schriftenreihe des Georg-Eckert-Instituts für internationale Schulbuchforschung 22/V), Braunschweig 1982, bes. 12 ff.

[25] Zum Faktischen und zugleich für das Folgende detailliert die in Anm. 3 bis 7 zitierte Literatur.

[26] Charakteristik *Hintzes,* Hohenzollern (Anm. 3), 254, dazu *Hinrichs* (Anm. 18), 232.

gen zu Münster und Osnabrück[27] in eine ungünstige Ausgangsposition sowohl gegenüber dem Kaiser wie den Schweden brachte. Deshalb begann er 1644 mit der Wiederaufstellung eines eigenen kleinen Heeres; die Mittel aus der kriegszerstörten Kurmark reichten dafür freilich nicht aus, so daß der Kurfürst sich alsbald gezwungen sah, die Hilfe der anderen Landesteile und ihrer Landstände, namentlich Ostpreußens und Kleves, dafür in Anspruch zu nehmen. Diese zeigten sich durchaus unwillig und uneinsichtig, für einen Zweck Gelder oder Menschen aufzubringen, der ihren eigenen Interessen nicht nur geographisch, sondern auch politisch noch ganz fern lag.

An diesem Punkt, der nicht zufällig die Anfänge des stehenden Heeres in Brandenburg-Preußen[28] berührte, tat sich für Friedrich Wilhelm zum ersten Mal der Konflikt zwischen dem eigenen, sicherlich von Anfang an überterritorialen Staatsverständnis und der territorial eng begrenzten Auffassung der Stände[29] jener Länder auf, über die der brandenburgische Kurfürst lediglich in Personalunion als Markgraf von Brandenburg oder als Herzog in Preußen, als Herzog von Kleve und Graf von der Mark herrschte. Das Bewußtsein, einem einheitlichen, gemeinsamen Staatszweck zu dienen und einem Gesamtstaat anzugehören, war diesen Territorien noch durchaus fremd, und seine Konsequenzen schienen ihren im Regionalismus verwurzelten ständischen Repräsentanten unakzeptabel.

Die Gesamtstaatsidee existierte mithin anfangs nur in den Vorstellungen des regierenden Kurfürsten und einiger seiner vertrauten Ratgeber; sie auch gegen den Willen und die überkommenen Privilegien der Stände in den einzelnen Ländern durchzusetzen, notfalls sogar mit Gewalt, ergab sich sehr frühzeitig als ein vorrangiges Ziel seiner inneren Politik während der ersten zwei bis drei Jahrzehnte seiner Herrschaft. Friedrich Wilhelm handelte dabei durchaus zeittypisch, keineswegs singulär, als Exponent des „werdenden

---

27 Grundlegend *Fritz Dickmann,* Der Westfälische Frieden, Münster 1959 (5. Aufl. 1985).

28 Aus der recht umfangreichen kontroversen Literatur bleibt wichtig: *Gerhard Oestreich,* Kurt Bertram von Pfuel 1590 - 1649. Leben und Ideenwelt eines brandenburgischen Staatsmanns und Wehrpolitikers, in: FBPG 50 (1938), 201 ff.; dazu die Bemerkungen von *Curt Jany,* Die Anfänge des stehenden Heeres in Brandenburg, in: FBPG 51 (1939), 178 ff.; grundlegend *Ders.,* Geschichte der preußischen Armee vom 15. Jahrhundert bis 1914, 2. Aufl., hrsg. von Eberhard Jany, Bd. 1, Osnabrück 1967 (zuerst 1928), 97 ff., ferner *Hans Helfritz,* Geschichte der preußischen Heeresverwaltung, Berlin 1938, bes. 103 ff. Verzeichnend und teilweise unrichtig (noch 1986) *Otto Büsch,* Die Militarisierung von Staat und Gesellschaft im alten Preußen, in: Preußen (Anm. 20), 45 ff., bes. 47 ff.

29 Zur Ständeproblematik jetzt übergreifend die einschlägigen Referate bei *Peter Baumgart* (Hrsg.), Ständetum und Staatsbildung in Brandenburg-Preussen. Ergebnisse einer internationalen Fachtagung (= Veröffentlichungen der Histor. Komm. zu Berlin 55), Berlin - New York 1983; neuerdings die detaillierte auf die Kurmark bis 1653 begrenzte Analyse von *Christoph Fürbringer,* Necessitas und Libertas. Staatsbildung und Landstände im 17. Jahrhundert in Brandenburg (= Erlanger Historische Studien 10), Frankfurt - Bern 1985.

Absolutismus", der im Kern vom Machtwillen, von der Staatsräson, vom Streben nach innerer wie äußerer Souveränität, nach europäischer Selbständigkeit bestimmt wurde.

Hauptinstrumente solcher absolutistischen Machtpolitik waren bekanntlich ein stehendes Heer und eine auf den Monarchen fixierte Administration, mit deren Hilfe eine bis dahin kaum gekannte Ressourcenschöpfung durch Steuern möglich wurde, die wiederum eine ausgreifende, bewegliche auswärtige Politik finanzieren half. Eine derartige im Reich bis dahin ungewohnte, aber eben damals in Frankreich und in Schweden realisierte, überaus zukunftsträchtige Staatsauffassung erfüllte auch die politische Gedankenwelt des brandenburgischen Kurfürsten Friedrich Wilhelm, der damit erklärtermaßen in ganz anderen Kategorien und Vorstellungen dachte als die meisten seiner Untertanen.

Nicht von ungefähr verfocht Friedrich Wilhelm ein auf militärische Stärke und Staatsräson gestütztes, wiewohl letztlich religiös, aus dem Gottesgnadentum, begründetes Machtstaatsdenken zeitgemäßer monarchisch-absolutistischer Provenienz, das ihn in Konflikt mit den Ständen seiner „Union von Ständestaaten" bringen mußte. Sowohl mächtige Zeittendenzen wie seine eigenen Jugendeindrücke und Bildungseinflüsse haben eine derartige Position vorbereitet, ihm den Weg dorthin geebnet.

Friedrich Wilhelms politische Konzeption wurde zum einen maßgeblich bestimmt von den schweren und traurigen Erfahrungen seiner Jugend während des großen Krieges[30]: Aus Sicherheitsgründen blieb er jahrelang zusammen mit seinem reformierten Erzieher Johann Friedrich von Calcum, gen. Leuchtmar, auf die Festung Küstrin beschränkt, wo er vor allem Sprachstudien betrieb, neben dem Französischen und Lateinischen auch Polnisch lernte, erst später Holländisch. Zum anderen formten sich seine Anschauungen unter dem Eindruck der großen, fast vierjährigen Bildungsreise[31], die ihn in die nördlichen Niederlande, an die berühmte calvinistisch-humanistische Hochschule in Leiden sowie an den Hof des Generalstatthalters der führte. Dort im Umkreis des streng reformierten Hauses Nassau-Oranien und seiner pfälzisch-englischen Verwandten gewann Friedrich Wilhelm einen intensiven Eindruck von der Wirtschafts- und Kulturblüte der Niederlande in ihrem „goldenen Zeitalter", ebenso von der Militanz des westeuropäischen Calvinismus, von der fortschrittlichen Festungsbau- und Kriegstechnik der Oranier im Kampf gegen die Spanier. Aus dem Nassauischen Hause stammte auch seine erste Frau Luise Henriette, die Tochter des Prinzen Friedrich

---

30 Statt vieler Zeugnisse *Oestreich,* Friedrich Wilhelm (Anm. 7), 16 ff.

31 Ebd., 18 f.; ergänzend die wichtigen Untersuchungen Oestreichs zur Wirkung der niederländisch-neustoischen Bewegung in Europa und speziell in Brandenburg-Preußen, gesammelt in: Geist und Gestalt des frühmodernen Staates, Berlin 1969, sowie in: Strukturprobleme der frühen Neuzeit, hrsg. von *Brigitta Oestreich,* Berlin 1980.

Heinrich, mit der er sich 1646 vermählte, nachdem die vorangegangenen Ehepläne mit König Gustav Adolfs Tochter Christine sich endgültig zerschlagen hatten.

So konnten die Niederlande sowohl persönlich-menschlich, durch die prestigeträchtige, wenngleich politisch wenig ergiebige, außerdem aber glückliche Heiratsallianz mit den Oraniern, wie bildungsmäßig, durch die von dort ausgehende und künftig nach Brandenburg hineinwirkende „niederländische Bewegung“ [32], aber vor allem auch politisch-wirtschaftlich zu einem festen Bezugspunkt für den brandenburgischen Kurfürsten werden, an dem er sich lebenslang orientierte. Der andere, ebenfalls in die Jugendzeit zurückreichende, an einen Besuch beim Schwedenkönig Gustav Adolf in Wolgast (1631) anknüpfende Fixpunkt blieb Schweden [33] als zwar glaubensverwandte, aber expansiv nach Mitteleuropa übergreifende Groß- und Militärmacht, von der Kurbrandenburg Pommerns wegen ein unüberbrückbarer Interessenkonflikt trennte.

Ohne das niederländische Vorbild ließe sich Friedrich Wilhelms hartnäckig verfolgter, obschon utopischer Plan nicht verstehen, Kurbrandenburg zu einer auf die Ostsee orientierten See- und Handelsmacht umzuformen [34]. Von dort her erklärt sich auch die überragende Bedeutung, die er dem dynastisch lange vorbereiteten Erwerb Pommerns samt den Odermündungen und dem Seehafen Stettin zeitlebens beimaß, so daß sie seine gesamte Reichs- und Außenpolitik überlagern und bestimmen konnte.

Dies gilt gerade auch für Kurbrandenburgs Position und Politik auf dem Westfälischen Friedenskongreß [35]. Dort forderten die Schweden als Teil ihrer „Satisfaktion“ für ihr Eingreifen in den Krieg auf Reichsboden eine endgültige Abtretung ganz Pommerns. Dieses Junktim blockierte zeitweilig die Verhandlungen. Der hartnäckig auf seinen Erbansprüchen bestehende Kurfürst

---

32 Besonders *Gerhard Oestreich,* Politischer Neustoizismus und Niederländische Bewegung in Europa und besonders in Brandenburg-Preußen, jetzt in: Geist und Gestalt (Anm. 31), 101 ff.; *Ders.,* Fundamente preußischer Geistesgeschichte. Religion und Weltanschauung in Brandenburg im 17. Jahrhundert, jetzt in: Strukturprobleme (Anm. 31), 275 ff.; zur Heiratsallianz und Person der ersten Frau vgl. die Biographie von *Toni Saring,* Luise Henriette. Kurfürstin von Brandenburg 1627 – 1667, Göttingen 1939.

33 Zu Schwedens Großmachtpolitik *Klaus Zernack,* Schweden als europäische Großmacht der frühen Neuzeit, in: HZ 232 (1981), 327 ff.; zur Gustav Adolf-Literatur jetzt auch *Werner Buchholz,* Der Eintritt Schwedens in den Dreißigjährigen Krieg in der schwedischen und deutschen Historiographie des 19. und 20. Jahrhunderts, in: HZ 245 (1987), 291 ff.

34 Akzentuiert bei *Hinrichs,* Der Große Kurfürst (Anm. 18), 230 f.; auch *Dickmann,* Der Westfälische Frieden (Anm. 27), 307.

35 Neben *Dickmann* (Anm. 27), bes. 246 ff., 306 ff.; die ältere Zusammenfassung der schwedisch-brandenburgischen Verhandlungen bei *Koser,* Geschichte der brandenburgischen Politik (Anm. 15), 496 ff.; ferner *Baumgart,* Schlesien und Pommern (Anm. 24), 16 f.

drohte dabei isoliert zu werden und gänzlich leer auszugehen, weil sich die Unterhändler Kaiser Ferdinands III. und Schwedens bereits auf seine Kosten geeinigt hatten. Friedrich Wilhelm verdankte es nur der Interessenlage der französischen Kongreßdiplomatie, die in Kurbrandenburg eine aufstrebende, unabhängige Kraft zwischen den Großmächten Österreich und Schweden erblickte, wenn schließlich im Februar 1647 eine annehmbare Lösung gefunden wurde. Sie beruhte auf dem Prinzip der Teilung und verhalf dem Kurfürsten wenigstens zum Besitz Hinterpommerns ohne die Odermündungen und Stettin.

Die Brandenburg darüber hinaus in Artikel XI des Osnabrücker Friedensinstruments[36] zugesprochenen „Entschädigungslande" aus nunmehr definitiv säkularisierten geistlichen Fürstentümern, nämlich die ehemaligen Hochstifte Kammin, Halberstadt und Minden samt der erst 1680, mit dem Tode des sächsischen Administrators, eingelösten Anwartschaft auf das Erzstift Magdeburg — diese dem Kaiser nur mühsam abgerungenen Kompensationen auf Kosten der Reichskirche reihten den Kurfürsten von Brandenburg insgesamt sogar unter die Gewinner der Friedensordnung von 1648 ein. Zwar befriedigte ihn das Ergebnis von Osnabrück hinsichtlich Pommerns, dem er eine Schlüsselposition für seine politischen Zukunftsplanungen einer brandenburgischen See- und Handelsmacht einräumte, in keiner Weise. Er war denn auch entschlossen, die Teilung des Landes, bei der ihm nur das weniger wertvolle Hinterpommern zugestanden wurde, rückgängig zu machen, wann immer sich ihm eine Gelegenheit dazu bot, sei es durch Tausch und zusätzliche Geldentschädigungen (von zwei Millionen Reichstalern an die Schweden), sei es durch eine kriegerische Auseinandersetzung in einer günstigeren Konstellation[37]. Bekanntlich ist er diesem Ziele während der folgenden Jahrzehnte in wechselnden Bündnissen und Koalitionen mit europäischen Verbündeten wiederholt sehr nahe gekommen, ohne es jedoch zu erreichen, weil jedesmal, sei es 1659, 1679 oder zu Beginn der achtziger Jahre, die damalige europäische Hegemonialmacht Frankreich ihren alten Verbündeten stützte und den Kurfürsten in die Schranken wies. So sehr er sich also bemühte, vermochte Friedrich Wilhelm das Ergebnis von Münster und Osnabrück nicht rückgängig zu machen.

Statt dessen sah er sich durch die ihm als Äquivalent zugewiesenen Stiftslande auf das norddeutsche Binnenland und auf eine noch engere Verflechtung in die Reichsangelegenheiten, auch in die Reichskreisangelegenheiten, verwiesen[38]. Die neuen Territorien brachten Kurbrandenburg neben einem

---

36 Text jetzt bequem zugänglich in der Edition Instrumenta Pacis Westphalicae. Die Westfälischen Friedensverträge 1648, bearbeitet von *Konrad Müller* (= Quellen zur Neueren Geschichte, hrsg. vom Historischen Seminar der Universität Bern, Heft 12/13), 2. Aufl., Bern 1966.

37 Vgl. jetzt *Baumgart,* Schlesien und Pommern (Anm. 24), 17 f.; dazu *Albert Waddington,* Le Grand Electeur (Anm. 4), Bd. 2, 591.

nicht unbeträchtlichen Gebietszuwachs, durch die Stiftslande knapp 10 000 qkm, in Hinterpommern knapp 20 000 qkm[39], und einer Steigerung der Wirtschaftskraft mit ihrer Brückenfunktion zu den Besitzungen am Niederrhein auch eine Schwerpunktverlagerung nach Westen und ins Reich hinein. Zugleich aber konnte er sich dank seines kräftig vermehrten Streubesitzes einer reichsübergreifenden Außenpolitik weniger denn je entziehen. Insofern ist es sicher zutreffend, wenn Reinhold Koser „die europäische Politik des brandenburgisch-preußischen Staates" mit dem Jahre 1648 beginnen lassen wollte (1913)[40].

Jedoch bleibt dabei zu beachten — und das Scheitern der kurfürstlichen Politik hinsichtlich Pommerns wie seiner Seemachtpläne unterstreicht dies nur —, wie sehr Friedrich Wilhelm als Reichsstand und Kurfürst des Heiligen Römischen Reiches nach wie vor eingebunden war in die Rechts- und Rangordnung dieses Reiches[41]. Zwar bemühte er sich in bilateralen Verträgen mit wechselnden europäischen Partnern um eine selbständige Politik neben dem Reich, aber die brandenburgische Staatsräson richtete sich in aller Regel nicht gegen dieses Reich; vielleicht nicht einmal in jenem Friedrich Wilhelm von nationalbewußten Historikern des 19. Jahrhunderts besonders verübelten Geheimabkommen zu St. Germain von 1679 und den Anschlußverträgen mit Ludwig XIV. ab 1681[42], die die Reunionspolitik des französischen Monarchen an den Westgrenzen des Reiches und die Annexion Straßburgs (1681) absichern halfen, während der subsidienabhängige Kurfürst sie vergeblich als Instrument seiner antischwedischen Politik zu gebrauchen gedachte.

Allerdings interpretierte er sein wiederholt bekräftigtes Reichsbewußtsein, den in den Jahren der großen überkonfessionellen Koalition gegen die ludovizianische Hegemonie in Europa und der drängenden Türkenabwehr verstärkt wiederbelebten „Reichspatriotismus", ziemlich eigenwillig, so wenn er 1680 gegenüber dem englischen Gesandten beteuerte: „Ich bin ein

38 Dazu jetzt auf der Grundlage einer veränderten Interpretation und Beurteilung des „Reichssystems" *Anton Schindling,* Kurbrandenburg im System des Reiches während der zweiten Hälfte des 17. Jahrhunderts, in: Oswald Hauser (Hrsg.), Preußen, Europa und das Reich (= Neue Forschungen zur Brandenburg-Preußischen Geschichte 7), Köln - Wien 1987, 33 ff.; ferner *Ders.,* Der Große Kurfürst und das Reich, in diesem Band.

39 Genaue Angaben in qkm im Anhang bei *Heinrich,* Geschichte Preußens (Anm. 2), 566 f.

40 *Koser* (Anm. 15), 508.

41 Dies ist gegenüber der älteren Historiographie bis hin zu *Petersdorff* (Anm. 1), 42 f., zu betonen, vgl. *Schindling* (Anm. 38).

42 Vgl. *Margarete Werners,* Die Reichspolitik des Großen Kurfürsten im Rahmen seiner europäischen Politik von 1679 - 1684, phil. Diss. Bonn, Düsseldorf 1937; auch *Ferdinand Fehling,* Frankreich und Brandenburg in den Jahren 1679 - 1684. Beiträge zur Geschichte der Allianzverträge des Großen Kurfürsten mit Ludwig XIV., Leipzig 1906. — Selbst *J. G. Droysen* (Anm. 3), der den Kurfürsten sonst glorifizierte, verübelte ihm dieses Bündnis, ebenso *Erdmannsdörffer,* Deutsche Geschichte (Anm. 2), Bd. 1, 613 ff.

wahrer Deutscher und will es immerdar bleiben, und zwar ein solcher als einem Kurfürsten von Brandenburg geziemt[43]." Was dem brandenburgischen Kurfürsten geziemte, das bestimmten die egoistischen, sehr robust wahrgenommenen Interessen der brandenburgischen Politik. Diese gerieten zwar nicht selten in Widerspruch zu den politisch-konfessionellen Absichten des österreichischen Hauses, aber sie stellten dabei doch die nach dem Friedensschluß von 1648 rascher als vielfach angenommen erneuerte Vorrangstellung des Reichsoberhauptes nicht in Frage. Schon durch die von Friedrich Wilhelm lebhaft unterstützte Verteidigung der kurfürstlichen Vorrangstellung der „Präeminenz" auf dem Reichstag gegen die andauernde Fürstenopposition trug er eher zur Stabilisierung der traditionellen Reichshierarchie als zu ihrer Schwächung bei[44].

So konnte weder im Sinne Droysens und der an ihn anschließenden populären Auffassung der deutschen Nationalbewegung des 19. Jahrhunderts von einem Vorkämpfer des deutschen Nationalgedankens noch gar von der Begründung eines deutschen Dualismus bereits während der Regierung des Kurfürsten Friedrich Wilhelm die Rede sein[45]. Indem das Reichssystem im Westfälischen Frieden nicht zu Grabe getragen, sondern, wie wir dank der lebhaften Erforschung und Neubewertung des Alten Reiches während der letzten Jahrzehnte wissen[46], alsbald unter österreichischer Führung erneuert wurde, vermochte auch eine so willensstarke und dynamische Persönlichkeit wie die des Großen Kurfürsten sich den durch dieses System gezogenen und von der europäischen Mächteordnung garantierten „Strukturzwängen" nicht zu entziehen.

Friedrich Wilhelms äußerer wie innerer „Handlungsspielraum"[47] war eng, wie sich in der Folge immer wieder erwies und wie er es auch selbst wiederholt theoretisch reflektierte. Auf der Bühne der internationalen Politik, in den Auseinandersetzungen zwischen den europäischen Mächten, zumal zwischen König Ludwig XIV. und seinen Gegnern, blieb Kurbrandenburg stets ein zweitrangiger Koalitionspartner, der von Subsidien abhing und eine eigenständige Politik auf Dauer nicht betreiben konnte. Der politische Ehrgeiz korrespondierte noch nicht mit den vorhandenen Ressourcen, den oft

43 Zitiert bei *Petersdorff* (Anm. 1), 43; zur Problematik von Sonderinteresse und Reichsinteresse auch *Küntzel* (Anm. 5), 69 f.

44 Dazu *Schindling,* Kurbrandenburg (Anm. 38), 39 f.

45 Zurückweisung der Droysenschen Positionen schon in der jüngeren preußischen Historiographie, namentlich auch bei *Hintze;* vgl. *Ders.,* Der Staat des Großen Kurfürsten (Anm. 3), Sp. 672 ff.; *Ders.,* Johann Gustav Droysen (1904), jetzt in: Soziologie und Geschichte. Gesammelte Abhandlungen zur Soziologie, Politik und Theorie der Geschichte, 2. Aufl., hrsg. von Gerhard Oestreich, Göttingen 1964, bes. 487 f.

46 Dazu demnächst zusammenfassend *Anton Schindling,* Die Anfänge des Immerwährenden Reichstages zu Regensburg — Ständevertretung und Staatskunst im barocken Reich (ungedr. Habil.-Schrift Würzburg 1983).

47 Dazu die Erwägungen von *Rudolf Vierhaus,* Handlungsspielräume. Zur Rekonstruktion historischer Prozesse, in: HZ 237 (1983), 289 ff.

dürftigen Hilfsquellen und der bedrängten Lage. Aber Friedrich Wilhelm, der eingedenk seiner eigenen leidvollen Erfahrungen 1667 feststellte, daß es falsch sei, stille zu sitzen und abzuwarten, bis das eigene Land zum „Theatrum" fremder Heere werde[48], der mithin die überkommene Politik deutscher Fürstenstaaten klar ablehnte, bediente sich sehr bewußt der Rivalität der großen Mächte und ihrer Konflikte, um den Aufstieg seines Staatswesens zu fördern. Um die eigene finanzielle oder militärische Schwäche zu kompensieren, wollte er die Konjunkturen nutzen, seine jeweiligen Ziele auch durch überraschende Bündniswechsel, durch ein geschicktes Lavieren und Finassieren erreichen, was ihm wiederum den Vorwurf der duplicité, des „Wechselfiebers" einbrachte[49]. Friedrich Wilhelms außenpolitische Maxime war die der Gratwanderung zwischen den europäischen Staaten, „gleichsam in der Balance zwischen hohem Aufnehmen und äußerstem Ruin", wie er schon 1647 in einer Denkschrift formulierte[50].

Diese risikofreudige Maxime kombiniert mit der Taktik des blitzschnellen Bündniswechsels bewährte sich zuerst in der großen Krise des Nordischen Krieges zwischen Schweden und Polen 1655 - 1660[51]; sie stellte Friedrich Wilhelm als Lehnsträger der Krone Polen für sein Herzogtum Preußen und als umworbenen Bündnispartner des neuen Schwedenkönigs Karl X. Gustav vor das Dilemma, zwischen den einander mit wechselndem Erfolg bekämpfenden Koalitionen in Nordosteuropa wählen zu müssen, nachdem sein Versuch einer bewaffneten Neutralität gescheitert war und er sich der Parteinahme nicht länger entziehen konnte. Es gelang dem Kurfürsten tatsächlich, sich gleich anfangs an der Seite der Schweden in der dreitägigen Schlacht bei Warschau, der ersten Waffenprobe der neuen brandenburgischen Armee Ende Juli 1656, militärischen Respekt zu verschaffen und dann durch einen radikalen Frontenwechsel von Schweden zu Polen die erstrebte Souveränität über das Herzogtum Preußen zu gewinnen. Notgedrungen konzedierten sie ihm beide Parteien nacheinander in den Verträgen von Labiau (20. 11. 1656) bzw. von Wehlau (19. 9. 1657) und Bromberg (6. 11. 1657), wo ihm vom polnischen König Johann Kasimir außerdem die Ämter Lauenburg und Bütow sowie die Pfandschaft Draheim eingeräumt wurden. Nun schien auch der Weg frei, sich Schwedisch-Pommerns im Bündnis mit dem Kaiser, Polen und Dänemark zu bemächtigen. Aber der unter Vermittlung Frankreichs abgeschlossene Friede zu Oliva (3. 5. 1660) zwang den Kurfürsten, seine dortigen Eroberungen wieder herauszugeben, während ihm die definitive Loslö-

---

48 Politisches Testament, Ausgabe *Dietrich* (Anm. 2), 188.

49 Vgl. *Opgenoorth* (Anm. 7), Bd. 1, 188; dazu auch *Küntzel* (Anm. 5), 62 f.

50 Abdruck der wohl auf den Juni 1647 zu datierenden eigenhändigen Denkschrift in: Urkunden und Aktenstücke zur Geschichte des Kurfürsten Friedrich Wilhelm von Brandenburg [zitiert als UA], Bd. 4, Berlin 1867, 552 ff., dazu auch *Opgenoorth* (Anm. 7), Bd. 1, 180 ff.

51 Geraffte Darstellung der kurfürstlichen Politik bei *Hintze,* Hohenzollern (Anm. 2), 192 ff.

sung Preußens aus der polnischen Lehnsabhängigkeit ausdrücklich bestätigt wurde[52].

So hatte Friedrich Wilhelm 1660 jedenfalls eines seiner außenpolitischen Hauptziele erreicht, die Souveränität über das preußische Herzogtum. Er betrachtete sie als ein „teures Kleinod" seines Hauses[53], verbriefte sie ihm doch die internationale Anerkennung seines Selbständigkeitsstrebens als europäische Macht. Sie bot außerdem die eigenständige Basis für eine künftige Rangerhöhung des Kurfürstentums, für den Erwerb einer preußischen Königskrone aus eigenem Recht, außerhalb des Reichslehnsverbandes[54]. Vergleicht man die kümmerliche Stellung Kurbrandenburgs beim Regierungsantritt des jungen Kurfürsten 1640 mit dem im Jahre 1660 erreichten Status, so ergibt sich für sein Staatswesen eine erstaunliche Steigerung des Ansehens und der tatsächlichen Bedeutung. Der Kurfürst stand nunmehr im Begriff, ihm bisher überlegene Reichsstände wie Kursachsen oder das noch während des Dreißigjährigen Krieges unter seinem ersten Kurfürsten Maximilian im Reich dominierende Kurbayern[55] zu überflügeln.

Der Nordische Krieg war nicht nur die hohe politische, sondern zugleich die hohe militärische Schule des Großen Kurfürsten, die ihm, getreu seiner Devise von der riskanten Balance am Rande des Ruins zu „hohem Aufnehmen", zu einem politisch-militärischen Aufstieg verhalf, der zwar in den späteren Regierungsjahrzehnten immer wieder gefährdet schien und von Rückschlägen begleitet war, der aber doch insgesamt dauerhaft blieb. Friedrich Wilhelm mochte sich dabei an die Devise halten, die der bedeutendste französische Staatsmann des 17. Jahrhunderts für die fürstlichen Politiker seiner Größenordnung bereit hielt. Kardinal Richelieu meinte erklärend und entschuldigend zugleich: „Für die kleinen Fürsten gibt es nichts Gewöhnlicheres, als im Zuge der Welthändel ihrem Vorteil zu folgen, nach Gelegenheit der Zeit Partei zu ergreifen, ihre Allianzen zu wechseln, wenn sie wenig Glück bringen und wenn sie keine Hilfe mehr von ihnen erwarten, und statt dessen mit den Siegern oder denjenigen abzuschließen, die im Vorteil stehen." Nur die wirklichen Großmächte müßten sich, so der Kardinal, im Interesse ihrer Reputation der Vertragstreue befleißigen[56].

---

52 Abdruck bei *Theodor von Moerner,* Kurbrandenburgs Staatsverträge von 1601 bis 1700 (1867), Ndr. Berlin 1965, Nr. 129 (239 ff.); dort auch die übrigen Vertragstexte.

53 Politisches Testament, Ausgabe *Dietrich* (Anm. 2), 189.

54 Dazu jetzt *Peter Baumgart,* Die preußische Königskrönung von 1701, das Reich und die europäische Politik, in: Preußen, Europa und das Reich (Anm. 38), 65 ff., bes. 71 ff.

55 Zur Bedeutung Bayerns unter Kurfürst Maximilian I. vgl. die Beiträge zu dem Ausstellungskatalog der Wittelsbacherausstellung in München; *Hubert Glaser* (Hrsg.), Um Glauben und Reich. Kurfürst Maximilian I. Beiträge zur Bayerischen Geschichte und Kunst 1573 - 1657, München - Zürich 1980.

56 Cardinal de Richelieu, Testament politique. Edition critique par *Louis André,* 7. Aufl., Paris 1947; deutsche Ausgabe ausgewählt von *Wilhelm Mommsen,* Politisches Testament und kleinere Schriften, Berlin 1926.

Äußere und innere Politik standen für den brandenburgischen Kurfürsten in engster Wechselbeziehung, bedingten sich gegenseitig oder anders formuliert: Die inneren Strukturveränderungen waren abhängig von den außenpolitischen Konstellationen und umgekehrt. Nirgends wird dies so deutlich wie während des Nordischen Krieges, als Friedrich Wilhelm unter Berufung auf den äußeren Staatsnotstand die Aufstellung und dauerhafte Finanzierung eines stehenden Heeres gegen den erklärten Widerstand der Landstände seines zusammengesetzten Staates erzwang[57]. Die Konflikte mit den Ständen in der Mark, dann in Kleve und im Herzogtum Preußen über mehr als zwei Jahrzehnte hinweg entzündeten sich vor allem an dem kurfürstlichen Anspruch auf eigene Steuererhebung, Truppenaufstellung und Formierung einer auf die Person des Landesherrn eingeschworenen Amtsträgerschaft (Beamtenschaft) unter Durchbrechung des überkommenen „Indigenats" in den Ländern.

Dahinter stand jedoch als kardinales Verfassungsproblem der Übergang von einer bisher stark ständisch geprägten zu einer zentralisierend-absolutistischen Herrschaft. Im Kern beruhte der Streit auf einem unterschiedlichen Staatsverständnis von Landesherr und Ständen[58]. Friedrich Wilhelm leitete seine Forderung nach voller Landeshoheit, nach einer weitgehenden landesherrlichen Verfügungsgewalt über Finanzen, Heer und Verwaltung, aus einer dynastischen Gesamtstaatsidee her und suchte diese unter wiederholter Berufung auf die „necessitas", die „Notwendigkeit", durch die zeitgemäße Lehre von der Staatsräson abzustützen; die Stände hingegen beriefen sich auf die alten, historisch gewachsenen Landesverfassungen in ihren Territorien und die ihnen darin verbürgten Rechte oder Privilegien; gegenüber dem Eindringen einer gesamtstaatlichen ratio status in die politische Praxis beharrten sie auf ihrem libertären Regionalismus, der stets ein Grundzug ständischen Wesens geblieben ist[59].

Es ist nicht recht deutlich, ob der Kurfürst in den Ständekämpfen von Anfang an eine klare und übergreifende Gesamtkonzeption verfolgte, jedenfalls besaß er kein fertiges „absolutistisches" Regierungsprogramm[60]; seine

---

57 Vgl. jetzt *Baumgart,* Entstehung der Monarchie (Anm. 9), 131.

58 Dazu die in Anm. 29 angeführte Literatur, ferner *Dietrich Gerhard* (Hrsg.), Ständische Vertretungen in Europa im 17. und 18. Jahrhundert (= Veröffentlichungen des Max-Planck-Instituts für Geschichte 27), 2. Aufl. Göttingen 1974; *Francis L. Carsten,* Princes and Parliaments in Germany from the Fifteenth to the Eighteenth Century, Oxford 1959 (Ndr. 1963).

59 *Dietrich Gerhard,* Regionalismus und ständisches Wesen als ein Grundthema europäischer Geschichte, jetzt in: Alte und neue Welt in vergleichender Geschichtsbetrachtung, Göttingen 1962, 13 ff.

60 *Peter Baumgart,* Zur Geschichte der kurmärkischen Stände im 17. und 18. Jahrhundert, in: Ständische Vertretungen (Anm. 58), 131 ff., hier 136; vgl. auch die ältere Monographie von *Ludwig Tümpel,* Entstehung des brandenburgischen Einheitsstaates im Zeitalter des Absolutismus (1609 – 1806) (= Untersuchungen zur deutschen Staats- und Rechtsgeschichte 124) (1915), Ndr. Aachen 1965, 47 ff.

Auseinandersetzung mit den Ständen vollzog sich vielmehr in Stufen; er betrachtete die einzelnen Territorien und ihre Repräsentanten je länger, desto entschiedener als „membra unius capitis“ [61], die ganz selbstverständlich zu übergreifenden finanziellen und militärischen Leistungen heranzuziehen seien. Die ständischen Institutionen wurden zwar nirgendwo beseitigt, aber ihre Kompetenzen doch derart beschnitten, daß sie der Politik der Landesherrschaft, jedenfalls auf zentraler Ebene, nicht länger gefährlich werden konnten. Nur auf diese Weise ließen sich die lange Zeit politisch eigenständig orientierten Außenterritorien im Westen und Osten in die Konzeption eines größeren, von der kurfürstlichen Gewalt bestimmten Gesamtstaates Brandenburg-Preußen einordnen, die Friedrich Wilhelm vorschwebte.

Sein politischer Ehrgeiz wurde kräftig beflügelt von mächtigen Zeittendenzen des 17. Jahrhunderts, die etwa in Gestalt der von ihm rezipierten neustoischen Staatstheorie des Justus Lipsius den Machtstaat absolutistischer Prägung propagierten und begünstigten [62]. Allerdings ging es dabei schwerlich um eine bewußte Umsetzung derartiger Staatsauffassungen in die Praxis oder gar, wie noch Otto Hintze 1915 annehmen konnte [63], um eine „historisch-politische Notwendigkeit“ im Sinne einer geschichtslogischen Zwangsläufigkeit des historischen Prozesses zum Absolutismus; ebensowenig war jedoch bei der Verwirklichung der neuen Staatsidee in Brandenburg-Preußen „despotische Willkür“ im Sinne F. L. Carstens am Werke [64]. Denn nirgendwo in den langen Ständekonflikten des Kurfürsten ging es um eine prinzipielle oder vollständige Unterdrückung des Ständetums; auch bei der Durchsetzung des landesherrlichen Vorrangs sowie ganz konkreter politischer Ziele zeigte der Kurfürst Kompromißbereitschaft [65].

Die Position der Stände wurde nicht durch einen Umsturz der bestehenden Landesverfassungen, sondern hauptsächlich durch eine allmähliche Veränderung der inneren Verwaltung, die ihnen immer mehr Kompetenzen und

---

61 Schreiben der kurfürstlichen Geheimen Räte an die kurmärkischen Stände vom 2. 12. 1650, in: UA (Anm. 50), Bd. 10, 194: „Allein müssen die Landstände bedenken, daß nunmehr die Churf. Lande und Pommern gleichsam membra unius capitis sein.“ — Zurückweisung dieser Position durch die Stände am 2. 12. 1650, ebd., 196: „Wie nun Pommern, Preußen und die Clevische Lande wenn wegen der Chur Brandenburg ein Grenzstreit vorfiele, schwerlich uns zu Hilfe kommen oder unserthalben etwas auf sich nehmen würden, also wird man auch die Märkischen Lande mit der Ausländischen Provincien Streitigkeit nicht wol vermengen ...“; vgl. zur ständischen Position und ihrer Gegnerschaft zum “absoluten Dominat“ des Kurfürsten auch *Fürbringer* (Anm. 29), 58 f.

62 Dazu die Untersuchungen von *Oestreich* (Anm. 32).

63 *Hintze,* Hohenzollern (Anm. 3), 203, auch 211: „... weil [der Kurfürst] diesem Ziel zustrebte, dessen höhere Berechtigung heute nicht mehr erwiesen zu werden braucht.“

64 *Carsten* (Anm. 6).

65 *Baumgart,* Zur Geschichte der kurmärkischen Stände (Anm. 60), 136.

Einfluß entzog, ausgehöhlt und geschwächt. Da zwischen den Ständen der einzelnen Territorien keinerlei Solidarität bestand, kam eine gemeinsame Abwehrfront gegen das Vorgehen Friedrich Wilhelms nicht zustande. An die Bildung von Generalständen auf gesamtstaatlicher Ebene, etwa nach englischem oder polnischem Muster, war nicht zu denken, und so mußten sie sich nacheinander dem kurfürstlichen Willen fügen, zuerst die Stände der Kurmark (1653), sodann als eine Konsequenz des Nordischen Krieges die Stände von Kleve und Mark (1660 / 61). Schließlich kapitulierten auch die mächtigen preußischen Stände, die dem Kurfürsten nach Oliva anfangs die Souveränität im Herzogtum bestritten hatten (1663)[66].

Im Ergebnis brachten die Verfassungskämpfe zwar eine drastische Beschneidung der politischen Mitwirkungsrechte der Stände; aber sie veränderten doch die bestehende Sozial- und Wirtschaftsverfassung nicht. Der Kurfürst sah sich wiederholt zu Konzessionen an den landsässigen, rittergutsbesitzenden und getreideproduzierenden Adel veranlaßt, wie sie der kurmärkische Landtagsrezeß von 1653 enthielt[67]; dadurch wurde dessen sehr selbständige Stellung auf dem Lande in den Kernlanden längerfristig weiter verstärkt; zugleich aber wurden die Wirtschaftskraft der dortigen Städte und ihre politische Position geschwächt. Ungeachtet des absolutistischen Anspruchs der kurfürstlichen Zentralregierung und tiefgreifender Veränderungen durch die neuartigen Instrumente von Heer und Bürokratie blieb der ständische Regionalismus ein Faktor, mit dem der brandenburgisch-preußische Staat auf Dauer rechnen mußte.

Das wichtigste Instrument gesamtstaatlicher Politik wurde neben dem stehenden Heer, das allerdings erst sehr allmählich kurfürstlicher Kontrolle unterworfen werden konnte[68], die neue, allein vom Landesherrn abhängige Bürokratie. Ohne die älteren, ständisch kontrollierten Landesbehörden aus territorialer Zeit zu beseitigen, entstanden neben ihnen die nur auf fürstliches Verordnungsrecht gestützten Kommissariatsbehörden für die Finanzen und die Heeresverwaltung[69]. Ihnen wurde die Verantwortung für die ältere

---

[66] Zusammenfassende Darstellung bei *Hintze,* Hohenzollern (Anm. 3), 202 ff., für Preußen noch immer wichtig *Hugo Rachel,* Der Große Kurfürst und die ostpreußischen Stände (= Staats- und Sozialwissenschaftliche Forschungen 24, 1), Leipzig 1909.

[67] Neuerer Abdruck bei *Peter Baumgart* (Bearbeiter), Erscheinungsformen des preußischen Absolutismus. Verfassung und Verwaltung (= Historische Texte Neuzeit 1), Germering 1966, 9 ff.; zur genaueren Interpretation auch *Carsten,* The Great Elector (Anm. 6), 184 ff.

[68] Noch 1688 war dies nicht in vollem Umfange der Fall! Weder das militärische Unternehmertum war völlig beseitigt, noch eine durchgreifende Disziplinierung geglückt oder die Autorität des obersten Kriegsherrn durchgesetzt. Vgl. die in Anm. 28 zitierte Literatur.

[69] Dazu in übergreifender, vergleichender Perspektive *Otto Hintze,* Der Commissarius und seine Bedeutung in der allgemeinen Verwaltungsgeschichte (1910), jetzt in: Ders., Staat und Verfassung. Gesammelte Abhandlungen zur allgemeinen Verfas-

ländliche Kontribution sowie die schließlich streng davon getrennte städtische Akzise übertragen, die der Kurfürst jetzt schrittweise, nach niederländischem Vorbild, als eine obligatorische Staatssteuer in den einzelnen Landesteilen durchsetzte. Da die neuen Steuern in erster Linie dem Heeresunterhalt dienten, waren Finanz- und Heeresverwaltung ihrem Ursprung nach eng miteinander verbunden. Erst während der späteren Regierungszeit bildete sich eine besondere Behördenorganisation für den aus Steuern gespeisten Finanzsektor aus.

Sie erlangte zugleich Zuständigkeit für die landesherrliche Wirtschafts- und Bevölkerungspolitik [70], die jetzt erstmals systematisch, wenngleich noch keineswegs konsequent, betrieben wurde. Sie konzentrierte sich zunächst auf die Beseitigung der Kriegsfolgen, auf das langwierige Retablissement und den inneren Ausbau der ökonomisch ziemlich heterogenen Landesteile, vor allem durch Siedlungs- und Kolonisationsmaßnahmen, die längerfristig zum Wirtschaftswachstum beitrugen, während die von Friedrich Wilhelm bevorzugte freihändlerisch konzipierte Förderung der Kommerzien, des Transit- und Warenhandels auf den durch Kanalbauten verbesserten Wasserwegen, ergänzt durch bisweilen utopische Kolonial- und Überseeprojekte nach niederländischem Muster, die spezifische Variante des kurbrandenburgischen Merkantilismus blieb [71]. Wirtschafts- und Religionspolitik ergänzten sich dabei. Der große Einwandererstrom von Glaubensflüchtlingen, namentlich der Hugenotten aus Frankreich schon vor dem Erlaß des Edikts von Potsdam 1685, gab der kapitalarmen und wenig entwickelten gewerblichen Wirtschaft kräftige Impulse [72]. Der bewußten Politik einer protestantischen Solidarität des überzeugten Calvinisten Friedrich Wilhelm auf Reichsebene gegen die weiterhin gegenreformatorischen Tendenzen des Reichsoberhauptes korrespondierte im Innern eine aktive Förderung des interkonfessionellen, innerprotestantischen „Kirchenfriedens“ [73]. Zumindest gegenüber eini-

---

sungsgeschichte, hrsg. von *Gerhard Oestreich,* 3. Aufl., Göttingen 1970, 242 ff., faktischer Überblick bei *Hintze,* Hohenzollern (Anm. 3), 218 ff.

70 Bisher keine übergreifende Darstellung der Wirtschaftspolitik, für die Berliner Zentrallandschaft vgl. *Hugo Rachel,* Das Berliner Wirtschaftsleben im Zeitalter des Frühkapitalismus, Berlin 1931.

71 Vgl. *Hugo Rachel,* Der Merkantilismus in Brandenburg-Preußen, in: FBPG 40 (1927), 221 ff.; Überblick auch bei *Oestreich,* Friedrich Wilhelm (Anm. 7), 87; zu den Überseeprojekten und der Flotte vgl. *Opgenoorth,* Friedrich Wilhelm (Anm. 7), Bd. 2, 303 ff.

72 Neben *Rachel* (Anm. 70 u. 71) auch *Stefi Jersch-Wenzel,* Juden und ‚Franzosen‘ in der Wirtschaft des Raumes Berlin / Brandenburg (= Einzelveröffentlichungen der Histor. Komm. zu Berlin 23), Berlin 1978, für die Zeit des Großen Kurfürsten nur in Ansätzen, außerdem einzelne Beiträge des Sammelbandes: *Rudolf von Thadden / Michelle Magdelaine* (Hrsg.), Die Hugenotten 1685 - 1985, München 1985; das Edikt von Potsdam jetzt bei *Dieter Mempel* (Bearbeiter), Gewissensfreiheit und Wirtschaftspolitik. Hugenotten- und Waldenserprivilegien 1681 - 1699 (= Arbeitshefte zur Geschichte des Mittelalters und der Neuzeit 3), Trier 1986, 39 ff.

gen religiösen Randgruppen, wie den 1670 in Berlin wieder zugelassenen Juden oder den Mennoniten, praktizierte der Kurfürst eine über das geltende Reichsreligionsrecht weit hinausgreifende Toleranz[74]. Die Entwicklung zum konfessionsneutralen Staat im Sinne des neuen territorialistisch-absolutistischen Staatskirchenrechts zeichnete sich ab, während, kaum zufällig, gleichzeitig die neue Naturrechtslehre aus den Niederlanden nach Brandenburg-Preußen eindrang[75], um dort an der Universität Halle eine bevorzugte Heimstätte zu finden, deren Gründung (1694) noch unter Friedrich Wilhelms Regierung eingeleitet worden war.

Neben der neuen Finanz-, Wirtschafts- und Heeresverwaltung mit ihrer erst für die Folgezeit typischen und klassischen Hierarchie vom Steuerrat und dem halbständischen Landrat über das Provinzial- zum Generalkommissariat fungierten die älteren landesherrlichen Zentralbehörden der Kurmark, zuständig u. a. für das fürstliche Kammergut und die nichtsteuerförmigen Einkünfte, für die Domänen und Regalien, weiter. Indem die Regierungen der einzelnen Territorien der Berliner Zentrale nunmehr untergeordnet wurden, übernahm diese gesamtstaatliche Funktionen. Dies gilt zumal für den wiederholt reorganisierten Geheimen Rat[76], dessen neue Ordnung von 1651 erstmals eine klare Ressorteinteilung versuchte, ohne jedoch auf Dauer zu reüssieren.

Denn im Zentrum der Regierung des inzwischen so weitläufigen brandenburgischen Kurstaates stand immer Kurfürst Friedrich Wilhelm selbst. Er stützte sich zwar auf seine zumeist sehr fähigen Geheimen Räte, auf zeitweilig so einflußreiche Berater wie Konrad von Burgsdorff, Georg Friedrich von Waldeck, Otto von Schwerin, von 1658 bis 1679 Präsident des Geheimen Rates, auf Franz von Meinders oder Paul von Fuchs, auf herausragende Militärs wie Georg von Derfflinger, und in den Außenterritorien bestellte er hochrangige Statthalter wie Johann Moritz von Nassau-Siegen in Kleve oder den Fürsten Boguslaus Radziwill in Preußen[77]. Aber indem er mit seinen

---

[73] Neben der älteren Studie von *Hugo Landwehr,* Die Kirchenpolitik Friedrich Wilhelms, des Großen Kurfürsten, Berlin 1894, jetzt vor allem *Martin Lackner,* Die Kirchenpolitik des Großen Kurfürsten (Anm. 20).

[74] Für die Juden namentlich *Selma Stern,* Der preußische Staat und die Juden. Erster Teil: Die Zeit des Großen Kurfürsten und Friedrichs I., 1. u. 2. Abt. Darstellung und Akten (= Schriftenreihe wissensch. Abhandlungen des Leo Baeck Instituts 7, 1, 2) Tübingen 1962; ferner *Peter Baumgart,* Absoluter Staat und Judenemanzipation in Brandenburg-Preußen, in: JGMOD 13/14 (1965), bes. 64 ff.

[75] Neben den Studien *Oestreichs* (Anm. 31 u. 32) auch der Tagungsbericht von *Hans Thieme* (Hrsg.), Humanismus und Naturrecht in Berlin-Brandenburg-Preußen (Veröffentlichungen der Histor. Komm. zu Berlin 48), Berlin - New York 1979.

[76] Dazu *Gerhard Oestreich,* Der brandenburgisch-preußische Geheime Rat vom Regierungsantritt des Großen Kurfürsten bis zur Neuordnung im Jahre 1651 (= Berliner Studien zur neueren Geschichte 1), Würzburg 1937.

[77] Für nahezu alle diese Persönlichkeiten existieren entsprechend einer Forderung Bernhard Erdmannsdörffers, durch Biographien seiner bedeutenden Mitarbeiter die

Geheimen Räten in den Gremien die aktuellen Probleme der inneren wie äußeren Politik erörterte und dabei „gleich den Bienen, die den besten Saft aus den Blumen ziehen", die oft gegensätzlichen Ansichten seiner Mitarbeiter sammelte, nahm er doch die wichtigen Fragen „zu Bedenken anheim", um sie allein in seinem persönlichen Arbeitszimmer, dem „Kabinett", zu entscheiden[78]. Er führte so letztlich, wie seine Nachfolger im 18. Jahrhundert, wenngleich noch weniger konsequent, ein persönliches Regiment, für das bereits damals die Bezeichnung „Kabinettsregierung" auftauchte[79].

Es besteht kein Zweifel, daß er alle großen außen- und innenpolitischen Entscheidungen seiner langen Regierungszeit selbst getroffen hat, ohne einen „Premierminister" oder die allgemein verbreitete Günstlingswirtschaft, allerdings bei zunehmendem Alter und Krankheit unter dem wachsenden Einfluß seiner persönlichen Umgebung, namentlich seiner zweiten Gemahlin Dorothea und seines vertrauten Kammerdieners Kornmesser[80]. Zu den „Führungsqualitäten" dieses Kurfürsten[81] gehörte es, für die jeweiligen Aufgaben immer wieder geschickt die richtigen Mitarbeiter auszuwählen, die dann seine Politik in hohem Maße mitgetragen haben, ohne daß sich die Anteile immer genau abgrenzen ließen. Dabei schonte er seine eigene Person in keiner Weise, sondern entwickelte einen fast ruhelosen Arbeitsdrang, der bis in

---

persönliche Beteiligung des Kurfürsten an den Regierungsgeschäften abzugrenzen, derartige Darstellungen, so namentlich von *Bernhard Erdmannsdörffer,* Graf Georg Friedrich von Waldeck, ein preußischer Staatsmann im 17. Jahrhundert, Berlin 1869; *Max Hein,* Otto von Schwerin, der Oberpräsident des Großen Kurfürsten, Königsberg 1929; *F. v. Salpius,* Paul von Fuchs, ein brandenburgisch-preußischer Staatsmann, Leipzig 1877; *Jörg Jacoby,* Boguslaus Radziwill, der Statthalter des Großen Kurfürsten in Ostpreußen, 2. Aufl., Marburg 1960 etc.

78 Politisches Testament, Ausgabe *Dietrich* (Anm. 2), 186 f.

79 Vgl. *Hartung,* Politische Testamente der Hohenzollern (Anm. 8), 115; anders *Dietrich,* Einleitung zur Ausgabe der Politischen Testamente (Anm. 2), 41. Demgegenüber auch *Hintze,* Der Staat des Großen Kurfürsten (Anm. 3), Sp. 687 ff.: „Der Kurfürst hat in der Hauptsache schon persönlich regiert, obwohl er seinen Räten einen größeren Einfluß gönnte als seine Nachfolger ... Aber seit dem schwedisch-polnischen Kriege wurde die Regierung eine ganz selbständige ...". — Zur Entwicklung des Behördenapparats vgl. *Fritz Hartung,* Studien zur Geschichte der preußischen Verwaltung, jetzt in: Staatsbildende Kräfte der Neuzeit, Berlin 1961, 187 ff.

80 1667 wandte sich Friedrich Wilhelm ausdrücklich gegen "Favoriten" am Hof: „Nur hüttet Euch, daß Ihr einen diener alleine nicht zu groß machet". — Abgesehen von den durchaus zeitüblichen, besonders durch die französische Krone eingeführten "Gnadengeschenken", „Pensionen" für Minister, Diplomaten, Räte, von denen wir in Kurbrandenburg wie anderswo im Reich wissen, scheinen doch die Stellung und Einflußnahme des langjährigen kurfürstlichen Kammerdieners Joachim Friedrich Kornmesser 1668 bis 1688 über das normale Maß hinausgegangen zu sein, jedenfalls nach den Berichten des französischen Gesandten in Berlin, des Grafen Rébenac (1680 – 1688), auf denen *Prutz,* Aus des Großen Kurfürsten letzten Jahren (Anm. 4), seine allerdings stark kritisierte Darstellung aufbaute, dort 138 f.; Geld und Bestechungen allgemein 125 ff., für die Kurfürstin Dorothea 144 ff., 171 ff., deren „politischer Einfluß" allerdings selbst von Prutz, 172, gering eingeschätzt wird.

81 Dazu *Opgenoorth* (Anm. 7), Bd. 2, 356, übereinstimmend *Petersdorff* (Anm. 1), 41 f.

seine späten, von Krankheiten, von Gicht, Herzleiden und Wassersucht gezeichneten Jahre unverändert anhielt. Die Selbstregierung eines so verzweigten und noch so wenig effizienten Staatswesens erforderte eine schier übermenschliche Arbeitskraft. Friedrich Wilhelm hat sie in einem staunenswerten Umfang besessen, so daß selbst der dem Brandenburger gegenüber eher kritische österreichische Diplomat Franz von Lisola ihm 1663 attestierte[82], daß er alles lese, alles beantworte und entscheide, nichts vernachlässige, selbst mitten in den Vergnügungen, die der dem barocken Zeremoniell und Prunk, dem fürstlichen Mäzenatentum und Kunstgenuß keineswegs abgeneigte Fürst[83] nicht verschmähte.

Seine in den Quellen immer wieder hervorgehobene rastlose Aktivität, die Mühen und Strapazen seiner so vielseitigen Regierungstätigkeit auf den unterschiedlichsten Feldern der inneren wie äußeren Politik, im „Kabinett" und häufig auf Reisen in seinen weit auseinandergezogenen Ländern, mögen dazu beigetragen haben, daß der Kurfürst sein aktives Handeln nur selten reflektierte und kaum je systematisierte. Es wird berichtet, daß Friedrich Wilhelm eine Abneigung gegen das Schreiben besessen habe, zumal in seinen späten Jahren, und sein Schreibstil in den eigenhändigen Briefen und Denkschriften erscheint gegenüber der komplizierten Barocksprache seiner Zeitgenossen eher schlicht und direkt[84].

Nur einmal hat er sich dazu verstanden, seinen Staat, den „gantzen Stadt", wie er betonte, „aus langer erfahrenheit" einer eingehenderen Analyse zu unterziehen, um daraus politische und persönliche Handlungsmaximen für den Nachfolger, den 1674 überraschend gestorbenen Kurprinzen Karl Emil, abzuleiten. Diese „Väterliche Vermahnung" aus dem Jahre 1667 auf 35 großzügig beschriebenen Folioseiten war nach Aufbau, Form und Inhalt den zeitgenössischen territorialstaatlichen Fürstentestamenten eng verwandt[85], in einem weitgefaßten Rahmen der Kategorie der nach Richelieus Vorbild so genannten „Politischen Testamente" zuzuordnen; aber sie wies in der Perspektive und in den Begründungen doch deutlich über sie hinaus, enthielt in der Tat eine Art Bilanz von Friedrich Wilhelms politischen Grundsätzen

82 Nach *Petersdorff* (Anm. 1), 39.

83 Über den Kurfürsten als Kunstliebhaber, -förderer und Mäzen vgl. die knappen Bemerkungen bei *Helmut Börsch-Supan,* Die Kunst in Brandenburg-Preußen. Ihre Geschichte von der Renaissance bis zum Biedermeier, dargestellt am Kunstbesitz der Berliner Schlösser, Berlin 1980, 31 ff.; zur Bibliotheksgründung den Katalog 325 Jahre Staatsbibliothek in Berlin, Texte von *Werner Schochow,* Wiesbaden 1986, 51 ff.

84 Vgl. *Petersdorff* (Anm. 1), 39 f.; *Opgenoorth* (Anm. 7), Bd. 2, 353 f.

85 Jetzt Politische Testamente, Ausgabe *Dietrich* (Anm. 2), für die Zuordnung neben *Fritz Hartung,* Der deutsche Territorialstaat des 16. und 17. Jahrhunderts nach den fürstlichen Testamenten (1912), in: Volk und Staat (Anm. 8), 94 ff., neuerdings *Heinz Duchhardt* (Hrsg.), Politische Testamente und andere Quellen zum Fürstenethos der Frühen Neuzeit, Darmstadt 1987, Einleitung. — Er plädiert abweichend von Hartung dafür, auch die älteren deutschen Fürstentestamente den „politischen Testamenten", wie sie bei den Hohenzollern üblich waren, zuzuordnen (bes. 10 f.).

wie seines Staatsverständnisses. Es konnte sich nur um eine Zwischenbilanz nach der reichlichen Hälfte seiner Regierungszeit, in einer Phase relativer innerer Konsolidierung und außenpolitischen Atempause handeln[86], unmittelbar vor dem Ausbruch des sog. Devolutionskrieges, mit dem König Ludwig XIV. ein neues, Jahrzehnte währendes Zeitalter der Kriege zwischen Bourbonen und Habsburgern eröffnete, in das nahezu ganz Europa hineingerissen wurde.

Selbstverständlich darf dieses singuläre Dokument nicht an den „Politischen Testamenten" seines Urenkels gemessen werden; es war keine systematisch gegliederte, literarisch ausgefeilte „Staatsschrift", sondern enthielt den gesammelten Erfahrungsschatz eines fürstlichen Praktikers, der daraus Nutzanwendungen für die künftige Politik seines Hauses ziehen wollte. Es verwundert daher auch kaum, wenn es immer wieder an die Tradition der älteren Fürstenspiegelliteratur und Fürstentestamente anknüpfte, vielfach den Anschauungsweisen des auch nach 1648 keineswegs überwundenen konfessionellen Zeitalters und des reichstreuen deutschen Fürstenstaates folgte; eben deshalb hafteten ihm noch kräftige Züge einer „patrimonialen Staatsauffassung" und eines „patriarchalischen" Denkens an[87], die den disparaten Länderkomplex Kurbrandenburgs eher als ein großes Familienfideikommiß der Hohenzollern denn als eine von der Person des Herrschers abgelöste politische Entität verstand, die daher auch die standesgemäße Versorgung nachgeborener Söhne mit eigenen Sekundogenituren, allerdings unter der Landeshoheit des Primogeniturerben, nicht ausschloß[88]. Weder die Konzeption eines voll ausgebildeten Einheitsstaates noch die des rational durchorganisierten Verwaltungsstaates fand also in diesem „Politischen Testament" bereits einen klaren und unmißverständlichen Ausdruck.

Dennoch lassen die darin enthaltenen, oft sentenzenhaft zugespitzten Überlegungen und Ratschläge zur Außen-, Militär- und Ständepolitik keinen Zweifel, daß dieser Kurfürst von Brandenburg im Begriff stand, den bisherigen Rahmen einer engen territorialstaatlich-reichsbezogenen Politik zu verlassen und neue Wege zu gehen. Die politische Praxis war dabei, wie so oft,

---

86 Allerdings wohl auch in einer Situation der persönlichen Krise, unmittelbar vor dem Tode der ersten Frau Luise Henriette am 16. Juni 1667, vgl. dazu *Opgenoorth* (Anm. 8), Bd. 1, 68 f.

87 Neuerdings wieder stark betont von *Dietrich* in seiner Einleitung zur Ausgabe (Anm. 2), 35 ff., bes. 44 f.

88 Schon *Tümpel* (Anm. 60), 23 ff., beobachtete in der viel diskutierten Sekundogeniturfrage (zuletzt von *Dietrich,* Anm. 87) für die nachgeborenen Söhne in den diversen Privattestamenten des Kurfürsten (Ausgabe: H. v. Caemmerer [Hrsg.], Die Testamente der Kurfürsten von Brandenburg und der beiden ersten Könige von Preußen, München - Leipzig 1913) zwischen 1664 und 1686 eine deutliche Entwicklung zugunsten des Primogeniturerben, d. h. eben eine Zurückdrängung des "patrimonialen" alten Staatsverständnisses; seine Schlußfolgerung: „Für die Staatsanschauung des Großen Kurfürsten ist gerade diese Mischung von territorial- und großstaatlichen, von privatrechtlichen und machtpolitischen Momenten charakteristisch" (27).

der Theorie bereits vorausgeeilt. Aber auch diese enthielt doch schon das unüberhörbare Bekenntnis zu einer eigenständigen brandenburgischen Politik auf europäischer Bühne mit dem Mut zum Risiko, „in der Balance“ zwischen den großen Mächten und nach Möglichkeit in vorteilhaften Bündnissen bei freier Entscheidung je nach den Konjunkturen[89], aber zugleich in dem Wissen:[90] „Alliancen seindt zwahr gutt, aber eigene krefte noch besser, darauff kan man Sich sicherer verlassen, undt ist ein herr in keiner consideration, wan er selber nicht mittel und volck hatt, den(n) das hatt mich, von der zeitt das Ichs also gehalten, gott sey gedanck(t) considerabell gemacht ...“.

Konsiderabel im Konzert der Mächte konnte der Kurfürst nur durch ein eigenes stehendes Heer und ausreichende eigene Finanzquellen, sei es durch die Sanierung des eigenen Kammerstaates[91], sei es durch feste Steuereinnahmen, werden, die wiederum die anhaltende Opposition der Landstände herausforderten; deshalb wollte er die Landtage als Gegenspieler des von ihm beanspruchten landesherrlichen Vorrangs im Gesamtstaat nach Möglichkeit ausschalten. „Den(n) jemehr Lantage Ihr haltet, jemehr Autoritet Euch benommen wirdt, weil die Stende allzeitt was suchen, so der Herschaft ahn Ihrer hocheitt nachteillig ist[92].“

So mündete denn Friedrich Wilhelms Herrschaftsauffassung in einen umfassenden Souveränitätsanspruch nach innen, gegenüber den Ländern und Ständen, wie nach außen, im Reich allerdings unter Respektierung der etablierten Vorrangstellung des Kaisers, sofern er nicht die „deutsche Freiheit“ oder die Sache der Evangelischen bedroht fand[93]. Seine Militär- und Außenpolitik blieben dabei, nach dem Zeugnis von 1667, durchaus defensiv, ausdrücklich nicht auf „appetirung mehrer Lande“ gerichtet[94]; nur außergewöhnliche „Konjunkturen“, wie die vorübergehende dynastische Schwäche des Hauses Österreich um 1670, im Zeitpunkt der Abfassung von Friedrich Wilhelms „Entwurf zur Erwerbung Schlesiens“[95], konnten die Geltendmachung legitimer Ansprüche rechtfertigen.

---

89 Politische Testamente, Ausgabe *Dietrich* (Anm. 2), 190 f.

90 Ebd., 191.

91 Ebd., 196.

92 Ebd., 198.

93 Ebd., 188 und 190.

94 Ebd., 187.

95 Abdruck des zuerst von Ranke publizierten Dokuments jetzt ebenda, 205 ff. — Für eine adäquate Interpretation gilt es die spezifische Situation im Hause Österreich im Zeitpunkt der Abfassung, nämlich das Fehlen männlicher Nachkommen Kaiser Leopolds I. um 1670 sowie die vorangehenden Teilungsabmachungen zwischen der Krone Frankreich und Kurbayern, schließlich die älteren Erbansprüche auf schlesische Teilfürstentümer in Betracht zu ziehen; ein Zeugnis für durchdachte und langfristig angelegte Annexionspläne des Kurfürsten ist dieser Entwurf sicherlich nicht.

Deshalb spiegelten seine eigenen theoretischen Reflexionen in ihrer Ambivalenz noch sehr deutlich die Unfertigkeit Brandenburg-Preußens als eines aus dynastischer Wurzel entstandenen, unter Ausnutzung der bestehenden Konjunkturen zu einer besonderen Stellung im Reich aufgestiegenen Staatswesens. Kurfürst Friedrich Wilhelm als erster bedeutender Baumeister dieses frühneuzeitlichen Machtstaats absolutistischer Prägung besaß neben einer schöpferischen Begabung für sein Fürstenamt nicht nur einen hohen Grad von politischer Sachkenntnis und eine kaum je erlahmende Meisterschaft in der Handhabung der modernen Staatsräson, sondern daneben ein ausgeprägtes Pflichtbewußtsein gegenüber dem Allgemeinwohl und seinen Untertanen[96]. Es war letztlich religiös verankert und gründete in seinem calvinistischen Erwählungsbewußtsein für den Fürstenberuf[97]. Die zentrale Bedeutung des Pflichtgedankens im Fürstenamt für sich und seine Söhne hat Friedrich Wilhelm 1668 in die Devise des Philosophenkaisers Hadrian gekleidet[98]: „Sic gesturus sum principatum, ut sciam rem populi esse, non meam privatam". Dieses Wort verbindet den Kurfürsten wiederum mit dem dritten Preußenkönig Friedrich, der sich ein Jahrhundert später unter aufgeklärten Prämissen als „ersten Diener" seines Staates verstand.

Friedrich Wilhelm hat sich selbst nicht als revolutionären Neuerer empfunden, aber es kann in der Summe kein Zweifel sein, daß er als „Strukturbegründer[99] in Brandenburg-Preußen gewirkt hat, der seinen Staat in nahezu fünfzig Regierungsjahren grundlegend veränderte und auf eine neue Stufe der deutschen wie der europäischen Politik hob. Deshalb verstehen wir auch 300 Jahre nach seinem Tode, in einer dem Gottesgnadentum des 17. Jahrhunderts und dem monarchisch-dynastischen Denken unendlich fernen Welt, warum die Zeitgenossen und später die Geschichtsschreibung ihm das Attribut eines „Großen Kurfürsten" zuerkannten. Vielleicht spüren wir noch heute angesichts des von König Friedrich I. gestifteten monumentalen Reiterdenkmals Andreas Schlüters[100] im Ehrenhof des Charlottenburger Schlosses etwas von dieser vergangenen Größe.

---

96 Schon von seinem Urenkel *Friedrich II.* besonders hervorgehoben in den Mémoires de Brandebourg (Anm. 1), 64: Friedrich Wilhelm „était plus grand encore par la bonté de son caractère et par son application au bien public, que par ses vertus militaires et sa politique mesurée ...".

97 Siehe oben S. 37 f.

98 Die näheren Umstände der Devise bei *Petersdorff* (Anm. 1), 40.

99 Im Sinne von *Theodor Schieder*, Strukturen und Persönlichkeiten in der Geschichte, in: Geschichte als Wissenschaft, 2. Aufl. München - Wien 1968, 157 ff., bes. 190 f.

100 Zur Entstehung und Interpretation der Skulptur *Börsch-Supan* (Anm. 83), 58 f., demgegenüber noch *Erdmannsdörffer,* Der Große Kurfürst (Anm. 3), 3 f.

Der Große Kurfürst und das Reich

Von Anton Schindling, Osnabrück

In der Geschichtsschreibung über den Großen Kurfürsten haben das Reich, die Reichspolitik, die Reichsinstitutionen und das Reichsrecht nie im Mittelpunkt gestanden[1]. Der Baumeister des brandenburgisch-preußischen Gesamtstaates mit seiner Politik der wechselnden Allianzen wird im Rahmen der europäischen Mächtepolitik dargestellt, in einem Spannungsfeld zwischen Warschau und Wien, Den Haag, Paris und Stockholm, als der Wegbereiter einer künftigen norddeutschen Großmacht, die der Urenkel, Friedrich der Große, dann zum Erfolg führte. Die Berechtigung dieser Sichtweise soll hier nicht in Frage gestellt werden. — Das politische Lebenswerk Friedrich Wilhelms ist ohne Zweifel entscheidend bedingt gewesen von der Teilhabe des hohenzollernschen Territorienverbundes an europäischen Krisenregionen am Rhein und an der Ostsee, wo die Interessen der großen Mächte aufeinanderstießen und wo diese Ausschau nach geeigneten Bündnispartnern hielten. Es waren das Konflikte mit internationalen Allianzkonstellationen, die außerhalb der Bahnen der Reichspolitik verliefen, sie wirkten nur auf diese zurück.

So sehr Kurfürst Friedrich Wilhelm von Berlin, Kleve und Königsberg aus auf die europäischen Hauptstädte jenseits der Reichsgrenzen schaute, so war er doch stets auch ein loyaler Reichsfürst, der die Reichsverfassung und die Reichsinstitutionen als eine maßgebende Bedingung seines Handelns im Blick behielt[2]. Friedrich Wilhelms Ehrentitel „Der Große Kurfürst“ beschreibt diesen Sachverhalt im Grunde sehr präzise, denn die Größe des Hohenzollern war nicht ablösbar von seiner Kurfürstenwürde, das heißt von seiner Position in der Reichsverfassung. Die Zugehörigkeit der brandenburgischen Hohenzollern zu dem oligarchischen Kreis der deutschen Königs- bzw. Kaiserwähler war eine tief in der deutschen Reichsgeschichte verankerte Voraussetzung für den Aufstieg des brandenburgisch-preußischen Hauses und Staates. Die Loyalität eines Kurfürsten wie Friedrich Wilhelm zum Reich war freilich etwas anderes als Loyalität und Gefolgschaft zum habs-

---

1 Vgl. beispielsweise die Biographien und Lebensbilder des Großen Kurfürsten von *Carl Hinrichs, Gerhard Oestreich, Ernst Opgenoorth* und *Martin Philippson.*

2 *Ernst Opgenoorth,* Der Große Kurfürst, das Reich und die europäischen Mächte, in: Oswald Hauser (Hrsg.), Preußen, Europa und das Reich (= Neue Forschungen zur brandenburg-preußischen Geschichte, Bd. 7), Köln 1987, 19 – 31; *Anton Schindling,* Kurbrandenburg im System des Reiches während der zweiten Hälfte des 17. Jahrhunderts. Eine Problemskizze, in: Ebd., 33 – 46.

burgischen Kaisertum. Friedrich Wilhelms Reichsloyalität und Reichspatriotismus galten einem ständisch aufgefaßten Reich als deutschem Verfassungs- und Rechts-System.

Kurfürst Friedrich Wilhelm orientierte sich zeit seines Lebens an dem ständischen Reichsbegriff des Osnabrücker Friedens von 1648 — dies war eine Konstante in seinem politischen Denken. Dennoch gab Kurfürst Friedrich Wilhelm bei den beiden Römischen Königs- bzw. Kaiserwahlen, bei denen er mitwirken konnte, beide Male aus politischem Kalkül, ohne allzu langes Zögern seine Kurstimme für den habsburgischen Kandidaten ab. Durch diese Stützung des habsburgischen Kaisertums — und zwar in dessen Schwächeperiode unmittelbar nach dem Westfälischen Frieden — hielt Friedrich Wilhelm sich den Rücken frei für seine außerreichische Politik an der Ostsee.

1653 sicherte der Brandenburger sich mit der Wahl Ferdinands IV. zum Römischen König die Hilfe Kaiser Ferdinands III. zur Beendigung der schwedischen Besatzung in Hinterpommern. Und 1658 stützte Friedrich Wilhelm mit der brandenburgischen Zustimmung zur Wahl Kaiser Leopolds I. seine Politik im Nordischen Krieg ab. Der Große Kurfürst trug so an maßgebender Stelle zu der Weichenstellung bei, die in der Krisensituation des Reiches nach dem Westfälischen Frieden die Kontinuität des habsburgischen Kaisertums ermöglichte und die schließlich in die Restauration habsburgischer Führungsstellung im Reich seit den 1680er Jahren einmündete. Friedrich Wilhelms Wahlverhalten 1653 und 1658 resultierte sicherlich nicht aus emotionaler Anhänglichkeit an das alte Kaiserhaus Habsburg, sondern aus der nüchtern kalkulierenden Einsicht, daß das politische System des Reiches, auch so wie es sich in dem Westfälischen Frieden darstellte, auf Dauer nur unter einem habsburgischen Reichsoberhaupt funktionieren konnte[3].

Daß Kurbrandenburg auf die Spielregeln des Reiches und auf das Reichsrecht Rücksicht nehmen mußte, erfuhr Friedrich Wilhelm in den ersten zwei

---

3 *Peter Baumgart,* Epochen der preußischen Monarchie im 18. Jahrhundert, in: ZHF 6 (1979), 287 - 316. Dasselbe in: *Otto Büsch* (Hrsg.), Das Preußenbild in der Geschichte (= Veröff. der Histor. Komm. zu Berlin, Bd. 50), Berlin 1981, 65 - 96; *Volker Press,* Reich und höfischer Absolutismus, in: Werner Conze / Volker Hentschel (Hrsg.), Ploetz. Deutsche Geschichte. Epochen und Daten, 4. Aufl., Freiburg 1988, 157 - 168; *Ders.,* Die Erblande und das Reich von Albrecht II. bis Karl VI. (1438 - 1740), in: Robert A. Kann / Friedrich Prinz (Hrsg.), Deutschland und Österreich. Ein bilaterales Geschichtsbuch, Wien 1980, 44 - 88; *Ders.,* Das Römisch-Deutsche Reich. Ein politisches System in verfassungs- und sozialgeschichtlicher Fragestellung, in: Grete Klingenstein / Heinrich Lutz (Hrsg.), Spezialforschung und "Gesamtgeschichte". Beispiele und Methodenfragen zur Geschichte der frühen Neuzeit (= Wiener Beiträge zur Geschichte der Neuzeit, Bd. 8), Wien 1981, 221 - 242; *Ders.,* Das wittelsbachische Kaisertum Karls VII. Voraussetzungen von Entstehung und Scheitern, in: Rainer Koch / Patricia Stahl (Hrsg.), Wahl und Krönung in Frankfurt am Main. Kaiser Karl VII. 1742 - 1745. Ausstellungskatalog des Historischen Museums Frankfurt am Main, Bd. 1, Frankfurt 1986, 88 - 107.

Jahrzehnten seiner Regierung seit 1640 nicht nur durch den Westfälischen Friedenskongreß — einer prägenden Schule für den jungen Kurfürsten —, sondern auch bei seinen ersten politischen Aktionen nach dem Friedensschluß. Das politisch kurzsichtige Kriegsunternehmen von 1651 gegen den Pfalzgrafen von Neuburg am Niederrhein, der sogenannte Düsseldorfer Kuhkrieg, scheiterte, weil Friedrich Wilhelm eklatant gegen die Spielregeln des gerade erst wieder im Westfälischen Frieden errichteten Reichs-Systems verstieß[4]. Andererseits konnte der Kurfürst 1653 nur mit Hilfe des Kaisers und des Reichsrechts durchsetzen, daß die Schweden ihre Besatzungstruppen aus Hinterpommern abzogen. Kaiser Ferdinand III. weigerte sich nämlich, die Königin von Schweden mit Vorpommern und Rügen zu belehnen und sie zu Sitz und Stimme auf dem Reichstag zuzulassen, solange die schwedischen Garnisonen noch, entgegen dem Westfälischen Frieden, Hinterpommern besetzt hielten[5]. Solche Erfahrungen machten Kurfürst Friedrich Wilhelm nicht zu einem Gefolgsmann des Hauses Habsburg, wohl aber formten sie seine Loyalität zum Reich als einem Rechts- und Verfassungssystem, das zu berücksichtigen notwendig war und das für die Politik des Hauses Brandenburg auch durchaus hilfreiche Stützen und Handlungsspielräume bot.

Grundlegend für Friedrich Wilhelms Sicht des Reiches war der Westfälische Frieden, genauer gesagt der Osnabrücker Reichs- und Religionsfrieden, der Kurbrandenburg einen Platz auf der Seite der Kriegsgewinner zuwies[6]. Zwar blieb die Teilung Pommerns eine schmerzende Wunde und veranlaßte Friedrich Wilhelm zeit seines Lebens, in diesem Punkt eine Revision des Westfälischen Friedens zu betreiben, aber andererseits brachten der Erwerb von Hinterpommern mit Kammin, von Minden und Halberstadt sowie die Anwartschaft auf Magdeburg reichen Landgewinn. Der Kurfürst verfügte jetzt beinahe schon über eine Landbrücke von Kleve bis Königsberg, er gewann mit Magdeburg, Halberstadt und Minden vor allem eine noch breitere territoriale Basis nahe den Kernlandschaften des Reiches und mit den Reichstags- und Kreistagsstimmen dieser ehemals geistlichen Fürstentümer ein verstärktes Gewicht in den Reichsinstitutionen. Die Säkularisation von geistlichen Fürstentümern der Reichskirche blieb freilich gebunden an die Respektierung der landständischen Rechte und der Religionsverfassung in diesen Territorien durch den neuen weltlichen Erblandesherrn. Für Magdeburg, Halberstadt und Minden war die rechtliche Bindung des brandenburgischen Kurfürsten in dem Reichsgrundgesetz des Westfälischen Friedens selbst verbindlich festgelegt — das Reichsrecht errichtete hier eine Barriere gegen die Durchsetzung eines allzu ausgreifenden fürstlichen Absolutismus[7].

4 *Hans Schmidt,* Philipp Wilhelm von Pfalz-Neuburg (1615 - 1690) als Gestalt der deutschen und europäischen Politik des 17. Jahrhunderts, Bd. 1: 1615 - 1658, Düsseldorf 1973, 40 - 63.

5 *Albert von Ruville,* Die kaiserliche Politik auf dem Regensburger Reichstag von 1653 - 1654, Berlin 1896.

6 *Fritz Dickmann,* Der Westfälische Friede, 5. Aufl., Münster 1985.

Die Religionsfriedensregelungen des Westfälischen Friedens waren für Kurfürst Friedrich Wilhelm von zentraler Bedeutung. In Magdeburg, Halberstadt und Minden wurde hierdurch die Stellung katholischer Minderheiten gewährleistet. Der Osnabrücker Reichs- und Religionsfrieden brachte vor allem aber in seinem Artikel VII die reichsrechtliche Gleichstellung des reformierten mit dem lutherischen Bekenntnis. Die Rechtsstellung der Augsburgischen Konfessionsverwandten im Reich sollte fortan auch denen zukommen, die als Reformierte bezeichnet werden — mit dieser Bestimmung war die zentrale religionspolitische Forderung des reformierten brandenburgischen Kurfürsten auf dem Osnabrücker Friedenskongress durchgesetzt. Der Artikel VII des Instrumentum Pacis Osnabrugense bestimmte ferner hinsichtlich des landesherrlichen ius reformandi zwischen den beiden protestantischen Bekenntnissen, daß der Landesherr mit seinem Hof zwar von dem einen zu dem anderen Bekenntnis übertreten konnte, daß er aber die Untertanen nicht zu dem gleichen Schritt zwingen und den Bekenntnisstand der Landeskirche nicht verändern durfte, daß somit zwischen den beiden protestantischen Bekenntnissen eine Art Normaljahr 1648 gelten sollte.

Damit wurde diejenige konfessionsrechtliche Regelung zu einer allgemein verbindlichen reichs-religions-rechtlichen Norm erhoben, auf die der reformierte Kurfürst Johann Sigismund von Brandenburg nach seinem Glaubenswechsel von 1613 sich mit den lutherischen Ständen der Kurmark in dem Religions-Revers von 1615 festgelegt hatte. Für den überzeugten reformierten Christen Friedrich Wilhelm war diese reichsrechtliche Absicherung seines Bekenntnisses gegenüber Lutheranern und Katholiken in dem Westfälischen Frieden ein fester Orientierungspunkt in seinem politischen Weltbild[8].

---

[7] *Franz Schrader,* Ringen, Untergang und Überleben der katholischen Klöster in den Hochstiften Magdeburg und Halberstadt von der Reformation bis zum Westfälischen Frieden (= Katholisches Leben und Kirchenreform, Schrift 37), Münster 1977; *Wolfgang Neugebauer,* Die Stände in Magdeburg, Halberstadt und Minden im 17. und 18. Jahrhundert, in: Peter Baumgart (Hrsg.), Ständetum und Staatsbildung in Brandenburg-Preußen. Ergebnisse einer internationalen Fachtagung (= Veröff. der Histor. Komm. zu Berlin, 55), Berlin 1983, 170 - 207; *Hans Nordsiek,* Zur Eingliederung des Fürstbistums Minden in den brandenburgisch-preußischen Staat, in: Peter Baumgart (Hrsg.), Expansion und Integration. Zur Eingliederung neugewonnener Gebiete in den preußischen Staat (= Neue Forschungen zur brandenburg-preußischen Geschichte, Bd. 5), Köln 1984, 45 - 79.

[8] *Otto Hintze,* Kalvinismus und Staatsräson in Brandenburg zu Beginn des 17. Jahrhunderts, in: *Ders.,* Regierung und Verwaltung. Gesammelte Abhandlungen zur Staats-, Rechts- und Sozialgeschichte Preußens, hrsg. von Gerhard Oestreich, Bd. 3, Göttingen 1967, 255 - 312; *Rudolf von Thadden,* Die Fortsetzung des „Reformationswerks" in Brandenburg-Preußen, in: Heinz Schilling (Hrsg.), Die reformierte Konfessionalisierung in Deutschland. Das Problem der „Zweiten Reformation". Wissenschaftliches Symposion des Vereins für Reformationsgeschichte 1985 (= Schriften des Vereins für Reformationsgeschichte, Bd. 195), Gütersloh 1986, 233 - 250; *Heinz Schilling,* Friedrich Wilhelm und die Dialektik der Rückständigkeit. Wie der Große Kurfürst die Kräfte seines Zeitalters erkannte und nutzte. Zu seinem 300. Todestag, in: FAZ vom 7. Mai 1988.

Ein anderer fester Orientierungspunkt für Kurfürst Friedrich Wilhelm war das Bündnisrecht der Reichsstände gemäß Artikel VIII des Osnabrücker Friedens. In seinem Politischen Testament von 1667 riet er hierzu seinem Nachfolger: „Gutte Alliancen hab(t) Ihr so woll in als ausser dem Romischen Reich zu machen, den dieses kan von keinem ubell genommen werden, auch ist solches kraft des Munsterischen undt Osnabruckischen fridens, einen Reichsstandt zugelassen worden. ... Mit den Kayser als oberhaupt, undt wegen der Schlesie nahen, angrensenden Landen, kündt Ihr sehr woll in gutter Alliance stehen, iedoch aber solcher gestalt, das Ihr furnehmlich auff des Reichs, der Evangelischen undt Ewerer wolfahrt fleissige acht habet, undt darin dem Kayser nichts einreumet, so dawider undt zu des Reichs undt der Evangelischen untergang undt benehmung Der Teutschen freiheitt gereichen mochte, folget hierin Ewerer vorfaren Rumlichen exempell, deren consilia zu des Reichs bestem noch heuttiges tages von freundt und feinden gelobet worden sein, auch für die zutregligsten fur das Reich sein gehalten[9]."

In diesem Zitat aus dem Politischen Testament wird das auf den Westfälischen Frieden aufbauende Reichsverständnis des Großen Kurfürsten sehr klar ausgedrückt. Die Wohlfahrt des Hauses Brandenburg und die Wohlfahrt der Evangelischen waren an die Erhaltung des Reiches als Rechts-System und als System der „Teutschen Freiheit" gebunden. Der habsburgische Kaiser als Reichsoberhaupt sollte von Kurbrandenburg soweit unterstützt werden, soweit er nicht an die „Teutsche Freiheit", das heißt an die verfassungsmäßigen Rechte der Reichsstände und der Evangelischen, rührte. Dies war das Programm eines reichsständischen und protestantischen Reichspatriotismus — eine dem Geist und dem Buchstaben des Westfälischen Friedens adäquate Haltung, die das Osnabrücker Reichsgrundgesetz in der politischen Praxis zu verwirklichen trachtete.

Wichtig in dem Zitat aus dem Politischen Testament ist auch der Hinweis Friedrich Wilhelms auf die „Rumlichen exempell" der früheren brandenburgischen Kurfürsten, „deren consilia zu des Reichs bestem noch heuttiges tages von freundt und feinden gelobet worden sein, auch fur die zutregligsten fur das Reich sein gehalten". Dabei dachte Friedrich Wilhelm sicherlich nicht an die Politik seines Vaters Georg Wilhelm während des Dreißigjährigen Krieges, vor allem nicht an den Anschluß Kurbrandenburgs an den Prager Frieden von 1635 zwischen dem Kaiser und Kursachsen. Die Abkehr von dem prokaiserlichen System des Prager Friedens, dem der Vater Georg Wilhelm sich unter dem Einfluß seines Ministers Adam Graf Schwarzenberg angeschlossen hatte, war ja die erste selbständige politische Tat des jungen Kurfürsten Friedrich Wilhelm nach seinem Regierungsantritt im Jahre 1640 und nach dem Tod Schwarzenbergs im Jahre 1641 gewesen. Die Unterstützung eines habsburgischen Reichsabsolutismus, wie immer dieser aussah,

9 *Richard Dietrich* (Hrsg.), Die politischen Testamente der Hohenzollern (= Veröff. aus den Archiven Preußischer Kulturbesitz, 20), Köln 1986, 188.

zu Lasten der „Teutschen Freiheit" und zu Lasten der evangelischen, vor allem der reformierten Religion, sollte es brandenburgischerseits nicht noch einmal geben, trotz aller Differenzen, die Kurbrandenburg wegen der pommerschen Erbfolgefrage mit dem protestantischen Schweden hatte. Im Prager Frieden war 1635 noch einmal die Ausschließung der Reformierten aus dem Religionsfrieden festgelegt worden — dies war für Friedrich Wilhelm auf keinen Fall akzeptabel.

Wenn Kurfürst Friedrich Wilhelm 1667 in seinem Politischen Testament an die „Rumlichen exempell" früherer brandenburgischer Kurfüsten in der Reichspolitik erinnerte, so ist nicht an den Vater und unmittelbaren Vorgänger Georg Wilhelm, sondern an die älteren Kurfürsten des 15., 16. und frühen 17. Jahrhunderts zu denken, die die politische Stellung des Kurhauses im Reich befestigt und es religiös zunächst mit der Reformation und dann seit 1613 mit dem reformierten Bekenntnis verbunden hatten. Friedrich Wilhelm dürfte mit seinem Hinweis etwa den Großvater Johann Sigismund gemeint haben, der dem Haus Hohenzollern das reformierte Bekenntnis gab und damit den Anschluß an die protestantische Aktionspartei im Reich und der mit den Erbfällen in Jülich-Kleve und in Preussen auch territorial die Fundamente für den späteren Gesamtstaat seines Enkels legte[10].

Kurfürst Johann Sigismund von Brandenburg war kein aktionistisch ausgreifender Politiker, aber dennoch fanden sich bei ihm seit seinem Regierungsantritt im Jahre 1608 politische Ansätze, die nach dem Dreißigjährigen Krieg bei dem Enkel unter modifizierten Voraussetzungen wiederkehrten. Die aktive Behauptung des Jülicher Erbes zwang den Kurfürsten zum Anschluß an eine antikaiserliche Kombination. Das hieß, Kurbrandenburg mußte die auf den Reformations-Kurfürsten Joachim II. zurückgehende politische Linie verlassen, die Kurbrandenburg an die Seite und in das Gefolge des lutherischen und kaisertreuen Kursachsen stellte. Demgegenüber und gegenüber dem Hauptkonkurrenten um das Jülicher Erbe, dem zunächst lutherischen, dann katholischen Pfalz-Neuburg, mußte Kurfürst Johann Sigismund den Anschluß an die protestantische Aktionspartei im Reich suchen, das heißt an die reformierte Kurpfalz. Das bedeutete auch Querverbindungen nach Frankreich, England und in die Vereinigten Niederlande. Für die Kurpfalz brachte die Annäherung Kurbrandenburgs das Ende ihrer Isolation im Kurkolleg — aber Johann Sigismund war ein zögerlicher Gefolgsmann. Er verfolgte eine Politik mit begrenzten Zielen, nämlich den Erwerb der niederrheinischen Herzogtümer für sein Haus, und er machte die Pfälzer Aktionen nicht in allem mit.

Kurbrandenburg sprengte zwar mit den Pfälzern 1608 den Reichstag und trat dann 1610 der evangelischen Union bei, aber bei den Kaiserwahlen von

10 *Reinhold Koser*, Geschichte der brandenburgischen Politik bis zum Westfälischen Frieden von 1648, Berlin - Stuttgart 1913.

1612 und 1619 stimmte der Brandenburger jeweils für den habsburgischen Kandidaten. Das begrenzte Ziel wurde in hohem Maße erreicht — im Xantener Vertrag von 1614 konnte Kurfürst Johann Sigismund Kleve, Mark und Ravensberg vereinnahmen[11].

Freilich barg der Teilungsvertrag mit Pfalz-Neuburg von 1614 noch manche, vor allem religionsrechtliche Unklarheiten, die nach dem Westfälischen Frieden wegen des Streits um das zu beachtende konfessionelle Normaljahr den Anlaß zu dem bereits erwähnten „Düsseldorfer Kuhkrieg" im Jahre 1651 gaben und die Kurfürst Friedrich Wilhelm nach weiteren langwierigen und schwierigen Verhandlungen erst in Vergleichen mit Pfalz-Neuburg 1666 und 1672 regulieren konnte[12].

Die Territorien aus dem Jülicher Erbe bildeten in ihrer politischen und religionsrechtlichen Stellung eine offene Flanke des werdenden brandenburgischen Gesamtstaates, und sie zwangen die kurfürstliche Politik — mehr noch als die im Westfälischen Frieden erworbenen ehemals geistlichen Territorien — zur ständigen Rücksichtnahme auf das Reichsrecht, auf die Reichsinstitutionen und auf die Reichspolitik. Kleve, Mark und Ravensberg, Minden, Halberstadt und Magdeburg stellten eine — in sich noch einmal abgestufte — Zone der Verzahnung und Verklammerung des brandenburgisch-preußischen Staates mit dem reichischen Deutschland dar. Dies blieb so bis zum Untergang des alten Reiches und des alten Preußen im Jahre 1806[13].

Die beiden ersten Jahrzehnte des 17. Jahrhunderts hatten entscheidende Weichenstellungen für die Geschichte Brandenburg-Preußens gebracht. Kurfürst Friedrich Wilhelm, der sich politisch und religiös als der Erbe und Testamentsvollstrecker seines Großvaters Johann Sigismund fühlen durfte und der über seine pfälzische Mutter, eine Schwester des Winterkönigs, und seinen nassau-oranischen Schwiegervater mit der internationalen protestantischen Aktionspartei der Vorkriegszeit eng verbunden war, dürfte die Erfah-

[11] *Franz Petri / Georg Droege* (Hrsg.), Rheinische Geschichte, Bd. 2: Neuzeit, 3. Aufl., Düsseldorf 1980. Darin: *Franz Petri,* Im Zeitalter der Glaubenskämpfe (1500 - 1648), hier vor allem 83 - 122; *Wilhelm Kohl* (Hrsg.), Westfälische Geschichte, Bd. 1: Von den Anfängen bis zum Ende des Alten Reiches, Düsseldorf 1983. Darin: *Wilhelm Kohl,* Das Zeitalter der Glaubenskämpfe (1517 - 1618), hier vor allem 524 - 527.

[12] *Klaus Jaitner,* Die Konfessionspolitik des Pfalzgrafen Philipp Wilhelm von Neuburg in Jülich-Berg von 1647 – 1679 (= Reformationsgeschichtliche Studien und Texte, 107), Münster 1973; *Martin Lackner,* Die Kirchenpolitik des Großen Kurfürsten (= Untersuchungen zur Kirchengeschichte, 8), Witten 1973.

[13] *Petri / Droege,* Rheinische Geschichte Bd. 2 (Anm. 11); *Kohl,* Westfälische Geschichte Bd. 1 (Anm. 11); *Sigrid Jahns,* Brandenburg-Preußen im System der Reichskammergerichts-Präsentationen 1648 - 1806, in: Hermann Weber (Hrsg.), Politische Ordnungen und soziale Kräfte im Alten Reich (= Veröff. des Instituts für Europäische Geschichte Mainz, Beiheft 8), Wiesbaden 1980, 169 – 202; *Alwin Hanschmidt,* Kurbrandenburg als Kreisstand im Niederrheinisch-Westfälischen Kreis vom Westfälischen Frieden bis zum Spanischen Erbfolgekrieg, in: Hauser (Hrsg.), Preußen, Europa und das Reich (Anm. 2), 47 - 64.

rungen und Ergebnisse der kurzen, aber wichtigen Ära des Kurfürsten Johann Sigismund für das Haus Brandenburg sorgfältig reflektiert und in seine eigene Politik eingebracht haben. Die Notwendigkeit eines politischen Protestantismus im Reich, die Nähe zu den oranischen Niederlanden, die zurückhaltende, aber auf die Rechtsgarantien pochende Loyalität zu Kaiser und Reich haben hier wohl eine entscheidende Wurzel. Zusammen mit dem von ihm bereits mitgestalteten Ergebnis des Westfälischen Friedens gab diese Vorkriegstradition seines Hauses einen festen Orientierungsrahmen ab für die Reichspolitik des Kurfürsten Friedrich Wilhelm.

An den Grundlinien im Verhalten Friedrich Wilhelms gegenüber Kaiser und Reich, die durch den Westfälischen Frieden und in dem ersten Jahrzehnt danach festgelegt wurden, änderte sich in der Folgezeit Wesentliches nicht mehr. Der Große Kurfürst blieb ein in seinen politischen Bündnissen wankelmütiger, unberechenbarer und stets zum Wechsel bereiter Reichsfürst, ein eigenwilliger Herr, der aber in seiner Loyalität zu dem Religionsfrieden und zu dem ständisch aufgefaßten Reichs-Rechts-System konstant war. Daß er als Herzog in Preußen eine Position außerhalb des Reichs innehatte und europäische Politik als eine Subsidiarmacht außerhalb und neben der Reichspolitik betreiben konnte, gab dem Kurfürsten einen Handlungsspielraum, den kein zweiter deutscher Reichsfürst in dieser Zeit hatte, abgesehen von dem Kaiser als Herrn der österreichischen Erblande, Böhmens und Ungarns. Preußen gab dem Kurfürsten, zumindest nach dem Erwerb der Souveränität 1660, eine unabhängige Stellung außerhalb des Reichsverbandes und außerhalb des Reichsrechts, aber diese Stellung war doch politisch zu schwach und zu sehr auf die in das Reich eingebundenen Teile des werdenden Gesamtstaates bezogen, als daß von Königsberg aus die Geltung und Stabilität des Reichs-Systems hätten in Frage gestellt werden können. Friedrich Wilhelm wollte dies auch nicht. Wenn er eine Revision des Westfälischen Friedens betrieb, dann nur in dem Punkt der pommerschen Landesteilung und der schwedischen Herrschaft in Vorpommern und Stettin. In allem anderen stand er vorbehaltlos auf dem Boden des Reichsgrundgesetzes von 1648.

Friedrich Wilhelms Verhalten bei den Königs- bzw. Kaiserwahlen von 1653 und 1658, seine Kehrtwende auf dem Regensburger Reichstag von 1653 / 1654 von einer kaiserfreundlichen zu einer oppositionellen Politik und die reichsständisch-protestantischen Assoziationsversuche im Zusammenhang mit dem Unionsprojekt seines damaligen Hauptberaters, des Grafen Georg Friedrich von Waldeck, blieben diesem politischen Grundansatz treu[14].

Es waren dies insgesamt schwierige Jahre, in denen diffuse politische Kräfte um die Gestaltung eines Nachkriegsdeutschland rangen, wobei sich schließlich zunächst einmal 1658 der Mainzer Erzbischof und Kurfürst Jo-

---

14 *Bernhard Erdmannsdörffer,* Graf Georg Friedrich von Waldeck, ein preußischer Staatsmann im 17. Jahrhundert, Berlin 1869.

hann Philipp von Schönborn mit seiner Balance-Politik durchsetzte, die einerseits die Erneuerung des habsburgischen Kaisertums ermöglichte und andererseits mit dem Rheinbund ein interkonfessionelles reichsständisches Gegengewicht unter dem Schutz Frankreichs schuf[15]. Kurfürst Friedrich Wilhelm stand der Politik des Rheinbundes nahe, er trat ihm allerdings erst spät, 1665, bei, drei Jahre vor dem Auslaufen dieser reichsständischen Einung. Kaiserwahl und Rheinbund von 1658, die Balance-Politik Johann Philipps von Schönborn, erhielten dem Reich den prekären Friedenszustand und hielten dem Brandenburger den Rücken frei für seine erfolgreiche außerreichische Politik im Nordischen Krieg, die ihm 1660 definitiv die Souveränität in Preußen brachte.

Seit 1663 artikulierte sich die Reichspolitik vor allem auf dem Reichstag in Regensburg, der nicht mehr auseinanderging und deshalb zum Immerwährenden Reichstag wurde[16]. Kurbrandenburg, mit Sitz und Stimme im Kurfürstenrat sowie den Stimmen von Hinterpommern, Magdeburg, Kammin, Halberstadt und Minden im Fürstenrat, beteiligte sich kontinuierlich, interessiert und engagiert an dem Reichstagsgeschehen. Der allmähliche Weg zur Perpetuierung des Reichstags wurde von Kurbrandenburg mitgegangen. Initiativen zur Beendigung der Reichsversammlung gab es von Berlin aus nicht. Kurfürst Friedrich Wilhelm erkannte vielmehr klar, daß die permanente Präsenz des Reichstages in Regensburg einerseits dem ständischen Reichsbegriff des Westfälischen Friedens entsprach und daß die Reichsversammlung ihm andererseits eine Möglichkeit zur reichsöffentlichen Darstellung seiner Politik gab. Er sorgte demgemäß für eine qualifizierte Besetzung der kurbrandenburgischen Reichstagsgesandtschaft.

Unter den vor allem verfassungsrechtlichen Beratungsgegenständen des Immerwährenden Reichstags seit 1663 ragten zwei Materien heraus, für die sich Kurbrandenburg besonders engagierte: erstens die Frage der Prae-Eminenz der Kurfürsten und der Beständigen Kaiserlichen Wahlkapitulation

---

15 *Friedhelm Jürgensmeier,* Johann Philipp von Schönborn, in: Fränkische Lebensbilder, Bd. 6, Würzburg 1975, 161 - 184; *Ders.*, Johann Philipp von Schönborn (1605 - 1673) und die römische Kurie. Ein Beitrag zur Kirchengeschichte des 17. Jahrhunderts (= Quellen und Abhandlungen zur mittelrheinischen Kirchengeschichte, 28), Mainz 1977.

16 *Anton Schindling,* Der Westfälische Frieden und der Reichstag, in: Weber (Hrsg.), Politische Ordnungen und soziale Kräfte im Alten Reich (Anm. 13), 113 - 153; *Ders.*, Une phase décisive dans l'histoire du Saint Empire romain-germanique. Le développement de la diète permanente de Ratisbonne. In: L'Europe, L'Alsace et la France. Problèmes intérieurs et relations internationales à l'époque moderne. Etudes réunies en l'honneur du doyen Georges Livet (= Société Savante d'Alsace et des Régions de l'Est. Collection „Grandes Publications", 28), Strasbourg 1986, 83 - 88; *Ders.*, Die Ausbildung des Immerwährenden Reichstags zu Regensburg, in: Harald Dickerhof (Hrsg.), Festgabe Heinz Hürten zum 60. Geburtstag, Frankfurt 1988, 301 - 315. Vgl. vor allem meine noch unveröffentlichte Habilitationsschrift „Die Anfänge des Immerwährenden Reichstags zu Regensburg. Ständevertretung und Staatskunst im barocken Reich", Würzburg 1983.

sowie zweitens der Streit um die Extension des Landstände-Paragraphen 180 des Jüngsten Reichsabschieds. Diese beiden Streitfragen werden hier mit Blick auf Kurbrandenburg behandelt.

Die Prae-Eminenz der Kurfürsten und die Beständige Kaiserliche Wahlkapitulation[17]

Die Wege, die Kurfürst Friedrich Wilhelm einschlug, verliefen zwar manchmal neben dem Reich. Aber er legte andererseits doch größten Wert darauf, daß die verfassungsmäßige Position der Kurfürsten im Reich gewahrt blieb.

Die Prae-Eminenz der Kurfürsten im Reich wurde seit dem Westfälischen Friedenskongreß bestritten von einer Gruppe oppositioneller Reichsfürsten, zu denen die Herzöge von Sachsen und von Braunschweig gehörten sowie der Pfalz-Neuburger. Die Gruppe oppositioneller Fürsten wandte sich vor allem gegen den Anspruch der Kurfürsten, daß nur das kurfürstliche Kollegium befugt sei, die Wahlkapitulation mit dem zu wählenden Römischen Kaiser bzw. Römischen König auszuhandeln. Gemäß Artikel VIII § 3 des Osnabrücker Friedensinstrumentes sollte der nächste Reichstag nach dem Friedensschluß über die „Errichtung einer Beständigen Kaiserlichen Wahlkapitulation" beschließen. Diese Frage der Capitulatio Perpetua war ein Hauptpunkt unter den sogenannten zurückgestellten Materien bzw. negotia remissa, die von dem Westfälischen Frieden zur Erledigung an den nächstfolgenden Reichstag verwiesen wurden.

Auf dem Immerwährenden Reichstag war die Frage der Beständigen Kaiserlichen Wahlkapitulation eine Materie, über die jahrelang verhandelt wurde, ohne daß es möglich war, einen Kompromiß zwischen den Kurfürsten und der Fürstenopposition zu finden. Die Fürstenopposition erlahmte schließlich zu Beginn der 1670er Jahre, weil die Kurfürsten einerseits von dem Kaiser und andererseits von den geistlichen Fürsten zumindest taktisch unterstützt wurden. Die Prae-Eminenz der Kurfürsten konnte also bei der Erstellung der Wahlkapitulationen gewahrt werden — und die Wahlen der Römischen Kaiser und Könige waren ja zentral für das Verfassungsleben des Reiches. Kurbrandenburg hat all die Jahre über seit 1663 am Reichstag stets mit großer Entschiedenheit die Vorrechte der Kurfürsten in der Reichsverfassung verteidigt.

---

[17] *Günter Scheel,* Die Stellung der Reichsstände zur römischen Königswahl seit den Westfälischen Friedensverhandlungen, in: Forschungen zu Staat und Verfassung. Festgabe für Fritz Hartung, Berlin 1958, 113 - 132; *Gerd Kleinheyer,* Die kaiserlichen Wahlkapitulationen. Geschichte, Wesen und Funktion (= Studien und Quellen zur Geschichte des deutschen Verfassungsrechts, Bd. A 1), Karlsruhe 1968, 86 - 99; *Eckhart Pick,* Die Bemühungen der Stände um eine Beständige Wahlkapitulation und ihr Ergebnis 1711, Jur. Diss. Mainz 1969.

Bei den Disputen über die Prae-Eminenz der Kurfürsten trat die kurbrandenburgische Reichstagsgesandtschaft vielfach im Reichsfürstenrat als Wortführer für die Parteigänger der Kurfürsten auf. Denn neben Sitz und Stimme im Kurfürstenrat des Reichstags standen dem Kurfürsten von Brandenburg ja im Fürstenrat die Sessionen und Voten zu für Hinterpommern, Halberstadt, Minden und Kammin, seit 1680 auch für Magdeburg. Die Territorien aus dem Jülicher Erbe, Kleve, Mark und Ravensberg, waren wegen des Erbfolgestreits mit Pfalz-Neuburg im Reichsfürstenrat des Reichstags nicht mit Sitz und Stimme vertreten. Die kurbrandenburgische Reichstagsgesandtschaft spielte in Regensburg eine wichtige Rolle. Der langjährige Reichstagsgesandte des Großen Kurfürsten Gottfried von Jena war berühmt wegen seiner temperamentvollen, manchmal auch cholerischen Auftritte[18].

Indem der Große Kurfürst am Reichstag die verfassungsmäßige Prae-Eminenz der Kurfürsten gegen die Ansprüche der Fürstenopposition verteidigte, trug er dazu bei, das traditionelle Reichs-System mit seiner hierarchischen Ordnung der Reichsstände zu stabilisieren. Die zurückgestellten Materien des Westfälischen Friedens zielten demgegenüber auf eine Nivellierung des Reichsverbandes zugunsten der Reichsfürsten, was im Resultat die reichsauflösenden Kräfte gestärkt hätte. Kurbrandenburg verfocht in dieser wichtigen verfassungspolitischen Streitfrage die reichsherkömmliche Ordnung. Die Oligarchie des Kurfürstenrates sollte neben dem Kaiser als zweite Säule des Reiches erhalten bleiben, und das war auch eine Klammer für den Reichsverband.

Im Einklang mit den anderen Kurfürsten lehnte Kurbrandenburg eine Gleichberechtigung der kurfürstlichen und fürstlichen Stände im Reich und auf dem Reichstag ab. Entsprechend trat der Brandenburger auch bei den Römischen Königs- und Kaiserwahlen von 1653 und 1658 auf. Die kurbrandenburgische Wahltags-Gesandtschaft nahm jedesmal einen regen Anteil an der Festlegung der einzelnen Bestimmungen in den Wahlkapitulationen.

Der Landstände-Paragraph 180 des Jüngsten Reichsabschieds[19]

Die Reichsgesetzgebung über die Landstände war teilweise eine Hilfe, aber teilweise auch eine Bremse für die Durchsetzung des fürstlichen Absolutismus in den deutschen Territorialstaaten. Betreffs Kurbrandenburg muß erwähnt werden, daß der Westfälische Frieden eine Garantie enthielt für die Fortexistenz der landständischen Verfassungen in den ehemaligen Hochstiften Magdeburg, Halberstadt und Minden. Diese Gewährleistung war ver-

---

18 *Hans Prutz,* Gottfried von Jena als brandenburgischer Reichstagsgesandter 1679 - 1687, in: FBPG 18 (1905), 387 - 470.

19 *Karl Lohmann,* Das Reichsgesetz vom Jahre 1654 über die Steuerpflichtigkeit der Landstände, Phil. Diss. Bonn 1893.

bunden mit Bestandsgarantien für die lutherischen Landeskirchen und für die katholischen Minderheiten.

Von allgemeiner Bedeutung für die Rechtsgrundlagen der landesfürstlichen Territorialgewalt und für die Stellung der Landstände waren in der Folge dann der Paragraph 180 des Jüngsten Reichsabschieds von 1654 sowie der Streit am Immerwährenden Reichstag um die Verschärfung dieses Reichsgesetzes.

Der Reichstag von 1653/1654 bestimmte in dem Paragraphen 180 des Reichsabschieds in Ergänzung der Reichs-Exekutionsordnung von 1555, daß die Landstände verpflichtet seien, die für die Reichsverteidigung und Landfriedenswahrung nötigen Festungen und Garnisonen ihrer Landesfürsten zu finanzieren. Kurbrandenburg wirkte an diesem Reichsgesetz mit, und der Kurfürst berief sich auch gegenüber den kurmärkischen und klevischen Ständen bei Steuerforderungen auf den Paragraphen 180[20]. Das Kurfürstenkollegium bekräftigte 1658 in der Wahlkapitulation für Kaiser Leopold I. nochmals den Landstände-Paragraphen 180. Bei Konflikten zwischen Territorialfürsten und Landständen spielte demgemäß gelegentlich eine Rolle, ob Festungen und Garnisonen zum Zwecke der Reichsverteidigung „nötig" waren und ob deren Finanzierung durch den Paragraphen 180 des Jüngsten Reichsabschieds zwingend vorgeschrieben war.

Auf dem Reichstag versuchte dann von 1669 bis 1671 eine Gruppe von Kurfürsten und Fürsten die Beratungen über die Reform der Exekutionsordnung zu benützen, um eine Verschärfung des Paragraphen 180 gegen die Landstände zu erzwingen. Der Streit um die Extension des Paragraphen 180 bestimmte 1670 und 1671 die Beratungen des Regensburger Reichstags.

Kurbrandenburg zählte zu den „Extensisten", welche die Neufassung des Paragraphen 180 betrieben. Die Extension wurde am energischsten allerdings von wittelsbachischen Höfen, von Kurbayern, Kurköln und Pfalz-Neuburg gefordert, daneben noch von Mecklenburg. Durch die Neufassung des Paragraphen 180 sollten die Landstände verpflichtet werden, unterschiedslos alle Festungen und Garnisonen zu finanzieren, die die Landesfürsten unterhielten. Ausdrücklich hieß es, daß darunter auch Rüstungskosten fallen sollten, die den Landesfürsten entstanden im Zusammenhang mit Bündnissen, die die Fürsten nach Maßgabe des Westfälischen Friedens abschlossen. Es sollte zudem grundsätzlich verboten werden, daß Landstände beim Reichshofrat in Wien oder beim Reichskammergericht gegen ihren Landesfürsten wegen solcher Steuerforderungen prozessierten.

Es liegt auf der Hand, daß eine solche reichsgesetzliche Regelung im Interesse des Großen Kurfürsten gelegen hätte. Vor allem das Verbot von Prozessen an den Reichsgerichten hätte für die Rechtsstellung der Landstände

---

[20] Ebd., S. 19–41.

naturgemäß ganz schwerwiegende Folgen nach sich gezogen. Den Landesfürsten wäre die Armierung ihrer Territorien auf Kosten der Landstände ermöglicht worden. Andererseits wäre die Rechtsprechungs-Befugnis vor allem des kaiserlichen Reichshofrates schwer beeinträchtigt worden. In Wien fand man sich deshalb zu der Extension nicht bereit. Kaiser Leopold I. lehnte in einer spektakulären Entscheidung am 13. Februar 1671 die geforderte Extension des Paragraphen 180 ab, und er gab dem umstrittenen Paragraphen in seiner Resolution für den Reichstag sogar eine restriktive Interpretation, das heißt in der Konsequenz eine landständefreundliche Auslegung[21].

Die Befürworter der Extension, darunter Kurbrandenburg, schlossen noch im Jahre 1671 in Regensburg ein Bündnis ab zur gemeinsamen Vertretung ihrer Interessen und zum Zwecke eines eventuellen gemeinsamen Vorgehens gegen unbotmäßige Landstände[22]. Dieses Absolutisten-Bündnis gewann in der Praxis kaum Bedeutung. Die Entscheidung Kaiser Leopolds I. gegen die Extension des Paragraphen 180 bewährte sich dagegen auf Dauer als eine reichsrechtliche Barriere gegen die völlige Ausschaltung der Landstände. Für die Reichspolitik des Großen Kurfürsten bedeutete der Ausgang des Extensions-Streites eine Niederlage. Kurfürst Friedrich Wilhelm suchte allerdings trotz mancher Konflikte letztlich eher das Arrangement und die Zusammenarbeit mit den Landständen in seinen Territorien. Auf der Grundlage des ursprünglichen Paragraphen 180 war ein solches Arrangement durchaus möglich, so daß man aus der Berliner Sicht auf die absolutistisch verschärfende Extension dieses Reichsgesetzes auch verzichten konnte. Härter als Kurbrandenburg waren 1671 Kurbayern, Kurköln, Pfalz-Neuburg und Mecklenburg von der Resolution Kaiser Leopolds betroffen.

Das Reichsrecht und die Reichsgerichte stellten in dem Verhältnis zwischen Landesfürst und Landständen insgesamt eine Barriere dar gegen die Durchsetzung des fürstlichen Absolutismus. Zumindest in den westlichen Territorien Kurbrandenburgs blieb das auf Dauer spürbar[23].

*

Der Ausgang der Reichstagsberatungen über die Beständige Kaiserliche Wahlkapitulation und über den Landstände-Paragraphen 180 kündigte be-

21 *Johann Joseph Pachner von Eggenstorff,* Vollständige Sammlung aller von Anfang des noch fürwährenden teutschen Reichstags de anno 1663 bis anhero abgefassten Reichsschlüsse, 1. Teil, Regensburg 1740, 518 – 520.

22 *Theodor von Moerner,* Kurbrandenburgs Staatsverträge von 1601 bis 1700, Ndr. der Ausgabe von 1867, Berlin 1965, 696 – 701; *Michael Hughes,* Die Strafpreussen. Mecklenburg und der Bund der deutschen absolutistischen Fürsten 1648 – 1719, in: Parliaments, Estates and Representation 3 (1983), 101 – 113.

23 Vgl. Anm. 13; *Ernst Opgenoorth,* Stände im Spannungsfeld zwischen Brandenburg-Preußen, Pfalz-Neuburg und den niederländischen Generalstaaten. Cleve-Mark und Jülich-Berg im Vergleich, in: Baumgart (Hrsg.), Ständetum und Staatsbildung (Anm. 7), 243 – 262.

reits Anfang der 1670er Jahre jene Wende in der Reichspolitik an, die seit den 1680er Jahren zu einer Restauration der habsburgisch-kaiserlichen Führungsstellung im Reich und zu dem neuerlichen Höhepunkt habsburgischer Machtentfaltung um 1700 führen sollte. Der Große Kurfürst hatte einst bei den Wahlen von 1653 und 1658 zu den Anfängen dieser Weichenstellung beigetragen, und er unterstützte auch während des Holländischen Krieges der Jahre von 1672 bis 1679 meistens die kaiserliche Politik. Freilich bedeutete der Nimwegener Frieden, den Kaiser Leopold I. 1679 für sich und das Reich mit Ludwig XIV. schloß, eine Desavouierung des im Krieg erfolgreichen Brandenburgers[24]. Durch die der Enttäuschung entspringende Anlehnung an Frankreich nach 1679 stellte Friedrich Wilhelm sich jedoch selbst, wie sich zeigen sollte, in ein reichspolitisches „Abseits“, wodurch nun neue, zukunftsweisende Entwicklungen in der Reichspolitik an ihm vorbeiliefen. Geradezu ein Symbol hierfür ist, daß der ehemalige Vertraute Friedrich Wilhelms, der Reichsgraf Georg Friedrich von Waldeck, nunmehr als Parteigänger und reichspolitischer Berater Wilhelms III. von Nassau-Oranien 1682 die Laxenburger Allianz zu begründen half, mit deren Hilfe Kaiser Leopold I. das vordere Reich von Wien her politisch zusammenzufassen versuchte[25].

Die habsburgische Kaiserresidenz Wien wurde seit den 1680er Jahren erneut zum Gravitationszentrum der Reichspolitik. Der alte Kurfürst Friedrich Wilhelm paßte sich diesem neu entstehenden politischen System des Hauses Habsburg im Reich ein, als er sich 1685 / 1686 aus dem Bündnis mit dem Protestanten-Verfolger Ludwig XIV. löste, ein Bündnis mit dem Kaiser einging und brandenburgische Truppen an die Türkenfront nach Ungarn schickte. Mit diesem, seinem letzten Bündnis schloß sich Kurfürst Friedrich Wilhelm — spät — einer mehr und mehr um sich greifenden Strömung in der deutschen Reichspolitik an. Es sollte sein dauerhaftestes Bündnis sein, da es den außenpolitischen und reichspolitischen Standort von Sohn und Enkel bestimmte. Die neue Fürstengeneration seit 1680 blickte nach Wien.

Als Kurfürst Friedrich Wilhelm 1688 starb, war ohne Zweifel der erfolgreichste Reichspolitiker seiner Zeit der habsburgische Kaiser Leopold I., der zwanzig Jahre jünger war als der Große Kurfürst. Leopold hatte durch eine geschickte, zähe und geduldige Politik den Wiederaufstieg des habsburgischen Kaiserhauses im Reich eingeleitet, und er konnte noch selbst die Ergeb-

---

24 *Anton Schindling,* Reichstag und europäischer Frieden. Leopold I., Ludwig XIV. und die Reichsverfassung nach dem Frieden von Nimwegen (1679), in: ZHF 8 (1981), 159 - 177.

25 *Pius Dirr,* Zur Geschichte der Reichskriegsverfassung und der Laxenburger Allianz, Phil. Diss. Erlangen 1901; *Hans Philippi,* Landgraf Karl von Hessen-Kassel. Ein deutscher Fürst der Barockzeit (= Veröff. der Histor. Komm. für Hessen, 34), Marburg 1976, 45 - 74; *Hans Jürgen Wunschel,* Die Außenpolitik des Bischofs von Bamberg und Würzburg Peter Philipp von Dernbach (= Schriften des Zentralinstituts für fränkische Landeskunde, 19), Neustadt an der Aisch 1979.

nisse dieses Wiederaufstiegs, die erneute Führungsstellung Österreichs im Reich um 1700, erleben. Der Große Kurfürst hatte als unzuverlässiger, eigenwilliger und unberechenbarer Partner, aber nicht als echter Widersacher, diesen erfolgsgekrönten Weg des habsburgischen Kaisertums begleitet.

Immerhin beobachtete man den mächtigsten norddeutschen Reichsfürsten von Wien aus sorgfältig, gelegentlich wohl auch mißtrauisch. Auch hatte die habsburgische Verbindung zu den braunschweig-lüneburgischen Welfen im ausgehenden 17. Jahrhundert, die kaiserliche Förderung der Welfen bis hin zur neunten Kurfürstenwürde für Ernst August I. von Hannover, vielleicht den Aspekt, daß der Kaiserhof einen verläßlichen Partner und Parteigänger in Norddeutschland neben dem Berliner Kurfürsten „aufbauen" wollte. Kurhannover wurde dann ja auch eine sichere Stütze des habsburgischen Reichs-Systems im Nordwesten — bis hin zum großen Wechsel der Bündnisse im Jahre 1756[26].

So trug also die Politik des Großen Kurfürsten direkt und indirekt maßgeblich zur Neuverteilung der Kräfteverhältnisse und zur Neustrukturierung des politischen Systems im Reich nach 1648 bei. Sie blieb jedoch als kurbrandenburgische, als klevische, magdeburgische, halberstädtische, mindensche Politik stets eine Politik innerhalb des Reiches, auf der Grundlage des Westfälischen Friedens und in den Handlungsspielräumen, die das Reichsrecht ließ.

Durch die Verrechtlichung des Reichs-Systems in Folge des Westfälischen Friedens wurde das Reichsrecht jetzt in Norddeutschland vielleicht sogar viel bewußter wahrgenommen als vor dem Dreißigjährigen Krieg. Die Lehre des Reichs-Staatsrechts an den evangelischen Universitäten im Norden des Reiches ist dafür ein Indiz[27]. Auf jeden Fall bedeutete die Lebensleistung des Großen Kurfürsten kein Ende der Reichsgeschichte in Norddeutschland — sondern eher das Gegenteil. Daß der von ihm zugrunde gelegte brandenburgisch-preußische Gesamtstaat ein Jahrhundert später dann aus dem Reichs-System hinauswuchs und bewußt hinaustrat, war von dem Kurfürsten Friedrich Wilhelm so weder vorauszusehen noch gar vorausgeplant[28].

---

26 *Frieda Freiin von Esebeck,* Die Begründung der hannoverschen Kurwürde, Phil. Diss. Bonn 1935; *Georg Schnath,* Geschichte Hannovers im Zeitalter der neunten Kur und der englischen Sukzession 1674 - 1714. 4 Bde. (= Veröff. der Histor. Komm. für Niedersachsen und Bremen, 18), Hildesheim 1938 - 1982; *Volker Press,* Kurhannover im System des alten Reiches 1692 - 1803, in: Adolf M. Birke / Kurt Kluxen (Hrsg.), England und Hannover. England and Hanover (= Prinz-Albert-Studien, 4), München 1986, 53 - 79.

27 *Wilhelm Schrader,* Geschichte der Friedrichs-Universität zu Halle, 2 Teile, Berlin 1894; *Notker Hammerstein,* Jus und Historie. Ein Beitrag zur Geschichte des historischen Denkens an deutschen Universitäten im späten 17. und im 18. Jahrhundert, Göttingen 1972.

28 *Volker Press,* Friedrich der Große als Reichspolitiker, in: Heinz Duchhardt (Hrsg.), Friedrich der Große, Franken und das Reich (= Bayreuther Historische Kollo-

Der Kurfürst blieb — bis hin zu seinem den Gesamtstaat noch einmal in Frage stellenden letzten Testament — ein Reichsfürst zwischen traditionellem Reichsterritorium und umrißhaft projektierter Gesamtstaatsbildung, ein Regent, der im örtlichen Wechsel zwischen Berlin, Kleve und Königsberg die sehr verschiedenen politischen Bezugssysteme seiner Territorien im Blick zu behalten und durch ein einheitliches politisches Handeln auf einen Nenner zu bringen versuchen mußte. Das auf den Westfälischen Frieden aufbauende Reich und sein Recht waren in diesem Leben eine unverrückbare Größe.

quien 1), Köln 1986, 25 - 56; *Anton Schindling*, Friedrich der Große und das reichische Deutschland, in: Wolfgang J. Kaiser (Hrsg.), Friedrich der Große. Sein Bild im Wandel der Zeiten. Ausstellungskatalog. Historisches Museum Frankfurt am Main, Frankfurt 1987, 13 - 24; *Peter Baumgart*, Friedrich der Große als europäische Gestalt, in: Johannes Kunisch (Hrsg.) Analecta Fridericiana (= ZHF, Beih. 4), Berlin 1987, 9 - 31.

Europäische Ausblicke: Kurfürst Friedrich Wilhelm und die Berlin-Potsdamer Residenzlandschaft um 1688

Von Gerd Heinrich, Berlin

I. Berlin 1688

In seinen letzten Regierungsjahren hielt sich Kurfürst Friedrich Wilhelm[1] nicht mehr so häufig wie früher im Berliner Stadtschloß auf. Die wärmere Jahreszeit verbrachte er in Potsdam, der in langsamem Ausbau begriffenen Nebenresidenz, deren Garten-Wasser-Landschaft ihm mehr zusagte. Auch luden die Wälder des Amtes Potsdam zur Jagd ein (1686)[2]. Lebte der Kurfürst jedoch an der Spree, so mag er dort vom Schlosse aus auf eine Residenz geblickt haben, die sich, wie das Land, erst langsam, zuletzt straßenweise und flächenhaft verändert hatte[3]. Er sah Teile der weitgehend vollendeten

---

1 Die Literatur findet sich u. a. in den Literaturverzeichnissen der grundlegenden vielschichtigen Biographie von *Ernst Opgenoorth,* Friedrich Wilhelm. Der große Kurfürst von Brandenburg. T. 1.2. Göttingen u. a. 1971/1978. Dazu weitere ältere Literatur und die Quellensammlungen in Dahlmann-Waitz, 7. Aufl. 1906, Nr. 7235 ff. Traditionelle Sicht der Militärgeschichte: *Gerhard v. Pelet-Narbonne,* Friedrich Wilhelm. Der Große Kurfürst von Brandenburg, Berlin 1905. Gut geschriebener, sachkundiger Überblick: *Hermann v. Petersdorff,* Der Große Kurfürst, Gotha 1926; Unentbehrlich wegen der Frankreich-Quellen: *Hans Prutz,* Aus des Großen Kurfürsten letzten Jahren. Zur Geschichte seines Hauses und Hofes, seiner Regierung und Politik, Berlin 1897, 139 ff.; *Otto Meinardus,* Briefe des Großen Kurfürsten, in: FBPG 19 (1906), 115 ff.; Preußisch-positives, modernistisches Bild: *Georg Küntzel,* Die drei großen Hohenzollern, in: Erich Marcks / Karl Alexander v. Müller, Meister der Politik, Bd. 2, Stuttgart - Berlin 1922, 105 - 180; Ausgewogene, gelassene Bewertung: *Carl Hinrichs,* Der Große Kurfürst 1620 – 1688, in: Die großen Deutschen, Bd. 1 (1956), 577 - 599; Konzentrierte, interpretatorisch scharf pointierte Sicht: *Gerhard Oestreich,* Friedrich Wilhelm, Der Große Kurfürst, Göttingen 1971 (= Persönlichkeit und Geschichte, Bd. 65); Gut lesbare Zusammenfassung: *Ludwig Hüttl,* Friedrich Wilhelm von Brandenburg, der Große Kurfürst, 1620 – 1688, München 1981; Populärer, sachkundiger Überblick: *Bruno Gloger,* Friedrich Wilhelm. Kurfürst von Brandenburg. Biographie. Berlin (Ost) 1985 (2. Aufl. 1986); *Hans-Joachim Giersberg* u. a., Der Große Kurfürst. Sammler, Bauherr, Mäzen (Ausstellungs-Katalog), Potsdam 1988.

2 Nach *Martin Philippson,* Der Große Kurfürst Friedrich Wilhelm von Brandenburg, T. 3, 1660 – 1688, Berlin 1903 (Ndr.: Georg Schuster, Aus der Geschichte des Hauses Hohenzollern, Berlin-Lichterfelde 1915, 81) soll Friedrich Wilhelm jährlich rd. 54 000 Taler für die Jagd ausgegeben haben.

3 Berlin: Berlin im Jahre 1682, in: Mitt. d. Vereins f. d. Geschichte Berlins 7 (1890) 82 – 84; *Hans Jahn,* Berlin. Der Kern der Reichshauptstadt in seiner geschichtlichen Entwicklung von 1650 bis 1920, Berlin 1942; *Helga Schulz,* Berlin 1650 - 1800. Sozial-

„Festung“ Berlin mit Wällen (Kurtinen) und 13 Bastionen und Gräben, die er seit 1657 vom Feldmarschall von Sparr und vier niederländischen Festungsbaumeistern hatte aufführen lassen und die zumindest 1675 der Stadt Schutz gewährt hatten. Und über das „Wittchensteinbollwerk“ hinaus (am späteren Zeughaus) bemerkte er Teile des Hornwerkes vor der Dorotheenstadt, welches wie eine kleine Vorburg im Zuge der Behrenstraße die Spree erreichte. Erst 1683 konnte das Festungswerk mit dem Leipziger Tor (von Nering) vollendet werden. Am Oberteil des Tores war eine goldene Inschrift eingelassen: „Der Kurfürst Friedrich Wilhelm, der glückliche, fromme, tapfere, der die Grenzen der kurfürstlichen Gaue ausdehnte und erweiterte, hat diese Hauptstadt zum Schutze der Bürger, zum Schrecken der Feinde, zum Entzücken der Fremden durch neue Ansiedler vermehrt, mit Befestigungen umgeben, mit diesem Tore geschmückt im Jahre 1683[4].“ Wenige Monate nach des Kurfürsten Tode schlug ein Blitzstrahl in das Gemäuer und löschte die Worte „Fridericus“, „Elector“, „Felix“ aus. In der an abergläubischen Gemütern nicht armen Stadt wurde dies als ungünstiges Omen für Friedrich III. gedeutet. Wer sollte auf den Gedanken kommen, daß der Blitz das Wort „Elector“ fortgenommen hatte, damit dort nach dreizehn Jahren ein „Rex“ eingefügt werden konnte?

Von der mittelalterlichen Stadtmauer fand sich nun nicht mehr viel. Ein längeres Stück auf der berlinischen Seite war beidseitig mit Häusern und Buden bebaut. Die cöllnische Stadtmauer aber fiel schon 1680 zur Gänze der Spitzhacke zum Opfer, um der Friedrichsgracht vom Cöllnischen Wursthof bis zur Jungfernbrücke Raum zu schaffen — auf Befehl des Herrschers. Andererseits war nur der Berliner Stadtgraben zugeschüttet worden, während der Cöllner Graben noch als Abzugskanal ehrbare und weniger ehrbare Dienste zu leisten hatte. Auch hatte man wie in Amsterdam und anderen Wasserstädten die Ufer mit schweren Bohlen befestigt, um das Nachstürzen von Erdreich in das Flußbett zu behindern. Die Festungsstadt verfügte nur über wenige Zufahrten: das geräumige Georgentor nebst Festungstor im Norden, das neue Spandauer Tor im Festungswall, das Stralauer Tor und im Süden das Leipziger Tor.

Wenn sich der Kurfürst zur Stadtumschau durch die Gänge des Joachim-Schlosses in die ältesten Teile an der Spree begab, so blickte er auf viele

---

geschichte einer Residenz, Berlin (Ost) 1987; *Hans Jahn,* Berlin im Todesjahr des Großen Kurfürsten. Erläuterungen zum Perspektivplan von Johann Bernhard Schultz aus dem Jahre 1688, Berlin 1935 (= Schriften d. Vereins f. d. Geschichte Berlins, H. 55); *Eberhard Faden,* Berlin im Dreißigjährigen Kriege, Berlin 1927; *Hans Reuther,* Barock in Berlin. Meister und Werke der Berliner Baukunst 1640 - 1786, Berlin 1969.

4 Leipziger Tor: *H. Jahn,* Berlin (Anm. 3), 15; *Friedrich Adler,* Zur Geschichte der Befestigung Berlins, in: Märkische Forschungen 8 (1863), 213 - 220; *Heinz Schierer,* Die Befestigung Berlins zur Zeit des Großen Kurfürsten, Berlin 1939; *G. Schulz,* Die ältesten Stadtpläne Berlins: 1652 - 1757, Weinheim 1986. Die Inschrift am Leipziger Tor im Latein der kurfürstlichen Bibliothekare. Abriß des Tores um 1734.

neue Häuser in Berlin, doch durchsetzt mit einzelnen Bauten in Formen des Spätmittelalters oder der Renaissancezeit. Jahr um Jahr fielen weitere von diesen älteren Wohnhäusern, an deren Stelle dann ein „Capitalhaus" trat, wie es der Stadthauptmann Christian Koppen beispielsweise auf dem durch Heirat erworbenen Lindholzschen Grundstück (am Molkenmarkt) getan hat. Als beste Wohnlage für Amtsträger und Handelsherren in diesem Teil der Doppelstadt galten die Häuser zwischen der Nikolaikirche und der Rathausstraße. Dort wohnten in den Gebäuden von der Nagelgasse bis zum Rathaus der Freiherr von Löben, die Witwe des Jagdrats Peter Weitzke, der Amtskammerrat Lindholz und der Stadtrichter Wolf Christian Otto. Weiter nördlich in der Jüdenstraße lebten bereits überwiegend Handwerksmeister und Kleinbürger; nur das Eckhaus an der Georgenstraße gehörte der Witwe des kurfürstlichen Rates Dr. Stephan Eckardt, aus dem Friedrich Wilhelm I. dann das Gouverneurshaus gemacht hat. Immer noch begegnete man inmitten neuer bürgerlicher und einiger adliger Amtsträger den altbekannten Berliner Familien. In der Georgenstraße, Ecke Hoher Steinweg, stand das Haus der Erben des Konsistorialpräsidenten Petrus Fritze. Unweit davon an der Ecke zur Klosterstraße befand sich der Gasthof „Zur Goldenen Gans". Alle diese Hausfundamente liegen heute unter dem Asphalt einer überbreiten Schnellstraße. Zwischen der Heilig-Geist-Straße und der Spandauer Straße hatte sich der berühmte Hof-Goldschmied Daniel Männlich (1625 – 1701) angekauft; unweit von ihm wohnten Angehörige der neuen Hof-Bürgerschaft: der kurfürstliche Rat Johann Magirus, der Geld- und Silberhändler Caspar Salomon, der vor allem durch französische Zuwendungen vermögend gewordene Geheime Rat und spätere Minister Franz Meinders und der wohl auch mit Kreditvermittlungen für den Kurfürsten befaßte Bürgermeister (Meinhard oder Matthias) Neuhaus(en), aus Hamm gebürtig[5]. Die Eckhäuser am Hohen Steinweg, Ecke Burgstraße waren einerseits besetzt mit dem Bürgermeister Schardius (früher Weiler) und andererseits mit dem Joachimsthalschen Gymnasium. Davor flutete im Wintersonnenlicht der Verkehr über die aus Holz gebaute Lange Brücke. In den Häusern der Poststraße lebten kurfürstliche Kammerräte, die Familie von Burgsdorff, der Hauptmann von Canitz und der Kleinbankier und Apotheker Joachim Tonnenbinder (am Molkenmarkt, Poststraße 16). Vom Schloß aus sah man den spitzen Turm der Nikolai-Kirche und etwas weiter nach links gerückt die nicht ganz so hohen Türme der Klosterkirche am Rande der alten Freihäuser der Markgrafen und Kurfürsten. Dort in der Klosterstraße wohnte wiederum das wohlhabende Bürgertum, die Angehörigen der Wissenschaft und auch der Adel: die Frau des Bürgermeisters Tieffenbach, der kurfürstliche Kammerdiener Kunkel auf dem Grundstück der späteren Parochialkirche oder der kurfürstliche

---

5 Wohlhabende Bürger: *Arthur Strecker,* Franz v. Meinders, Leipzig 1892; Familie Neuhaus: *Hugo Rachel / Paul Wallich,* Berliner Großkaufleute und Kapitalisten, Bd. 2, 2. Aufl., Berlin 1967, 13 – 17.

(Steuer-)Oberempfänger Peter Franz Cautius (später Podewilssches Palais). In der anderen Richtung im „Hohen Hause“ besaß der Gouverneur des Kurfürsten seinen Amtssitz, und das Haus daneben war von der Kurfürstin nebst einem Waisenhaus dem neuen Dorotheen-Hospital draußen vor dem Georgentor geschenkt worden. Das alte Haus der Bischöfe von Lebus (Bischofstraße, nahe der Marienkirche) hatte 1669 der Generalkriegskommissar des Kurfürsten, Claus Ernst von Platen (1612 – 1669)[6] von den von Röbel erworben, und seine mit Pensionen ausgestatteten Erben residierten darin. Etwa dort endeten die vom Kurfürsten zu verlehnenden Grundstücke.

Es folgt zum kleinen Jüdenhof hin und an der Kalandsgasse ein Stadtviertel der kleinen Leute und der Ärmsten. Auch 1688 war das Soldaten- und Gesindeproletariat wie eh und je an den Stadträndern oder in den ungeregelt bebauten Vorstädten ansässig. In der Heidereutergasse nahe dem Heilig-Geist-Spital im Nordwestteil der Spandauer Straße wohnten die städtischen Forstaufseher und der von Fall zu Fall arbeitende Scharfrichter. An der Ecke gegenüber dem Spital lag der Gasthof zum Weißen Schwan (seit 1701 Apotheke, Fontanes Lehrstätte 1836 – 1839). Und noch etwas weiter zwischen der Bischofstraße und der Georgenstraße (heute Rathausstraße) befand sich 1688 das Landschaftshaus, der Mittelpunkt der Stände und ihrer Kassen, kaum dreihundert Meter von den Wohnräumen des Kurfürsten entfernt. Das nachmittelalterliche Aussehen des neuen Marktes um die Marienkirche hatte das Auge des Kurfürsten längst schon befremdet; 1671 befahl er, das Areal zu regulieren, Unebenheiten zu beseitigen und die Baufluchtlinien zu begradigen. In den Häusern um die Kirche wohnten Prediger und Predigerwitwen beider Konfessionen, auch der vielgewandte zweite Hofprediger und Miterzieher des Kurprinzen, Ursin von Bär, der dem Sohn seines Landesherrn demnächst noch in Königsberg bei Krönung und Salbung in kirchenrechtlich nicht sonderlich erhebender Weise als „Bischof“ behilflich sein sollte[7]. Und in der Rosenstraße, wo dann die ältere Synagoge der langsam wachsenden Judengemeinde errichtet worden ist, wirkte der kurfürstliche Sekretär Sturm und späterhin dessen Sohn, der Kammergerichtspräsident von Sturm. Die schmale Heilig-Geist-Straße, heute von glatten Hotelneubauten und vorläufig von grünem Flanierrasen bedeckt, bewohnten der Leibmedikus Dr. Martin Weise, der Amtsrat Michael Mathias, der Leibmedikus Dr. Pankow und der Geheime Rat von Somnitz[8]. Dem Kurfürsten zeigten sich über die Spree

---

[6] Generalkriegskommissar Klaus Ernst Graf v. Platen (+ 1669): *Friedrich Wolters,* Geschichte der brandenburgischen Finanzen in der Zeit von 1640 bis 1697, München - Leipzig 1915, 80 ff. Unzutreffend *H. Jahn,* Todesjahr (Anm. 3), 21. Es muß sich um die Platen'schen Erben handeln.

[7] Ursinus v. Bär (1646 – 1720): *Rudolf v. Thadden,* Die brandenburgisch-preußischen Hofprediger im 17. und 18. Jahrhundert, Berlin 1959, 188 - 191.

[8] Leibmedici: *Reinhard Lüdicke,* Geschichte der Berliner Stadtgrundstücke seit der Einführung der Grundbücher Ende des 17. Jahrhunderts, Bd. 1, Berlin 1933 (= Veröff. d. Histor. Komm. zu Berlin, Bd. 7, 2).

hinweg die teilweise bereits stattlich angebauten Hinterhäuser der Heilig-Geist-Straße. Die Architekten waren schon angewiesen worden, die Uferstraße auszubauen und die Spreekante zu befestigen, damit hier eine Schaufront herrschaftlicher Fassaden entstehen konnte.

Wenn sich der Kurfürst in das älteste Gemäuer des „Grünen Hutes", des Turmes an der Spree, begeben hätte, so wäre sein Blick über die Lange Brücke hinweg bis auf den Mühlendamm und auf das Gebiet des Amtes Mühlenhof gefallen, von wo aus die Hofhaltung versorgt wurde. 1683 hatte er die Mühlen neu aufbauen lassen. Auf dem Mühlenhof saß der Mühlenhofhauptmann mit eigener Gerichtsbarkeit. Und wer von dort über den Cöllnischen Fischmarkt zur Roßstraßen-Ecke fuhr, bemerkte ein Renaissancehaus, welches seit 1683 dem kurfürstlichen Feldmarschall Derfflinger, Bismarcks Vorfahr, gehörte. Er schuf sich bald nach 1688 hier ein Stadtpalais, denn er war im Dienste des Kurfürsten und durch glückliche Heiraten vermögend geworden[9].

Die Breite Straße dann, zum Schlosse führend, wurde von den Angehörigen der vornehmsten Berufe bevorzugt. Es war die Prachtstraße in der Residenzstadt. Hier hatte sich wohl ohne Zutun des Kurfürsten eine ältere Tradition fortgepflanzt. Ein geistlicher Besucher, Friedrich Lucae, zeigt sich schon 1667 begeistert: „Gleichwie der Churfürst selbst wohnen auch die vornehmsten Leute und Ministri in Cölln. Die Bürgerhäuser in Cölln sind daher auch prachtvoller als die in Berlin, sonderlich präsentieren sich die auf der Schloßstraße (d. h. der Breiten Straße) magnific.[10]" Demgemäß „residierten" vom Fischmarkt bis zum Marstall der reformierte Kammergerichtsrat (Friedrich Wilhelm?) Stosch(ius), der Konsistorialrat Meinhard Neuhausen, der Kammerdiener Kornmesser und viele andere der rd. 250 Hofleute bis in die Nebengassen hinein.

Das Ribbecksche Haus und der Marstall (mit zeitweise bis zu 200 Pferden) leiteten über zum Schloßbezirk mit dem Blick des Passanten auf die überragende Hauptfassade des *Schlosses*, vor der seit 1679 siebzehn Kaufgewölbe (Arkaden) lagen. Im Vorhof des Schlosses, von der Stechbahn aus, erblickte man rechter Hand das Kammergericht und den alten Dom, während zum Lustgarten hin sich der Münzturm erhob. Dort schlug der Münzmeister dem

---

9 Derfflinger: *Heinrich Banniza v. Bazan / Richard Müller,* Deutsche Geschichte in Ahnentafeln, Bd. 1, 2. Aufl., Berlin 1943, 181 – 183; *Hans Saring,* Georg Freiherr von Derfflinger, in: NDB 3 (1957), 605 f.

10 Friedrich Lucae 1667: *H. Jahn,* Berlin (Anm. 3), 25 f. In der Breiten Straße wohnte bis zum Tode 1679 Oberpräsident Otto v. Schwerin. Erbin war seine Tochter Louise Wilhelmine. Deren Mann, der ostpreußische Oberburggraf Ahasverus v. Lehndorff (1637 - 1688), veräußerte das Haus (25. 2. 1680) an den Kurfürsten für "3 000 Ducaten in Specie oder 7 000 Taler in jetzt marktgängigen 8- und 16-Groschenstücken". Vgl. *Wilhelm Hosäus,* Der Oberburggraf Ahasverus von Lehndorff, Dessau 1866, 165. Die Wertsteigerungsphasen der Berliner und Cöllner Hausgrundstücke im 17. und 18. Jahrhundert verdienen eine Untersuchung.

Kurfürsten die nicht selten sehr rar werdenden Taler. Das Hauptschloß dann zur Spree hin mit seinen beiden vorgesetzten Türmen enthielt in der Hinterfront im oberen Stockwerk die Gemächer der kurfürstlichen Familie[11]. Warf der Kurfürst von einem Fenster des Apothekenflügels ein Auge auf den 1646 begonnenen „Lustgarten", so erheiterte es sich an dem ebenso wie in Potsdam auch hier errichteten Pomeranzen- oder neuen Orangenhaus, an dem Lusthaus („Grotte") und an den Gerüsten eines Prachtbaues, den er im April 1687 zu schaffen befohlen hatte: das Haus für die kurfürstliche Bibliothek. Dieses letztgenannte Projekt (an der Stelle des heutigen Domes) ist jedoch von dem Nachfolger, offenbar auf Danckelmans Anraten, aufgegeben worden.

Das war die „Altstadt". Den Anstoß für den weiteren Ausbau der Hauptstadt, für Quartiere für Exulanten und Zuzügler aus Ost und West, hatte er selbst mit dem „Friedrichswerder"[12] gegeben, am Mühlengraben und nun im Todesjahr bewohnt unter anderm von dem Kammerdiener Eversmann, dem Anhalt-Zerbstischen Baumeister Simonetti oder dem Kammergerichts-Protonotar Samuel Plesse. Dort, wo später die Reichsbank ihren Neubau errichtete und heute nicht unwichtige Entscheidungen fallen, hatte der Akzise-Direktor und Kaufmann Stanislaus Rücker Hof und Garten bei den „Werderschen Mühlen". Und dann wohnten dort noch der Marinedirektor Raule und seit 1674 auch Eberhard von Danckelman, der „Oberpräsident", in einem von Nering geschaffenen „Fürstenhaus"[13]. Überhaupt hatte der Kurfürst in den letzten Jahren hohen Amtsträgern Huld und Dank häufig auf die Weise bezeugt, daß er ihnen im Umkreis des Werderschen Marktes Grundstücke verehrte, verbunden freilich mit der Erwartung, daß wohlhabende Persönlichkeiten wie der reiche Mühlenhauptmann von Götze oder der Marschall von Schomberg alsbald prächtige Wohnhäuser aufführen lassen würden. Schombergs Stadthaus erhob sich an der Stelle des heutigen Kronprinzenpalais. In der Dorotheenstadt[14] (unter diesem Namen vereinigte Gebiete

[11] Geschichte des Berliner Stadtschlosses: *Albert Geyer,* Zur Baugeschichte des königlichen Schlosses in Berlin I. Der Festsaal des Großen Kurfürsten, in: Hohenzollern-Jb. 1 (1897), 146 - 162; *Goerd Peschken / Hans-Werner Klünner,* Das Berliner Schloß. Das klassische Berlin, Berlin 1982; *Adelheid Schendel,* Der Große Kurfürst und seine Residenzen, in: H.-J. Giersberg u. a., Der Große Kurfürst (Anm. 1), 100 - 115.

[12] Friedrichswerder: *Gerd Heinrich,* Festung, Flüchtlingsstadt und Fürstenresidenz. Zur Entwicklung und Raumfunktion brandenburgisch-preußischer Neustädte im 17. und 18. Jahrhundert, in: Abh. a. d. Pädagogischen Hochschule Berlin, Bd. 1, Berlin 1974, 137 - 177; *August Butzke,* „Spezifikation aller Innwohner des Churfürstl. Friedrichswerders" [1667], in: Der deutsche Roland 27 (1939), 1 - 3; *Edgar Bielke,* Friedrichswerder 1720 - 1799; in: Berlin-Forschungen 1 (1986), 135 - 195. Eine eingehende Untersuchung der Frühgeschichte des Friedrichswerders wird von Erika Schachinger vorbereitet.

[13] Eberhard Danckelman: *Hans Saring,* Eberhard Danckelman, in: NDB 3 (1957), 503 f.

[14] Dorotheenstadt: *Otto Janke,* Dorotheenstadt (Unter den Linden), Berlin 1927; *William Pierson,* Kurfürstin Dorothea, die Gründerin der Dorotheenstadt zu Berlin, Berlin 1886.

beiderseits der „Linden“ zwischen Spree und Behrenstraße) wohnten anfänglich Kleinbürger, Handwerker und seit 1685 mehr und mehr Glaubensvertriebene. Lediglich die Südseite der „Linden“ wurde von unteren und mittleren Hofbedienten in Anspruch genommen. Es mag sein, daß der Kurfürst als ein rechter Stadtherr mit seiner Gemahlin manches Gespräch darüber geführt hat, wie man wohl verhindern könne, daß die „Leute“ aus den Budenhäusern zur neuen Auslage hin (Dorotheenstraße) nicht immer ihre Schweine unter den „Linden“ promenieren lassen; wenigstens der mittlere Gang müsse für den Humanverkehr geöffnet sein. Erst sein Sohn hat 1690 den Richter der Dorotheenstadt barsch aufgefordert, die Promiskuität von Viehzucht und Hofleben Unter den Linden zu unterbinden. Die Gedanken des Kurfürsten mögen auch in diesen letzten Wochen die im Bau soeben vollendete erste (reformierte) Dorotheenstädtische Kirche umkreist haben. Dort beteten die deutsche und die französische Gemeinde gemeinsam.

Die großen Leitwörter „Toleranz“, Merkantilismus und Militärwesen begegnen hier noch in weiteren Bauten: Beiderseits der späteren Neuen Wilhelmstraße lag der Schiffbauplatz des Kurfürsten; „Unter den Linden“, etwa gegenüber der heutigen Staatsbibliothek, waren die Artilleriehäuser des Generals von Weiler gebaut worden. Zweitausend Soldaten nebst Familien umfaßte nun die Garnison, deren Angehörige bei den Bürgern der beiden Altstädte im Quartier lagen. Die sozialen Probleme nahmen zu. Die Kurfürstin besaß im Norden der Dorotheenstadt auf der anderen Seite der Spree ein Areal, auf dem u. a. im 18. Jahrhundert Schloß und Park Monbijou entstanden sind. Überhaupt liebte man es, sich auf der Feldmark mit einem Sommerhaus in der Nähe alter Weinberge ansässig zu machen. So zogen sich in den Wiesen des Urstromtales teltow- und barnimaufwärts Einzelhöfe mit Anlagen, mit Spazierwegen und Gartenhäusern hin. Benjamin Raule hatte sich 1683 mit einem solchen Garten in Richtung Stralau einen Namen gemacht und den Neid der Besitzlosen geweckt. Was Raule recht war, konnte Herrn von Meinders nur billig sein; seine Einkünfte aus „Geschenken“ als französischer Gesandter beliefen sich auf 53 000 Livres. Raules Garten ist dann nach dessen Sturz 1699 von Paul von Fuchs mit einem gewissen Recht übernommen worden.

Der Kurfürst aber konnte mit seinem Rundblick zufrieden sein. Die Fundamente für eine konkurrenzfähige mitteleuropäische Residenz hatte er legen können, der Ausbauten in Potsdam[15] nicht zu vergessen. Berlin jedenfalls zählte etwa 20 000 Einwohner (1709: 49 955 Einwohner), hohe Geburtenraten und weitere Zuwanderung, auch von Juden (1688 kostete ein Niederlassungsprivileg 5 000 Taler), stimulierten das rasche Wachstum. Daß die „asiatisch prächtige Hofhaltung“ (Friedrich Nicolai) und das Militär sich nicht allein ernährten, ist sicher zutreffend. Aber daß nun, in den achtziger und

[15] Potsdam: *Udo Dräger / Gebhard Falk, / Hans-Joachim Giersberg* u. a., Potsdamer Schlösser, Leipzig 1986, 10 ff.; *A. Schendel,* Residenzen (Anm. 11), 102 ff.

neunziger Jahren, nach den bisherigen Maßstäben Brandenburgs geradezu riesige Summen über den „Hof" umgeschlagen wurden, Millionen Taler aus dem In- und Ausland, wird man als einen folgenreichen Vorgang nicht gering zu achten haben.

Joachim Friedrich Kornmesser bietet ein Beispiel für Karrieren an einem kapitalschwachen Hof. In Cölln 1641 als Sohn eines Balbierers geboren, hat er in jungen Jahren im Auftrage des Kurfürsten als Wundarzt Reisen nach Holland und Guinea unternommen. Nach 1668 gewinnt er die Vertrauensstellung eines Kammerdieners. Er bleibt engster Vertrauter und Günstling des Kurfürsten bis 1688 — ein „Fredersdorff" und „Eichel" in einer Person, wenn diese beiden Gehilfen und Mitarbeiter Friedrichs des Großen nicht unbestechlich gewesen wären. Er war Geheimer Kammerdiener und Rat. In der Liste der Zuwendungen des französischen Gesandten (1680 - 1684) steht er auf dem dritten Platz, nach Meinders und Fuchs. Zu seinem Jahresgehalt von 882 Talern erhält er 1680 - 1684 vom König von Frankreich 6 800 Taler, pro Jahr 1 350 Taler. Der kaiserliche Gesandte setzt 1685 / 86 auf Kornmesser 3 000 Gulden rheinisch und 2 000 Taler. Kornmesser, der bis in das Militärwesen hinein mit Spezialaufträgen von hoher Diskretion (1684) tätig war, hielt sich Tag und Nacht beim Kurfürsten auf, mußte ihn „des Nachts in allen seinen Schmerzen kehren und wenden und sonsten was erzählen und vorsagen". „Selbiger Gelegenheit", so berichtet von Fridag mit offensichtlichem Realismus nach Wien, „weiss er sich meisterlich zu bedienen und erhaltet hauptsächlich das französische Interesse und selbiger Kron Adhärenten bereits von geraumer Zeit; bringt alle odiosa wider E(uer) K(aiserliche) M(ajestät) dextre an und kann dem Herrn Kurfürsten in viele beibringen und abhalten, dergestalten, daß er auch die Kurfürstin selbsten *bei weitem übertrifft*; dahero wohl ein guter Theil des etwa für dieselbe destinirten (bestimmten) Regals abgezogen und nützlicher diesem Kammerdiener gegeben werden kann" [16]. Man gab ihm, und im quasi kurfürstlich-Kornmesserschen Kabinett, im innersten Ringe der Macht, fielen dann Entscheidungen, wie sie von Meinders, Raule und anderen für richtig gehalten wurden. Es stellt sich von diesem zeittypischen Beispiel aus die Frage nach den Prozeduren in außen- und innenpolitischen Fragen, nach dem komplexen „Selbstherrschertum" des Dynasten, der „selbst" seinen Beschluß verfügte, nachdem die Weichen oft genug gestellt waren. Hierin unterschied sich mehr als nur graduell die Kabinettsarbeit [17] des Kurfürsten Friedrich Wilhelm von

---

16 *H. Prutz,* Aus des Großen Kurfürsten letzten Jahren (Anm. 1), 139. Die singuläre Vertrauensstellung Kornmessers wird auch dadurch belegt, daß er es war, der unmittelbar nach dem Tode des Kurfürsten dem Nachfolger das geheimste Kästchen des Herrschers mit „wichtigen Schriften" (ohne das Haus-Testament) zu übergeben hatte. Eine Abbildung eines solchen „Kästchens" (mit den Bildnisstatuetten des Kurfürsten und der Luise Henriette, um 1650), in: *H.-J. Giersberg* u. a., Der große Kurfürst (Anm. 1), 85, 88.

der seines Enkels und Urenkels im 18. Jahrhundert. Bis zum Todestag blieb Kornmesser hart und geschickt die erste Stütze des leidenden Kurfürsten. 1688 heiratete er (in zweiter Ehe) die Tochter des Rotterdamer Bankiers und brandenburgischen Geheimen Rats Jean de Pedy, kaufte sich prestigebewußt in der Breiten Straße an und konnte schon 1690 testamentarisch 12 000 Taler nur an Legaten aussetzen. Er gab Geld in die Manufakturen und arbeitete in den Handelsgesellschaften als Condirektor, wurde 1706 auch erster Bürgermeister der vereinigten Residenzstädte. Das Vermögen des Kinderlosen, Häuser und Grundstücke, ging per Stiftung auf das nach ihm benannte Waisenhaus über. Ein guter Ausgang in diesem Falle.

Mit Händen zu greifen ist hier ein allgemeiner Vorgang: Am Hof, in der Arbeit für den Staat gewonnenes, zum Teil ausländisches „Subventions"-Kapital wird sogleich in der Berliner Residenzlandschaft angelegt und geht überwiegend in den Wirtschaftskreislauf ein. Eine Transfusion von Überschüssen vollzieht sich unter den mehr oder minder wachsamen Augen des Großen Kurfürsten, eine Transfusion von Kapital und Arbeit aus allen Provinzen zu Gunsten Berlins. Nahm der Kurfürst selbst Geld auf, so wurde es aus den ostpreußischen Bernsteingefällen, aus Wollerträgen der pommerschen Domänenämter, aus dem Schlagschatz der Ravensberger Münze und aus anderen Erträgen getilgt. Die Mark Brandenburg ringsum versorgte den Hof, belieferte die übrige Hauptstadt. Der Glanz im Zentrum des Staates wurde auch hier mit viel Armut und Lebenskälte „draußen" beglichen. Als es 1652 in Berlin an Arbeitskräften für die Schloßreparaturen fehlte, wies die kurmärkische Amtskammer kurzerhand den Schloßhauptmann an, mit Hilfe des Militärs Maurergesellen aus den märkischen Städten an die Spree schaffen zu lassen. Die Zeiten ändern sich, die Methoden bleiben im Grundsatz die gleichen: Berlin als Investitionsschwerpunkt der Monarchie, als Stätte der „Akkumulation", nun geschwinder ausgebaut von Jahr zu Jahr. Dies alles wurde mehr oder minder einträchtig betrieben von Christen und Juden, vorab von Israel Aron († 1673), dem Heeres- und Münzlieferanten, Hoffaktor, dem Importeur des Hofbedarfs über Hamburg und Amsterdam, dessen Firma der hochverschuldete Fürst dann ohne Rücksicht auf die Sekundärgläubiger zusammenbrechen ließ. Arons Witwe, die „Liebmännin", spielte jedoch noch lange eine bedeutende Rolle als Juwelenlieferantin des Hofes[18].

---

17 "Kabinett": *Gerhard Oestreich,* Das persönliche Regiment der deutschen Fürsten am Beginn der Neuzeit, in: Welt als Geschichte, Bd. 1 (1935), 218 – 237; Wiederabdruck: *G. Oestreich,* Geist und Gestalt des frühmodernen Staates, Berlin 1969, 201 – 232.

18 *H. Rachel / P. Wallich,* Berliner Großkaufleute ..., Bd. 2 (Anm. 5), 27 ff.

II. Wissenschaften und Künste

Friedrich Wilhelms Arbeit für Wissenschaften und Künste konnte noch nicht in allen Zusammenhängen erforscht werden[19]. In seinen Briefen dürfte viel Aufschlußreiches enthalten sein. Gewiß war er kein „Autor", begehrte für sich nicht die literarische Form. Gleichwohl schrieb er schwungvoll-klar und meist mit eigener Hand täglich Geschäftsbriefe, Fürstenbriefe, Instruktionen, kurze Weisungen. Die Erfordernisse der Staatspraxis bestimmten denn auch einen wesentlichen Teil der Sammelgebiete bei den Büchern, mit denen er sich umgab: Staatsrechtsliteratur, die Historie vor allem seines Jahrhunderts; die Hilfswissenschaften des Militärwesens interessierten ihn von der Artillerie über die Fortifikationslehre bis zur Geographie und Geometrie. Auch die Werke der Kartographie mit ihren nun rasch künstlerischer gestalteten Werken wurden gesammelt; Friedrich Wilhelms maritime Interessen traten verstärkend hinzu. Die Kenntnis asiatischer Hauptsprachen suchte er im Zusammenhang mit den China-Euphorien der Zeit zu fördern. Mit Recht betonte Ernst Opgenoorth, daß man den Kurfürsten zu den bedeutenden Bibliotheksgründern der frühen Neuzeit zählen könne[20]. Nicht zufällig hat der Kurfürst das Verhältnis zu den Fürsten in Braunschweig-Wolfenbüttel gepflegt, wo bis 1667 Herzog August der Jüngere eine einzigartige Sammlung geschaffen und überwiegend selbst katalogisiert hatte. 1688 umfaßte die Cöllner Schloßbibliothek bereits rd. 20 000 Werke mit fast 90 000 Bänden. Dazu kamen noch mehrere hundert Handschriften und das fürstliche Raritätenkabinett mit Belegstücken aus der Natur- und Völkerkunde. Den Anfängen naturwissenschaftlich-physikalischer Arbeiten in seinen Landen folgte er mit Aufmerksamkeit, wie sich am Beispiel des Magdeburger Ratsherrn Otto von Guericke zeigen läßt. Es ist keine Frage, daß die europäischen Bücher, die nach und nach in Berlin zusammengetragen wurden, fortan das geistige Leben in der Hauptstadt positiv beeinflußt haben, zumal nachdem sich die Berliner Gelehrtenrepublik seit 1685 durch die hugenottischen und sonstigen Gelehrten verstärkt hatte[21]. Ihnen allen wurde hier, wie im Falle des von Schweden erst einmal „leihweise" übernommenen Samuel von

---

19 Wissenschaften und Künste: Die Grundfragen erörtert Gerhard *Oestreich,* Fundamente preußischer Geistesgeschichte, in: Jb. Preuß. Kulturbesitz 1969 (1970), 20 ff.; *H.-J. Giersberg* u. a., Der Große Kurfürst (Anm. 1), S. 18 ff.; *J. C. C. Oelrichs,* Erläutertes Chur-Brandenburgisches Medaillen-Cabinett ... Zur Geschichte Friedrich Wilhelm des Großen. Berlin 1778. [Ndr., hrsg. v. *Winfried Baer,* Berlin 1988]; *Lore Börner,* Kurfürstliche Medaillen, in: *H.-J. Giersberg* u. a., Der Große Kurfürst (Anm. 1), 95 – 99.

20 *E. Opgenoorth,* Friedrich Wilhelm (Anm. 1), T. 1, 294, 397 f.; T. 2, 62 f., 354 ff.; *Hans-Erich Teitge,* Die "Churfürstliche Bibliothek zu Cölln an der Spree", in: H.-J. Giersberg u. a., Der Große Kurfürst (Anm. 1), 51 – 56.

21 Hugenottische und sonstige calvinistisch-reformierte Gelehrte: *Sieglinde C. Othmer,* Berlin und die Verbreitung des Naturrechts in Europa. Kultur- und geistesgeschichtliche Studien zu Jean Barbeyracs Pufendorf-Übersetzungen und eine Analyse seiner Leserschaft, Berlin 1970 (= Veröff. d. Histor. Komm. zu Berlin, Bd. 30).

Pufendorf, eine freie oder doch freiere Wirkungsstätte geboten, weil die zunehmend klarer bestimmte Glaubens- und Religionsfreiheit auch das allgemeine Denken erreicht hatte. Daß mancherlei Rivalitäten zwischen zugewanderten und einheimischen Gelehrten oder unter den weltverhafteten Theologen nicht ausblieben, daß sich Witz, Geist und Bosheit in konfessionellen Haarspaltereien und engbrüstigen Traktaten niederschlugen — wen wundert das in einer frühen Phase befreiteren Denkens? Es ändert nichts an der Leistung der Führungsschicht um den Landesherrn. Als sich dessen Regierungszeit neigte, herrschte fast so etwas wie eine Aufbruchstimmung der Frühaufklärung unter den führenden Köpfen, gleichviel ob bürgerlicher oder adliger Herkunft. Eberhard Danckelman, Ezechiel Spanheim, Paul (von) Fuchs, das sind die bekannten Namen; einige zwanzig müßte man hinzusetzen, um den Kreis der Kulturdenker und -lenker um 1688 zu erwähnen. Die wesentliche Tatsache bleibt, daß zu diesem Zeitpunkt der Anschluß an die Geistesströmungen in Europa erreicht war[22]. Das ist geschaffen worden in der spröden Wirklichkeit Brandenburg-Preußens ohne Einheitlichkeit von politischer Landschaft und Staatsvolk. Die Bedeutung der Wissenschaften war nunmehr deutlicher als je zuvor begriffen worden. Schon ging man mit dem Plan für eine weitere Universität um, die in den 1680 erworbenen magdeburgisch-halberstädtisch- sächsischen Landesteilen ihren Standort erhalten sollte (Universität Halle, 1693).

Bei alledem wird man die niederländischen und die französischen Einflüsse zeitlich jedenfalls nicht so scharf scheiden können, wie es geschehen ist[23]. Das westöstliche Kulturgefälle und die daraus erwachsenden Aufgaben sind

[22] Mitarbeiter: *Emil Sigas,* Briefe Samuel v. Pufendorfs an Christian Thomasius (1687 - 1693), München 1897; *Fritz Salpius,* Paul v. Fuchs, ein brandenburgisch-preußischer Staatsmann vor 200 Jahren, Leipzig 1877; *Gerhard Oestreich,* Paul Freiherr v. Fuchs, in: NDB 5 (1961), 682 f.; *Ernst Fischer,* Die offizielle brandenburgische Geschichtsschreibung zur Zeit Friedrich Wilhelms, des Großen Kurfürsten (1640 – 1688), in: ZPGLK 15 (1876), 1 – 54. Sonstige Führungsschichten: *Julius Laumann,* Von brandenburgisch-preußischen Gouverneuren und Kommandanten in Magdeburg, in: Sachsen und Anhalt 17 (1943), 146 - 208.

[23] West-Einflüsse: *Georg Galland,* Hohenzollern und Oranien, Leipzig 1911; *G. Oestreich,* Fundamente (Anm. 19), 30 ff.; *Ders.,* Friedrich Wilhelm (Anm. 1), 93 ff.; *Leopold v. Ledebur,* Vorträge zur Geschichte der Mark Brandenburg, gehalten im Jahre 1853 im Verein für Geschichte der Mark Brandenburg, Berlin 1854 (Einfluß der Niederländer); *Gerd Heinrich,* „Die isolierte Provinz". Brandenburg-Preußen und Kleve seit dem 17. Jahrhundert, in: Klaus Flink, Kleve im 17. Jahrhundert, Kleve 1980, 9 – 31, bes. S. 18 ff. Dazu jetzt die knappen, aber präzisen Beiträge bei *H.-J. Giersberg* u. a., Der Große Kurfürst (Anm. 1), von: *Gerd Bartoschek* (Lebensweg und Künste, 18 - 37); *H.-J. Giersberg* (I. M. von Nassau-Siegen / Afrika, 38 - 48); *Helga Keller* (Chinesische Bücher, 56 – 60); *Claudia Meckel* (Kunstkammer, 60 – 68); *Gerald Heres* (Antiken, 69 - 72); *Hans-Dietrich Schulz* (Sammler antiker Münzen, 73 – 79); *Karola Paepke* (Bernstein, Glas, Fayencen, Textilien-Kunsthandwerk und Manufakturen, 79 – 94); *Saskia Hüneke* (Bildhauer, 118 – 126); *Burkhardt Göres* (Möbel, 127 - 133); *Gerd Bartoschek* (Malerei, 134 – 148), sämtlich mit weiterführenden Literatur- und Quellenangaben.

dem Kurfürsten besonders bewußt gewesen. Wie auf einer langen Schiene sind über Kleve und die mittleren Landesteile kulturelle Einflüsse und Kunstfertigkeiten bis in den Nordosten übertragen worden. Flämische und niederländische Künstler, vor allem Hofmaler und Bildhauer, arbeiteten dem Herrscher, den Residenzen und damit der „Staatsgesellschaft“ zu. Bis zuletzt hat Friedrich Wilhelm als kundiger Sammler und längst auch als Fachmann Freunde, Agenten und Produzenten im Westen und Süden des Reiches mit Wünschen und Kaufprojekten in Atem gehalten. Je älter er wurde, desto mehr Geschmack fand er an der künstlerischen Pracht, an dem Verherrlichen der Regenten- und Krieger-Tugenden. Der Bankier und Kunstagent Nicolas Formont in Paris, den Friedrich Wilhelm im April 1683 zu seinem Import-Kommissionär ernannte, hatte dem Kurfürsten außer wissenschaftlichen Büchern, Zeitschriften und Kupferstichen von Personen und Ereignissen auch Abbildungen beachtenswerter Vorgänge der Architektur- und Ingenieurkunst, des Fortifikationswesens und der Bildenden Künste nebst regelmäßigen Berichten zugehen lassen. Der Kurfürst war also auch im Alter noch vor dem Zuzug der Hugenotten über vieles unterrichtet, was in Paris geschaffen wurde, obschon die Beziehungen zu den Niederlanden noch einen gewissen Vorrang besaßen. Als dann die Refugiés kamen, vom Hofadel bis zu Künstlern und Handwerkern, nutzte er deren Gewerbekünste alsbald auch für Bilder seiner Erfolge. Hier war es Pierre Mercier, ein „Tapissier“, der als Probestück 1686 ein brandenburgisches Wappen mit dem Reiterbild Friedrich Wilhelms schuf und schon im November eine kleine Staatsmanufaktur mit neun Gehilfen eingerichtet erhielt, in der die dekorativen Wandteppiche entstanden sind. Aber die Kartonvorlagen der dargestellten Kriegshistorien zeichneten doch wieder Niederländer wie Rutger von Langerfeld, die Brüder Casteels und der herausragende Abraham Cornelius Begeyn. Als der Kurfürst starb, waren die Teppiche in Arbeit; gesehen hat er wohl keinen mehr. Die Mittel Brandenburgs blieben begrenzt, Schulden durften wegen der Kunst- und Kulturimporte nicht entstehen. Aber viel Beispielhaftes der älteren und jüngeren Kunstwerke Europas sollte in der Residenz vereinigt werden. Das geschah, und man begreift es heute als den Anfang der systematischen Arbeit an der Kunstschatzstätte Berlin[24].

III. Kirchenfrieden und Toleranz

In einem mehrkonfessionellen Staate wie Brandenburg-Preußen war es schwierig, den Kirchenfrieden zu erhalten[25]. Friedrich Wilhelm hat den Re-

---

24 *Helmut Börsch-Supan,* Die Kunst in Brandenburg-Preußen, Berlin 1980, 31 – 58.

25 Kirchenfrieden, Toleranz: *Gerd Heinrich,* Toleranz als Staatsraison. Ursachen und Wirkungen des Potsdamer Ediktes (1685), in: Festschrift Otto Büsch, Berlin 1988, 30 ff.; *Ernst Opgenoorth,* Die Reformierten in Brandenburg-Preußen. Minderheit und Elite? in: ZHF 8 (1981), 439 – 459; *Jürgen Wilke,* Die Französische Kolonie in Berlin,

formierten insgeheim oder offen manche Vorteile zugehen lassen. Dies nahm er als sein gutes Recht in Anspruch. Aber das „Land“ in der Mark, in Hinterpommern oder in Preußen widerstrebte den Versuchen, das reformierte Bekenntnis zur zweiten Landeskonfession neben dem älteren Luthertum zu erheben. Eine „Union“ zwischen Reformierten und Lutheranern, wie sie Friedrich Wilhelm wohl immer wieder einmal im Einklang mit ähnlichen europäischen Plänen erwogen, aber 1668 auch abgelehnt hat, war nicht erreichbar. Über lutherisch-reformierte Simultan-Kirchen kam man nicht hinaus. Die Katholiken behandelte er grundsätzlich nach den Artikeln des Westfälischen Friedens bzw. entsprechend den Verträgen mit dem Königreich Polen und mit Pfalz-Neuburg. Aber in vielen Fragen der gesamtprotestantischen Verantwortung im Hinblick auf die Bedrückung der Nichtkatholiken in Europa erhob Friedrich Wilhelm immer wieder mit Mut und Ausdauer Einspruch, drohte auch mit Interventionen, und dies nicht erst seit 1685. Mit seiner Kirchenpolitik gewann er zuletzt ein bedeutendes, ja ein fast unvergleichliches Ansehen. Brandenburg-Preußen galt nun bis in die savoyischen Täler hinein als ein Land, in dem man eine Heimstatt finden könne, wenn man wegen des Glaubens für immer in die Fremde abwandern müsse. Der 1688 erreichte Stand in der Religions- und Gewissensfreiheit mit ihrer deutlich im Naturrecht[26] begründeten humanitären Gesinnung erhob Brandenburg auf einen Rang noch vor den Niederlanden oder vor dem ebenfalls konfessionell gemischten Königreich England. Mit einem Wort: Um 1688 befand sich der Kurfürst nach manchen Irrwegen des eigensinnigen und unnötig harten Eingriffs, vor allem in den Jahren bis 1670, kirchenpolitisch in der Spitzengruppe jener europäischen Länder, deren Führungsgruppen die vielfachen Vorzüge von Kirchenfrieden und Toleranz zu begreifen begonnen hatten.

IV. Köpenicker Amtsherrschaft: Kurprinz Friedrich im Wartestand

Wer die letzten Jahre Friedrich Wilhelms genauer betrachtet, hat den Kurprinzen Friedrich und seinen Anhang in das Bild der Dynastie und der Residenz mit einzubeziehen[27]. Ältere Werke zeigen ihn als eine Gestalt von

in: H. Schulz, Berlin (Anm. 3), 353 – 438; *Ulrich Busse*, Die Kurfürsten Friedrich Wilhelm und Friedrich III. von Brandenburg als Förderer der Reformierten in Dänemark, in: Der deutsche Hugenott 44 (1980), 42 – 44.

26 Naturrecht: *Hans Thieme* (Hrsg.), Humanismus und Naturrecht in Berlin-Brandenburg-Preußen. Ein Tagungsbericht, Berlin 1979 (= Veröff. d. Histor. Kommission zu Berlin, Bd. 48), 16 – 27 u. 50 - 54 (Gerhard Oestreich).

27 Friedrich (III.): *Karl Frhr. v. Ledebur*, Friedrich I. König von Preußen. Beiträge zur Geschichte seines Hofes sowie der Wissenschaften, Künste und Staatsverwaltung seiner Zeit, Bd. 1 Leipzig 1878, Bd. 2 1884; *Julius Großmann*, Jugendgeschichte Friedrichs I., in: Hohenzollern-Jb. 4 (1900), 10 – 51. Zusammenfassung des Forschungsstandes mit traditionellen Akzenten: *Linda* und *Mascha Frey*, Friedrich I., Preußens erster König, Graz 1984.

geringem Selbstvertrauen, nur mit einem Bruchteil der körperlichen und geistigen Kräfte seines Vaters ausgestattet. Kein künftiger Held eines neuen „Fehrbellin“, so mochte auch der Vater gedacht haben, wenn er den mit einem Rückenschaden Geschlagenen betrachtete. Die „anfällige Gesundheit“ wird hervorgehoben. Der nicht mehr ganz junge Prinz sei verschlossen und unsicher gewesen. Kein Wunder, war er doch seit dem zehnten Lebensjahr mutterlos aufgewachsen. Das kraftvolle Bild des Großen Kurfürsten einerseits, der fast in sich zusammengesunkene, jedenfalls behinderte Hermelinträger andererseits. Geschichtsbilder. Man kennt es aus der Kronprinzenzeit des „Soldatenkönigs“: die kleine fiskalisierte Hofhaltung von Wusterhausen als Keimzelle der Staatsreform. Aber Kurprinz Friedrich verfuhr und lebte in den Wartejahren auf den Thronwechsel ganz ähnlich. Seit 1669 besaßen die beiden ältesten Söhne das Amt Köpenick. In der Schenkungsurkunde vom 4. Oktober 1669 heißt es, der Kurfürst habe beschlossen, den Prinzen, die durch eifriges Studieren sein Wohlgefallen erregt hätten, „zur ergötzlichkeit Zeit Unseres Lebens aus der zu Ihrer Lbd. Lbd. hinwiedertragenden gnädigen und Väterlichen affection Unser Ampt Cöpenick zu übergeben und einzuräumen dergestalt und also, daß sie dasselbe mit allen dazugehörigen Pertinenzstücken, als die Dörffer Biestorf, Bohnstorff, Wendischen Walterstorff, Ranstorff, Rudow, Zühten (= Zeuthen), Schmockwiz und Marzahn, auch was sonsten zu dem Ambte an Dorffern, Vorwerkgern, Schäfereyen, Meyereien, so hierin benand, bißher gehöret, nebst Unterthanen, Diensten, Zinsen, Zehenden, Pächten, Äckeren, Wiesen, Gärten, trifften, Hütungen, Fischereyen, Ober- und Niedergerichten, Kirchenlehn und andern gerechtigkeiten, wie die Nahmen haben mögen, nichts überall davon ausgeschlossen: ausser die Einnahme der Holz- und Mastgelder, welcher Wir nachwievor bey Unser Chatouille, ingleichen die Contribution bey Unser Kriegs Cassa und Ius Superioritatis wie auch die Jagdten Uns vorbehalten wollen: — die Ihr solches alles, biß daher genossen und gebrauchet, ganz frey und ungehindert genießen, gebrauchen und damit schalten und walten mögen; Wie Wir dan Ihrer Lbd. Lbd. solches Ambt sambt denen daselbst befindlichen Amtsdörffern und gebäwden, auch allen anderen dazu gehörigen Pertinentien durch gewisse Commissarien ehästes anweisen, imgleichen bestälte Wintersaat, Viehe und fahrnüs tradieren und übergeben laßen wollen. Wir versprechen auch ferner gnadiglich, daß wann Unsere Vielgeliebte Söhne noch weiter sich gehorsamblich und fleissig im studiren erweisen werden, daß wir Ihnen alsdan zu vermehrung dieses Ampts noch einige mittel darreichen lassen wollen. Und Wir Friederich Wilhelm Churfürst tradieren und übergeben krafft dieses aus Landesfürstlicher Hoheit, Macht und Gewalt hochgedachten Unseren beeden Churfl. Ältesten Prinzen, wie obstehet; gestalt Wir dan Unseren iezigen und kunftigen Beambten zu Cöpenick gnedigst anbefehlen, sich hiernach gehorsambst zuachten . . .“ [28].

---

[28] Amt Köpenick: *Walter Friebe,* Schloß Köpenick, in: Zs. f. Bauwesen 57 (1907), 506 – 540; *J. Großmann,* Jugendgeschichte Friedrichs I. (Anm. 27), 10 – 59. Die Köpe-

Nach dem Tode seines Bruders Karl Emil (Aemil, 1674) „regierte" Friedrich dort allein. Er schuf sich eine Herrschaft eigener Art, die manches über sein frühes „Staats"-Bewußtsein verrät. Er ließ Gebäude errichten, insbesondere ein kleines Zeughaus, in dem Geschütz und anderes Rüstzeug aufbewahrt wurden, wofür er Soldaten unterhielt. Auch richtete er sich ein Jagdhaus ein, in dem alles untergebracht war, was er für das Waidwerk in den hohen Wäldern brauchte, wenn er dort mit einigen Freunden, Hofleuten und Heidereitern, mit Hunden und Netzen auf Wildfang ging. Am Ufer in der Nähe des seit 1677 im Ausbau befindlichen Schlosses wurde wie am Berliner Schiffbauerdamm eine Werft betrieben; dort lagen die Segeljachten des Kurprinzen vertäut. Im Schloß entstand, nach dem Vorgange seines Vaters und mit Beihilfe Danckelmans, eine erste Bibliothek, die wohl später mit der Bibliothek im Stadtschloß vereinigt worden ist. Die Säle schmückten gute Bilder aus oranischem Erbe[29]. Auch schuf er sich mit früh erwachtem Sinn für in Metall geschlagene Herrscherbildnisse eine Medaillen- und Münzsammlung; Berliner Silber- und Goldschmiede hatten ihm schon vor 1684 ein prachtvolles silbernes Service mit seinem Wappen gearbeitet. Erwähnt wird Geschirr aus Bergkristall. So ist das alte Burgschloß Schritt um Schritt zu einer barockfürstlichen Nebenresidenz umgestaltet worden. Friedrich gab Geld für die Schloßkapelle (Baubeginn 1682), versammelte dort die reformierte Gemeinde (schon vor 1685) und schenkte dieser Einkünfte in Mahlsdorf, welches 1676 gekauft worden war. Überhaupt hat er aus eigenem Willen und auf eigene Rechnung — wie später sein Sohn — das Köpenicker Amt durch Zukäufe 1677 (Glienicke), 1681 (Stahnsdorf) und 1683 (Wendisch Wusterhausen) erweitert. Als der Landesherr von Köpenick sein erstes Testament als Witwer (1684) im Berliner Schloß errichtete, fehlte neben allen weltlichen Bestimmungen nicht das mildtätige Vermächtnis: der Aufbau eines Armenhauses im Geiste des Frühpietismus[30] wurde mit 2 000 Talern gesichert.

Man vermag sich den schmächtigen Kurprinzen nur schwer hoch zu Rosse, Baustellen an Spree und Dahme besichtigend, vorzustellen. Aber in den Stallungen standen drei Reitpferde, die er dem Vater für den Fall vermachte, daß der Tod auch ihn, wie den geliebten Bruder, vorzeitig hinwegraffen sollte. Die Herrschaft an der Dahme war für Friedrich, der 1688 bereits das

---

nicker Urkunde für die Prinzen: Staatsarchiv Potsdam, Pr. Br. Rep. 7, Amt Köpenick, Urkunden: Nr. 11; Abb. in: *H.-J. Giersberg* u. a. (Anm. 1), 112. Demzufolge sind Angaben in der älteren Literatur (*Spatz,* Teltow) zu korrigieren.

29 Kunst aus oranischem Erbe: *Hermann v. Caemmerer,* Die Testamente der Kurfürsten von Brandenburg und der beiden ersten Könige von Preußen, Minden - Leipzig 1915, 264: Die Statue des einen Bogen schnitzenden Amor von Disquesnoy (um 1915: Kaiser Friedrich Museum, Berlin). *Helmut Börsch-Supan,* Die Gemälde aus dem Vermächtnis der Amalie von Solms ..., in: Zs. f. Kunstgesch. 1967, 144 ff.

30 Frühpietismus: *Carl Hinrichs,* Preußentum und Pietismus, Göttingen 1971, 3 ff., 18; *Klaus Deppermann,* Der hallesche Pietismus und der preußische Staat unter Friedrich III. (I.), Göttingen 1961.

dritte Jahrzehnt überschritten hatte, so etwas wie der Paradeplatz, aber auch ein Lustort in der Hoffnung künftigen Regierens. Der westfälische Bürger-Jurist Eberhard Danckelman, welcher ihn seit 1663 als „Ephorus" (= Erzieher) und später als umsichtig-besorgter Hausminister bei dem rasch aufwendiger werdenden Ausbau der Herrschaft Köpenick unterstützte, sah sich bald nicht in der Lage, eine sparsam-spartanische Wirtschaft durchzusetzen. Friedrich verwandte Geldgeschenke seines Vaters (aus anstehenden „spanischen" Subsidien) für Herrschaft und Hofstaat. Zwei Jahre vor dem Regierungswechsel dürften am Köpenicker Hof mehr als 40 männliche Personen tätig gewesen sein, neben Soldaten und Gesinde. Der Kurprinz geriet denn auch in Schulden. Er mußte, für den Fall des Todes, den Vater ersuchen, ihm mit Sonderbeträgen beizuspringen. Bis zum Mai 1688 hat er sich mit Krediten durchgeholfen, wobei ihm sein Hofjude Jost Liebman behilflich gewesen ist. 1688 waren aus Juwelenlieferungen aber bereits 52 000 Taler Schulden aufgelaufen. Den eigenartigen, neurotisch anmutenden Umgang mit barem Gelde und mit Juwelen, die Lust an einem Nibelungenhort im Gewölbe, hatte Friedrich wohl von seiner mütterlichen Großmutter Solms-Braunfels geerbt[31]. Dem alten Kurfürsten ist nicht verborgen geblieben, daß die Tugend der Sparsamkeit bei diesem Sohn nicht ausgebildet war. Er jedenfalls vermochte dem Nachfolger rd. 650 000 Reichstaler in bar oder in sicheren Forderungen zu hinterlassen und erschwerte den Regierungsantritt nicht durch größere Schulden.

V. Friedrich Wilhelm bestellt sein Haus

Als das Jahr 1688 eingeläutet wurde, hatte der erbittert geführte und auf den Hof ausstrahlende Streit um die Anteile des territorialen Erbes zwischen dem Kurfürsten einerseits und dem Kurprinzen und dessen heißblütiger Gemahlin andererseits nach außen hin viel von seiner Schärfe verloren; arbeiteten doch die Geheimen Räte und vor allem Danckelman auf Versöhnung und auf das Einhalten der Formen hin. Die Oranier und der hessische Landgraf in Kassel, daneben auch der französische Gesandte suchten die Entfremdung zwischen Vater und Sohn zu überwinden.

Friedrich Wilhelm hatte seit 1683 das ererbte Gicht- und Wassersuchtleiden bemerken müssen, das ihn an die Grenzen seiner Tage mahnte. Anfang April 1688 meinten die Leibärzte, das Ende stünde bevor. Aber ein in Krieg und Jagd geübter Körper wie der des äußerlich so stark erscheinenden Brandenburgers verfällt nicht in wenigen Tagen. Er stand im neunundsechzigsten Lebensjahr. Das war ein hohes Alter. Die Durchschnittslebenszeit seiner

---

31 Thesaurierungszwänge: *Carl Hinrichs,* Das Ahnenerbe Friedrich Wilhelms I. (zuletzt), in: C. Hinrichs, Preußen als historisches Problem, Berlin 1964, 80. Auch beim Haus Oranien findet sich der Hang zum Midas-Königtum.

vier Urgroßväter (fünfundfünfzig Jahre) hatte er nun schon weit hinter sich gelassen; so mochte er mit Recht seit Ende April die Gedanken dem Acheron zuwenden. Bis dahin aber scheint er die Zügel der Regierung wohlgestützt in Händen gehalten zu haben, vor allem im Hinblick auf auswärtige Staatsaktionen. Nach krankheitsschwerer Nacht ließ er am Vormittag des 7. Mai den Thronfolger und die Geheimen Räte in seine Potsdamer Gemächer kommen und präsidierte ein letztes Mal der Chefberatung[32]. Er verwies auf Erfolge und Höhepunkte der mit Gottes Hilfe langen Regierungszeit, erinnerte an die Interessenlage Brandenburg-Preußens und nahm bewegt dankend Abschied von einem jeden der engeren Räte, denen er seinen Sohn empfahl. Den Kurprinzen sprach er vor allen unmittelbar an: „Ich übergebe Euch nun die Regierung und ermahne Euch, sie in denselben Grundsätzen zu führen, die mich geleitet haben. Mögt Ihr den Ruhm, den ich Euch vererbe, bewahren und mehren[33]." Damit war der Nachfolger öffentlich verpflichtet worden, das Prestige des Hauses und der Herrschaft nicht absinken zu lassen, die Rüstung nicht zu vernachlässigen und den Untertanen mit landesväterlicher Umsicht zu begegnen. Auch solle der Kurprinz die Räte in ihren Arbeitsbereichen belassen, damit alles seinen eingespielten Gang gehen könne. Zum Abschluß antworteten wie üblich die Räte reihum. Zuerst der alte Feldmarschall Schomberg. Um den todnahen Fürsten zu schonen, unterließ man es, außenpolitische Themen vorzubringen. Die Abschiedstränen des Fürsten erschütterten, wie es heißt, die Anwesenden.

Das Gespräch unter vier Augen, einige Zeit später, zwischen dem Vater und dem Thronfolger hat wohl überwiegend den Lebensfragen des Staatswesens gegolten, zumal Friedrich Wilhelm sein „Politisches Testament" von 1667 nicht erneuern wollte. Der Kurfürst hielt es für ausreichend. Fragen des privaten Testaments beriet er nicht mit dem Nachfolger, vielmehr mit demjenigen, der mit ihm in diesem letzten Jahr einige der tiefsten politischen und persönlichen Geheimnisse teilen durfte, mit Paul Fuchs, den er incognito nach Holland sandte und der 1683 nicht zufällig den Adelstitel vom Kaiser erhalten hatte.

So ließ der Kurfürst noch am 8. Mai, mittels eines Kodizills zum Testament, seinen Kindern aus zweiter Ehe 150 000 Reichstaler zukommen, um die Tränen der Kurfürstin erneut etwas zu lindern. Gleichwohl blickte diese als Mutter von sechs Kindern sorgenbeschwert in die Zukunft. Das Testament (1680, 1688), in Wien hinterlegt, sicherte ihren Söhnen zwar Sekundogeniturrechte in verschiedenen Herrschaften und ihr selbst das Amt Tilsit und die Herrschaft Potsdam zu; aber sie mußte befürchten, daß sich ihr Stiefsohn Friedrich für manche weibliche Unklugheit revanchieren würde. Die Masse

---

32 Letzte Sitzung 7. Mai 1688: *H. Prutz,* Aus des Großen Kurfürsten letzten Jahren (Anm. 1), 401 - 403; *E. Opgenoorth,* Friedrich Wilhelm (Anm. 1), T. 2, 325 f.

33 Ansprache des Kurfürsten u. a.: *G. v. Pelet-Narbonne,* Friedrich Wilhelm (Anm. 1), 101 f.

der „Schätze" des Kurfürsten ging erst einmal an sie über: rd. 1 200 Gemälde (und Zeichnungen?) im Werte von 31 174 Talern, dazu der ganze in Potsdam befindliche Schmuck nebst Gold und Silber (141 740 Taler); insgesamt wurde bald nach ihrem Tode (6. August 1689) ihr beweglicher Besitz älteren und neuesten Datums auf 706 573 Taler geschätzt. Ein erstaunlicher Schatz auf brandenburgischem Sande. Dieses Vermögen fiel ausschließlich ihren Kindern zu, ebenso wie die Summe von 160 000 Talern, mit denen Friedrich III. die Herrschaft Potsdam gemäß dem Willen seines Vaters auszulösen hatte[34].

Alles sollte im Sterben des Fürsten geordnet sein. Er war bemüht, dem Hof ein erinnerungswürdiges Beispiel barock-fürstlicher „Sterbekunst" zu geben. Ein Augenzeuge erinnerte sich: „Die Seinen haben hier lernen können, wie man sterben muß". So könnte man fast von einer Sterbe-Zeremonie sprechen. Dazu gehörte, wie eh und je, das Gebet und Trostgespräch mit den Hofpredigern, das Segnen der Kinder und auch der hochschwangeren, von ihm der Leichtlebigkeit verdächtigten Schwiegertochter von der Schlafstatt aus. Wen immer er vormals in Hitzigkeit oder mit ungutem Herzen gekränkt zu haben glaubte, den bat er ernstlich um Verzeihen. Dieses geschah zu wiederholten Malen. Das Denken war noch so rege, daß er mit den Hofpredigern fromme Gedanken austauschte, während draußen auf dem Schloßplatz Potsdamer Bürger wohl schon zu den Fenstern aufblickten. Die Fürsorge für die französischen Konfessionsverwandten bewegte ihn bis zuletzt; der Kurprinz empfing einen entsprechenden Hinweis. Mit dem Satz: „Komme, mein Jesu, bald, ich bin bereit" nahm er am Morgen des 9. Mai seinen Abschied von der Welt, — bis ins Scheiden hinein ein klassischer Regent. In der Agonie ruhte sein Blick auf einer Vanitas-Darstellung, wohl den Tod und ein von allem Irdischen befreites Mädchen zeigend, die personifizierte Zeit, die sich von der Wahrheit des Todes umarmt sieht. Von den Sekunden des Sterbens dann hat der Minister Paul von Fuchs seinen Eindruck der Nachwelt überliefert: „Ganz sanft und selig, ohne einige Veränderungen der Gestalt hat er selbst mit Neigung des Hauptes die Augen geschlossen[35]."

---

[34] Vgl. *H. v. Caemmerer,* Testamente (Anm. 29), 284 f. Die Angaben aus dem Nachlaßinventar der Kurfürstin Dorothea von 1689/90 bei *G. Bartoschek,* Malerei (Anm. 23), 135. Das Inventar sollte der Forschung in einer Edition zugänglich gemacht werden.

[35] Berichte vom Tod: *Johann Gustav Droysen,* Geschichte der brandenburgisch-preußischen Politik, Bd. 3, 1 – 3, Leipzig 1861 - 1865, 3; *G. v. Pelet-Narbonne,* Friedrich Wilhelm (Anm. 1), 102; vgl. auch *Hans Saring,* Zeitgenössische Berichte über die letzten Tage und den Tod des Großen Kurfürsten, in: Deutsches Adelsblatt 56 (1938), 1256 f.

VI. Regierungsbilanz

Vieles deutet darauf hin, daß Friedrich Wilhelm in seinen letzten Wochen und bis zur Zusammenkunft des Geheimen Rates am 7. Mai mit der politischen Bilanz der Regierungszeit immer wieder seine eigene Lebensarbeit bedacht hat. Ihm mag bewußt gewesen sein, daß der Tod keine Zäsur bedeuten würde. Die Übergänge blieben fließend. Alles lebte, stritt und strebte weiter, nur er starb, hinterließ wohl eine Lücke. Ein Atemanhalten, so mochte er denken, würde durch Stadt und Land gehen, Trauerzeit, Glockenläuten, Kondolenzen. Dann der Sohn. Er hatte ihm das „Pferd", die Herrschaft, gesattelt. Reiten mußte er selbst inmitten der Winkelzüge der Mächte, wo kaum einer dem anderen etwas gönnte, wo das Reich in Gefahr war, in den europäischen Streitfällen und Kriegen mehr und mehr zerrieben zu werden. Rückhalt mußte an den neuen Bündnissen mit Holland, Schweden und dem Kaiser gewonnen werden. Die Gesandten hatten ihre Instruktionen. Brandenburg, auf sich gestellt, war auf die Dauer verloren. Bündnisse wollte er, auch Großmachtanlehnung, aber nicht als „Bauer" auf dem europäischen Schachbrett; wenn schon nicht König, dann doch Springer oder Turm. So erschien die Gesamtlage nicht ungünstig. Wer wußte noch, wie er allein, von den erbarmungswürdigen Anfängen: der schwach-kranke Vater in Königsberg, das Elend mit Schwarzenberg, die rabiaten Schweden im Lande, die eigenen wegen Unzuverlässigkeit abzudankenden Regimenter in Spandau, die Mark offen für jeden Heerhaufen, den es gelüstete, den Landmann des Viehs zu berauben, dem Adel die Truhen aufzubrechen und Bürgerleute mit Brandschatzung auszupressen. 1640: kaum Steuereinnahmen, aber in den drei Residenzen Geheime Räte, die nicht mehr aus noch ein wußten. Und Stände, erfüllt von Regional-Interessen und unwillig gegenüber allen Belangen des nur locker aneinandergefügten Staatswesens, weit entfernt von einem „Einheitsstaat"; Stände, die zu allem gebeten und gedrängt sein wollten. „Der Karren", hatte einer der Räte in den Anfangsjahren geschrieben, „ist so tief in den Kot geführt, daß wir alle und wenn unser noch mehr wären, ihn ohne große Mühe nicht werden herausziehen können"[36]. Fast ein halbes Jahrhundert war Friedrich Wilhelm im Regiment für Brandenburg gewesen, das sichtlich wuchs. Keine ungünstige Aussicht also für den Erben. Es war hart gearbeitet worden. Dann hatte sich die Glücksschale der Waage gesenkt. Fortuna begleitete ihn in manchen Stunden. Keine Kugel und kein Stich traf ihn an Rhein und Rhin oder vor den Wällen von Stettin. Warnungen der Seinen wischte er selbstsicher mit dem Satz beiseite: „Aber wann hast Du gehört, daß ein Kurfürst von Brandenburg getödtet sei?[37]"

---

[36] *Wilhelm Kalbe,* Beiträge zur brandenburgisch-preußischen Geschichte beim Regierungsantritte des Großen Kurfürsten, Phil. Diss. Göttingen 1902.

[37] Zitiert bei *G. v. Pelet-Narbonne,* Friedrich Wilhelm (Anm. 1), 91 (nach D. S. v. Buch); vgl. auch *Reinhold Koser,* Zur Erinnerung an den Großen Kurfürsten, in: Ders.,

Wichtig waren nun die Paroleworte der letzten Tage „London“ und „Amsterdam“, dazu Wien und Paris und auch Dresden und Warschau. Da lagen die Erbhoffnungen und die Gefahren. Die Festigkeit des eigenen Standortes sei immer erneut zu wahren, so mochte er dem Nachfolger eingeschärft haben. Rasch verlöre ein Nachfolger an Ansehen, der nicht Forderungen erhebe, gerechte Ansprüche bewahre, als Bündnispartner begehrt sei, weil er über schnelle Regimenter verfüge, sie rasch auffüllen und im Westen wie im Osten aufmarschieren lassen könne. Andererseits erstreckte sich das Territorium weit hin, viel zu weit, von Memel bis Kleve. Das Land war nicht leicht zu schützen in einem europäischen Krieg. Aber das Militär und ein neues Finanzsystem seien nun erarbeitet, und das schließlich erreichte Defensiv-Bündnis mit Holland (August 1685) entspräche mehr dem Interesse Brandenburgs als die lediglich finanziell nutzbringende Allianz mit dem König von Frankreich. Auch Franz Meinders, lange Zeit Parteigänger der Franzosen, war umgeschwenkt und brachte 1685 in einer Denkschrift die Lage „auf den Punkt“: Man verliere die französischen Subsidien; aber man gewinne an Reputation. Ein großes Bündnis, auch im Hinblick auf die Türkengefahr, sei erkennbar: der Kaiser, Holland, England, Lüneburg, Schweden und auch die „Adelsrepublik Polen“, mit welcher der Kurfürst von jeher in gutem Vernehmen gestanden. Freilich, der Blick des Kurfürsten ging immer wieder zur Odermündung hin, nach Stettin, dem eigentlichen Hafen Berlins. Aber dies Interesse wurde nicht zum Agens seiner Politik. Das Abziehen Schwedens von der Seite Frankreichs entsprach einem höheren Interesse, dem „protestantischen Prinzip“ (Ranke), dessen Hauptmächten Holland und Schweden sich Brandenburg nun neben den Reichsterritorien zugesellte, obwohl er nicht ohne Raffinement die französische Karte weiterspielte. Denn Brandenburgs Interesse gedieh in dieser Phase (und noch lange), wenn die größeren Mächte in stetem Abringen begriffen waren. In dem großen Spiel um territorialen Gewinn hatte Brandenburg in der Hinterhand zu bleiben; es durfte seine Karte meist nur zuletzt ziehen — und konnte dann wohl einen Stich machen. So gewannen ja auch erst 1715 / 20 die Brandenburger die Odermündung im Verein mit den Russen, mit denen Brandenburg „verbündet“ war. Diese würdigten damals die Macht der Brandenburger. Es war das Heer von 30 000 Mann, an dem bis 1688 und weiterhin gearbeitet worden war. Die erste noch gänzlich auf Werbung beruhende Armee umfaßte 1688 13 Infanterie-Regimenter, 55 Kompanien (= Schwadronen) Reiter, 18 Kompanien Dragoner (= aufgesessene Infanterie), dazu an die 300 Mann Artilleristen und 26 von Pillau bis Kleve dislozierte Garnison-Kompanien. Die Armee war nun „von den meisten provinziellen, lokalen und genossenschaftlichen Hemmnissen befreit und zu einem nur staatlichen, also fürstlichen Werkzeuge umgeschaffen.[38]“ Aber noch konnten die Obristen als Regimentskomman-

---

Zur preußischen und deutschen Geschichte. Aufsätze und Vorträge, Berlin 1921, 1 - 13, 7.

deure die Offiziere annehmen, befördern und verabschieden. Die Zäsur für diesen wichtigen Punkt der preußischen Militärgeschichte bildete das Jahr 1688 / 89. Friedrich III., dessen Regierungs-Energie und staatsbildende Kraft im Einklang mit dem literarisch-flüchtigen Urteil seines Enkels immer wieder unterschätzt worden ist, dieser Kurfürst mit der geheimen Hoffnung auf eine Königskrone, behielt sich in den neuen Kapitulationen eben diese Rechte vor. Und das brandenburgische Heer der achtziger Jahre machte politischen Eindruck. Als im Oktober 1684 anläßlich der zweiten Vermählung des Kurprinzen 11 000 Mann aufmarschierten, vergab der französische Gesandte Rebenac nachdenklich das Kompliment: „Die schönsten von allen (Soldaten), die ich in Deutschland gesehen habe.[39]"

Das Heerwesen gedeiht nicht ohne geordnete Finanzen. Die Kommissariatsverwaltung seit 1660 hatte das Fundament geschaffen. Vorher war kein Taler der ständigen Steuern offiziell für den Unterhalt des Heeres gezahlt worden. 1688 aber konnten bereits eineinhalb Millionen Taler zum Unterhalt der Armee und der kleinen Kriegsflotte aufgebracht werden. Das waren erste Schritte auf dem Wege zur Subsidien-Unabhängigkeit in Friedenszeiten. Ohne diese Militärmacht hätte Rußlands Vormarsch nach Europa wohl früher begonnen, über Polen hinweg zu den Mündungen der Flüsse mit ihren eisfreien Häfen, mit dem „Commercium" und mit den Produzenten, die man für sich arbeiten lassen konnte[40]. 1677 und 1681 kreisten die Gedanken Friedrich Wilhelms um Stettin. Er hoffte, freilich nur für kurze Zeit, sich mit Hilfe von zwei Millionen Talern doch noch zum Herrn der Odermündung machen zu können. Nicht so sehr im Westen, im Osten mit der Flanke des Mare Balticum bedurfte Brandenburg-Preußen fester Orte und des steten Ausbaus. Hier lagen langfristig die machtpolitischen Probleme.

Demgegenüber war „London", die Oranien-Frage, über die der Kurfürst im Januar 1688 in Berlin durch einen Gesandten des Prinzen von Oranien unterrichtet worden war, von geringerem Rang, obschon der Aufstieg des Hauses Hannover auch Brandenburg-Preußen gestärkt und begünstigt hat.

---

38 *Friedrich Frhr. v. Schroetter,* Die brandenburgisch-preußische Heeresverfassung unter dem Großen Kurfürsten, Leipzig 1892 (= Schmollers Forschungen, Bd. 11, 5); *Ders.,* Das preußische Offizierkorps unter dem ersten Könige von Preußen, in: FBPG 26 (1913), 429. Umfang der Armee: *Ders.,* Die Ergänzung des preußischen Heeres unter dem ersten Könige, in: FBPG 23 (1910), 415. Die Kluft zwischen regulären Soldaten und Defensions-Milizionären ist erheblich gewesen. Am 21. Mai 1675 hatten bei Oranienburg als Grenzschutz eingesetzte kurfürstliche Jäger als Grund für ihre Flucht vor den Schweden angeführt: „Wir dienen Kurfürstlichen Gnaden als Jäger und Heidereiter, nicht als Soldaten."

39 Die „schönsten Soldaten" (14. November 1684): *H. Prutz,* Aus des Großen Kurfürsten letzten Jahren (Anm. 1), 398.

40 *Walter Mediger,* Moskaus Weg nach Europa, Braunschweig 1953, 9 ff.; *R. Koser,* Zur Erinnerung ... (Anm. 37), 5; *Ferdinand Hirsch,* Die ersten Anknüpfungen zwischen Brandenburg und Rußland unter dem Großen Kurfürsten, Programm Berlin, 1885/86.

Nach dem Tode des Brandenburgers wußte man an den Höfen, daß ein schöpferischer Verarbeiter von Zeittendenzen, ein ungewöhnlicher Regent das Zeitliche gesegnet hatte. Einen solchen Mann „mit der natürlichen Begabung für den Umgang mit Macht" im Einklang mit den „Wertvorstellungen" seiner Zeit (Ernst Opgenoorth)[41] würden wohl, so mochte man vermuten, die Brandenburger nicht so bald wieder vorweisen können. Dahingegangen war aber auch der Begründer einer Machtstellung, ein „Reformer", absichtsvoll und unabsichtsvoll, wenn man das Wort nicht zu eng faßt. Die Bedeutung der Machtstellung, der Machtgewinnung und Machterhaltung zu betonen, darf nicht als ein Rest borussozentrischer Geschichtsbetrachtung mißverstanden werden, als ein Verehren von Macht als der „Zentralsonne der Geschichte". Karl Popper spricht in diesen Zusammenhängen von einem der „übelsten Götzendienste der Menschheit"[42]. Aber das Vorhandensein und der fortwährende Gebrauch und Mißbrauch von politischer und ökonomischer Macht als einer furchtbar-immensen Kraft in aller Geschichte lassen sich nicht leugnen. Der Realist geht den Geschicken des ohnmächtigen und des ungewöhnlichen Individuums nach und gewinnt bis in die Gegenwart hinein immer erneut die Gewißheit, daß die scheinbar stärksten Machtpositionen in wenigen Jahren zusammenbrechen können, wenn sie von Hybris und Unrecht, von Willkür und Gottlosigkeit umgeben sind. Denn „Macht" bleibt ein ebenso flüchtiger Stoff wie Geld.

Friedrich Wilhelm war nicht der einzige der Gründerväter Brandenburg-Preußens. Fast jeder der Herrscher des 17. und 18. Jahrhunderts, jede Generation der Amtsträgerschaft wirkte erneuernd an den Grundlagen, erweiterte das Staats-Bauwerk mit der Berliner Zentrale und den Provinzen. Ein Staatswesen ohne Reform stagniert und verfällt zuletzt. Auf den im Inneren verbesserten Landesstaat hat Friedrich Wilhelm, als europäischer Dynast, hingearbeitet. Kein Zweifel: Er wußte in seiner Spätzeit etwas von dem Eintritt in eine andere, bereits weniger beschauliche Zeit. Zuletzt hatte sich auch ein über das Territorialstaatsbewußtsein hinausgehender Identitätsgewinn für Brandenburg-Preußen ergeben. Ein erstes, gewiß zaghaftes Wir-Gefühl in der oberen Amtsträgerschaft der Verbund-Herrschaften des erfolgreichen Monarchen ist nicht zu übersehen. Das öffentliche Wohl beginnt mehr zu sein als nur ein Postulat, überliefert aus älteren Zeiten des „gemeinen Nutzens". Die Arbeit des Herrschers, vorgelebt und sichtbar, erhob die Gedanken. Seinen Söhnen Karl Emil und Friedrich, die er unterrichtete, ließ er in diesem Sinne den Satz niederschreiben: „Sic gesturus sum principatum, ut sciam, rem populi esse, non meam privatam[43]," daß der Fürst sich

---

41 *E. Opgenoorth,* Friedrich Wilhelm (Anm. 1), T. 2, 327 ff.

42 Karl Popper: zitiert nach *Gustav René Hocke,* Das europäische Tagebuch, Wiesbaden 1978, 535.

43 Wahlspruch „Sic gesturus ...": *Reinhold Koser,* Ein Wahlspruch des Großen Kurfürsten, in: Hohenzollern-Jb. 12 (1908), 27. Zur Staatsauffassung jetzt zusammen-

leiten lassen müsse vor allem von den Interessen des Staatsvolkes, nicht so sehr von denen des eigenen Hauses. Ein bedeutender Herrscher, ein „Held" mit Melancholien, zuletzt mit den Reizbarkeiten und Getriebenheiten des altersverbrauchten Menschen, aber ein „Held" ohne Tragödie. Bald nach dem Regierungsantritt 1640 unterhielt sich in Stockholm der Sohn des schwedischen Reichskanzlers Johann Oxenstierna, mit dem brandenburgischen Gesandten über den jungen Kurfürsten und dessen Gaben. Es gäbe dreierlei Herren, so meinte er im Einklang mit Aristoteles: „Die erste so erfahren und dergestalt beschaffen, daß sie den Rath bei sich selbst hätten und keines Einrathens bedürfen, und das wären die besten; die andere deren, die zwarten nit so gar geübet, aber denen einfolgten, welche ihnen wohl riethen, und dieselbe wären gut; die dritte Art wäre deren, die nit verständig und auch andere Verständigen nit folgen wollten, und das wäre die schlimmste Art." Der junge Kurfürst aber schiene ihm doch bereits auf dem richtigen Wege zu sein, und er würde einmal „ein sonderbares Licht in Teutschland" werden[44]. Keine schlechte Prognose für den Herrscher *auch* einer europäischen Nachkriegszeit, der seine Lande beieinanderzuhalten verstand, um Verlorenes mit aller Kraft rang, im Inneren aufbaute und Fundamente legte, im Äußeren die Nachbarmächte als das nahm, was sie waren: machtpolitische Akteure mit je eigener Staatsraison und wohlbekannten Stoßrichtungen.

Der Kurfürst hat, wie sein Urenkel Friedrich schrieb, mit geringen Mitteln „Großes" vollbracht, er vermochte sein eigener Minister und Feldherr zu sein, jedenfalls in allen entscheidenden Phasen, und er hat dem „Staat" mit Ländern und Provinzen wieder aufgeholfen, ja einer Blütezeit entgegengeführt. Die Wege waren verschlungen und widersprüchlich, aber dahinter stand ein starker Selbstbehauptungswille und ein Geltungsbedürfnis, das sich alle Chancen zunutze machte. So wurde das Land bündnisfähig, durch die Qualität von Armee und Feldherren. Das war viel in einer Welt, in der die reine Macht zählte und — hoch bezahlt wurde.

Die Leistungen der Regierungszeit des Kurfürsten scheinen vergangen. Sie sind es nicht. Jedenfalls versank nicht alles, so vieles auch durch Zeitablauf und von den Menschen eingeebnet wurde. Wer die alten Lande Brandenburg-Preußen, wer Berlin und die Insel Potsdam geschichtlich durchwandert oder betrachtet, wird ihm selbst, dem Brandenburger, wird seiner Regierungsarbeit immer wieder und noch immer begegnen, bis zu den Türschildern mit hugenottischen Namen. Man kann ihn finden als Abbild und Überrest in Kirchen, Schlössern und in der wieder zugänglichen Domgruft an der cöllnischen Spree: ihn, den Großen Kurfürsten Friedrich Wilhelm.

---

fassend: *Richard Dietrich* (Hrsg.), Die politischen Testamente der Hohenzollern, Köln - Wien 1986, 35 ff.

[44] *R. Koser,* Zur Erinnerung ... (Anm. 37), 10.

‚Nervus rerum'

Die Auseinandersetzung mit den Ständen um die Staatsfinanzierung[1]

Von Ernst Opgenoorth, Bonn

„Das seit 1643 / 44 aufgebaute stehende Heer, finanziert durch Subsidien und besondere Steuern, war das Instrument seiner Außenpolitik wie seines Absolutismus. Friedrich Wilhelm führte in seinen 1618 – 48 verwüsteten Ländern eine einheitliche Kriegs-, Steuer- und Domänenverwaltung ein[2]." Mit diesen Worten schildert der zwölfbändige Brockhaus den Sachverhalt, um den es hier gehen soll. Das Zitat erweckt im Kenner der Verhältnisse das Unbehagen, das sich so oft einstellt, wo unvermeidliche lexikographische Knappheit die radikale Vereinfachung komplexer Sachverhalte erzwingt; eine bessere Formulierung mit der gleichen Zahl von Zeichen scheint mir jedoch kaum erreichbar.

Der Grund: Die Tatsachen, von denen im Folgenden die Rede sein soll, sind aus einer langen Forschungstradition weithin bekannt. Ein flächendekkender Faktenabriß kann also nicht der Sinn dieser Ausführungen sein, es muß vielmehr ausgewählt werden nach dem Gesichtspunkt, welche Aspekte des Themas auf Grund kontroverser Behandlung in der Forschung heute noch Interesse verdienen. Dabei muß aus Raumgründen die eigentliche Auseinandersetzung zwischen Landesfürst und Ständen den Vorrang haben vor den an sich hiermit eng verbundenen Problemen des Aufbaus neuer Verwaltungsorgane; von ihnen kann nur die Rede sein, soweit dies unerläßlich ist.

Die erwähnten Kontroversen in der Forschung manifestieren sich auf diesem wie auf anderen Gebieten in der unterschiedlichen Gewichtung von Tatsachen und Typen von Quellen, lassen sich jedoch relativ direkt und deutlich in Beziehung setzen zu grundlegenden politischen Wertungen, die zum Teil selbst schon wieder historisch geworden, für unsere Gegenwart aber noch nicht bedeutungslos sind. In diesem Sinne lassen sich in der Forschungstradition drei Stränge unterscheiden, die sich erst nach 1945 in nennenswertem Maße verflechten.

---

1 Der Vortrag, auf dem dieser Text beruht, sollte ursprünglich heißen: „Nervus rerum. Die Auseinandersetzung mit den Ständen und die neuen Formen der Staatsfinanzierung". Die jetzige Form gibt die unumgängliche Einengung des Themas wieder. Der Text lehnt sich im übrigen durchweg an die ursprüngliche gesprochene Form an.

2 Der Große Brockhaus in 12 Bänden, 18. Aufl., 4. Bd., Wiesbaden 1978, 263 f.

Da gibt es zunächst die kontinentale Linie, wie sie von deutschen, aber auch französischen Forschern vertreten wurde[3]. Sie bewertet den Absolutismus überwiegend positiv als Frühstufe des modernen, säkularen Macht- und Anstaltsstaats nationaler Prägung und erblickt in ständischer Politik eher ein retardierendes Element in dieser Entwicklung. In der angelsächsischen Forschung dominiert demgegenüber das schlagwortartig als „Whig interpretation of history“[4] bezeichnete Bild, das im ständischen Widerstand gegen unumschränkte Fürstenmacht den Ursprung des auf Grund- und Menschenrechte gegründeten, parlamentarisch regierten Verfassungsstaats erblickt und das Scheitern ständischer Politik gegenüber absolutistischen Bestrebungen grundsätzlich mit Bedauern registriert. Den dritten Strang bilden die Schattierungen des historischen Materialismus[5]. Entsprechend dem Basis-Überbau-Modell sahen sie traditionell im „Feudalabsolutismus“ den letzten, zum Scheitern verurteilten Versuch der Feudalklasse, durch Straffung der staatlichen Macht ihre Herrschaft gegen die aufsteigende Bourgeoisie zu verteidigen. Die weitgehenden Modifikationen dieses Bildes gerade bezüglich Brandenburg-Preußens sind jüngeren Datums.

Sie sind indessen kennzeichnend dafür, daß die Auseinandersetzung zwischen den bezeichneten Richtungen für alle Beteiligten anregend war und zur Bereicherung und Differenzierung unseres Bildes von der Entstehung des frühmodernen Staates geführt hat. Bleibende Ergebnisse sehe ich in Anlehnung an Gerhard Oestreich[6] in der Erkenntnis, daß zu den langfristig bedeutsamen Merkmalen dieses Staates sowohl fürstliche als auch ständische Politik beigetragen haben; die Anteile stellen sich allerdings räumlich wie zeitlich unterschiedlich dar. Wie diese Verteilung im Kurbrandenburg

---

[3] Kennzeichnend für die deutsche Richtung die große Biographie von *Martin Philippson,* Der Große Kurfürst Friedrich Wilhelm von Brandenburg, T. 1 – 3, Berlin 1897 – 1903; Beispiel für die französische Ausprägung: *Pierre Gaxotte,* La France de Louis XIV., Paris 1946; dt. u. d. T. Ludwig XIV. Frankreichs Aufstieg in Europa, München 1951.

[4] Grundlegend hierzu *Arthur Marwick,* The Nature of History. London 1970, 44 f., 89 – 91, 94. Bestes Beispiel für den Umkreis dieses Themas sind die Arbeiten von *Francis Ludwig Carsten,* vor allem The Origins of Prussia, Oxford 1954; dt. u. d. T. die Anfänge Preußens, Köln 1968.

[5] Kennzeichnend die Deutsche Geschichte in 3 Bänden, hrsg. v. *Hans-Joachim Bartmuss* u. a., Berlin 1965. Die bemerkenswerte Auflockerung der vorgegebenen Linie in neuerer Zeit wird sichtbar etwa bei *Bruno Gloger,* Friedrich Wilhelm, Kurfürst von Brandenburg, Berlin (Ost) 1986, oder vor allem bei *Ingrid Mittenzwei,* Friedrich II. von Preußen. Eine Biographie, Köln 1980.

[6] *Gerhard Oestreich,* Strukturprobleme des europäischen Absolutismus, sowie *Ders.,* Ständetum und Staatsbildung in Deutschland, beides in: Geist und Gestalt des frühmodernen Staates. Ausgewählte Aufsätze, Berlin 1969, 179 – 197 bzw. 227 - 289. Vgl. auch *Ernst Opgenoorth,* Aufstieg und Ausbau des modernen Staates, in: Ploetz. Epochen der modernen Geschichte. Schwerpunktthemen, Entwicklungen, Zusammenhänge, hrsg. v. Gerold Niemetz / Uwe Uffelmann, Freiburg 1986, 41 – 50.

des 17. Jahrhunderts aussah, „wie absolut der preußische Absolutismus“ [7] in seiner Entstehungsphase war, soll im folgenden untersucht werden.

Eine erste Vermutung hierzu steckt schon im Oberthema dieses Beitrages. Sie wurde von den Organisatoren der Tagung vorgegeben, aber ich übernehme sie gern. Wenn der ‚nervus rerum‘ in der politischen Sprache der frühen Neuzeit, das Geld also, das eigentliche Thema der Auseinandersetzung war, dann heißt das, daß es im weiten Sinne um praktische Politik ging, um Entscheidungen darüber, was konkret zu tun und zu lassen sei, nicht um abstrakte Grundsätze als solche. Das ist wichtig, denn die Forschung ist immer wieder der Versuchung erlegen, spätere Erkenntnis über die grundsätzliche Bedeutung des Konflikts in das Handeln oder gar das Bewußtsein der Zeitgenossen hineinzudeuten. Die ältere preußisch-deutsche Tradition mit ihrem positiven Bild des Absolutismus und die jüngere, angelsächsische oder angelsächsisch inspirierte Linie sind sich in diesem Grundzug erstaunlich einig mit dem Ergebnis, daß nach meiner Einschätzung die Tiefe der Gegensätze weithin überschätzt, Kompromißbereitschaft der Handelnden als langfristig bedeutungslos vernachlässigt wird, obwohl sie in den Quellen gut erkennbar ist. Die Frage nach dem Zukunftweisenden in der Politik beider Seiten schließt also in sich die Frage nach der Bereitschaft der Beteiligten zum Konflikt einer-, zum Kompromiß anderseits.

Wenn man das Selbstverständnis der Zeitgenossen ernstnimmt, sich also ernsthaft fragt, was der Kurfürst und seine Räte beziehungsweise was die Ständedeputierten wollten, dann führt das sofort auf die Frage nach den Quellen. Dazu muß ein Ungleichgewicht der Überlieferung festgestellt werden: Im Kurbrandenburg des 17. Jahrhunderts wie in vielen anderen Staaten der Zeit stammt die Überlieferung über Landtagsverhandlungen aus dem Archiv des Landesfürsten, eine eigentlich ständische Überlieferung als geschlossenen Bestand gibt es nicht [8]. Wir sind also über das Selbstverständnis der landesfürstlichen Seite sehr viel besser informiert als über interne Beratungen ständischer Deputierter. Auf der einen Seite haben wir das Politische Testament des Kurfürsten, Briefe von ihm an wichtige Mitarbeiter, Gutachten oder protokollartige Aufzeichnungen über die interne Willensbildung [9].

---

7 *Peter Baumgart*, Wie absolut war der preußische Absolutismus? In: Preußen. Beiträge zu einer politischen Kultur, hrsg. v. Manfred Schlenke, Reinbek bei Hamburg 1981, 89 – 105.

8 Wenn bei *Everhard Kleinertz*, Die Politik der Landstände im Herzogtum Preußen 1562 – 1586, Phil. Diss. Bonn 1972, in der Einleitung einige der Ostpreußischen Folianten mit Landtagsakten des Herzogtums Preußen als ursprünglich den Städten Königsberg gehörend identifiziert werden, dann beruhen auch diese Bände inhaltlich auf den während der Verhandlungen von herzoglichen Sekretären geführten Unterlagen und geben keinen Aufschluß etwa über Beratungen unter den ständischen Deputierten.

9 Das Politische Testament in *Richard Dietrich* (Hrsg.), Die Politischen Testamente der Hohenzollern, Köln - Wien 1986. Für die Korrespondenz mit wichtigen Mitarbeitern kennzeichnend die Briefe an den Oberpräsidenten Otto von Schwerin: Urkunden

Vergleichbares für die Stände ist selten; wir kommen hier per saldo über die „Außenperspektive" nicht hinaus, erfahren Motive nur, soweit sie sich dazu eignen, offen ausgesprochen zu werden, und müssen im übrigen die Beweggründe der Handelnden aus ihrem Tun erschließen.

Als Beispiele im Sinne der Leitfrage, an denen sich dies einigermaßen ausführen läßt, bieten sich die wichtigeren Konflikte des Kurfürsten mit den Ständen an, in denen unmittelbar Gewalt angewandt wurde. Da sind zunächst drei Einzelschicksale zu erwähnen: Wilich, Roth und Kalckstein.

Die Verhaftung des Freiherrn Dietrich Karl von Wilich zu Winnenthal 1654 gehört in die Endphase eines langdauernden Konflikts Kurfürst Friedrich Wilhelms mit den Ständen seiner westlichen Gebiete[10]. Diese lehnten den Aufbau eines stehenden Heeres beharrlich ab. Aus ihrer anfangs recht starken Stellung, die sich aus ihrem Rückhalt an den Niederlanden und deren Garnisonen in den clevischen Hafenstädten am Rhein ergab, hatten sie dem Kurfürsten 1649 auf dem Landtag die Zusage abringen können, ohne ihre Zustimmung kein Militär im Lande zu halten und die noch vorhandenen Truppen aus den Festungen Hamm und Lippstadt abzuführen. Diese letzte Vereinbarung verwirklichte der Kurfürst jedoch nicht, obwohl er sich damit das Ausbleiben bedeutender, an sich bewilligter ständischer Steuern einhandelte. Die Stände reagierten, indem sie im August 1653 eine Delegation zum Kaiser und zum damals in Regensburg versammelten Reichstag schickten. Sie verbanden sich zu diesem Zweck mit den jülich-bergischen Ständen, die ihrerseits Auseinandersetzungen mit ihrem Landesherrn hatten.

Ob solche Kontakte mit Dritten gegen den Landesherrn den Ständen zustanden, war strittig. In den Auseinandersetzungen um die jülich-klevische Erbschaft zu Beginn des Jahrhunderts war eine solche ständische „Außenpolitik" faktisch üblich geworden. Der Kurfürst und seine Räte kamen unter sich zu dem Ergebnis, die Deputation verstoße gegen die landesfürstliche Hoheit, sei also rechtswidrig. Sie vertraten diese Auffassung aber nicht öffentlich.

Dahinter stand offenbar die taktische Erwägung, Meinungsverschiedenheiten innerhalb der Stände politisch auszuwerten. Träger des Unterneh-

---

und Aktenstücke zur Geschichte des Kurfürsten Friedrich Wilhelm von Brandenburg, 23 Bde., Berlin 1864 - 1939; hier 9. Bd., Berlin 1879, 824 - 864. Beratungen des Geheimen Rates zu vielen wichtigen Themen in *Otto Meinardus* (Hrsg.), Die Protokolle und Relationen des Brandenburgischen Geheimen Rates aus der Zeit des Kurfürsten Friedrich Wilhelm von Brandenburg, 7 Bde. [bis 1666], Leipzig 1889 - 1919. Die von Meinardus nicht mehr edierten Protokolle bis 1683 im PrGStA (jetzt Zentrales Staatsarchiv der DDR, Historische Abteilung II, Merseburg), Rep. 21. 127.

10 Hier wie weiterhin zitiere ich mich selbst: *Ernst Opgenoorth,* Friedrich Wilhelm. Der Große Kurfürst von Brandenburg. Eine politische Biographie, 2 Bde., Göttingen 1971, 1978, hier 1. Bd., 139 ff., 165 f., 199 ff., 210 - 222, 271 - 277; dort die Angaben von Quellen und Literatur.

mens waren vor allem die klevischen Hafenstädte Wesel, Rees und Emmerich sowie die katholische Minderheit des Adels. Zu ihr gehörte der Freiherr von Wilich zu Winnenthal, der Sprecher der Deputation. Vorbehalte des reformierten klevischen Adels bestanden von vornherein und verstärkten sich, als der gleichzeitig laufende Kreistag zu Essen unter der Leitung des Pfalzgrafen von Neuburg als Herzog von Jülich und des Fürstbischofs von Münster einen für Kurbrandenburg und die evangelischen Kreisstände ungünstigen Verlauf nahm. Gleichzeitig gelang es dem Neuburger, sich mit seinen Ständen zu arrangieren; die Regensburger Deputation nahm damit einen nur noch gegen den Kurfürsten gerichteten Charakter an. Gerüchte, dies alles laufe auf eine massiv gegenreformatorische Politik im Kreis hinaus und schließe die Gefahr eines Krieges gegen die Niederlande ein, verbreiteten sich und wurden durch den klevischen Statthalter des Kurfürsten Johann Moritz von Nassau-Siegen geschickt genährt. Gegen dringende Warnungen seiner Auftraggeber verfolgte Wilich seinen Kurs der engen Zusammenarbeit mit dem Pfalzgrafen von Neuburg weiter, offenbar ohne sich klarzumachen, wie sehr er sich damit auch gegenüber den großen klevischen Städten isolierte, deren Führungsschicht reformiert war. Als Wilich im Juli 1654 so unvorsichtig war, nach Hause zu reisen, ließ ihn der Kurfürst durch Militär abfangen und nach Spandau bringen, um ihn dort verhören zu lassen.

Das Verfahren war riskant; der Verdacht des Landesverrats ließ sich erst aus den Papieren erhärten, die der Verhaftete bei sich gehabt hatte. Heftige Proteste der Stände beschränkten sich auf den formalen Aspekt, daß Wilich gegen die Privilegien außer Landes in Haft gehalten wurde. Daß der Freiherr in der Sache keinen Rückhalt an seinen Auftraggebern hatte, wurde schon bald erkennbar. Schon vor Wilichs Verhaftung hatten die Stände unter dem Eindruck des Essener Kreistages ihre Forderung begraben, der Kurfürst solle Hamm und Lippstadt militärisch räumen. Wilich war so klug, auf Andeutungen über eine mögliche Begnadigung mit einem Schuldbekenntnis zu reagieren und an die Gnade des Kurfürsten zu appellieren, der ihn in der Tat freiließ und ihm damit eine zweite politische Karriere im Dienst des Bischofs von Münster ermöglichte.

Das zweite Beispiel, das Schicksal des Königsberger Schöppenmeisters Hieronymus Roth[11], gehört in den Zusammenhang des ostpreußischen „langen Landtags“ von 1661 – 1663. Zentrales Thema war die Souveränität über das Herzogtum, die der Kurfürst im Schwedisch-Polnischen Krieg erstritten hatte. Daß er dazu faktisch die Zustimmung der Stände benötige, war dem Kurfürsten und seinen Räten klar; formal rechtlich vertraten sie jedoch den Standpunkt, die Verträge von Wehlau und Bromberg 1657 und vor allem

---

[11] *Opgenoorth,* Friedrich Wilhelm (Anm. 10), 2. Bd., 26 – 36; *Ders.*, Herzog Friedrich Wilhelm? Das Herzogtum Preußen unter dem Großen Kurfürsten, in: Preußen und Berlin, Beziehungen zwischen Provinz und Hauptstadt, Lüneburg 1981, 83 – 97, bes. 89 f.; *Fritz Gause,* Die Geschichte der Stadt Königsberg, 1. Bd., Köln 1965, 483 – 490.

der Friede von Oliva 1660 als internationaler Vertrag seien eine unbestreitbare Grundlage dieser neuen Position. Demgegenüber deutete der radikale ständische Flügel die überkommene Rechtslage als ein dreiseitiges Vertragsverhältnis zwischen Polen, dem Herzog und den Ständen, das nur im Einvernehmen aller Beteiligten, also unter Zustimmung auch der Stände, verändert werden dürfe. Der einzige faßbare Vertreter dieser Auffassung, die auf dem Landtag insgesamt keine Mehrheit fand, war Roth, der zunächst die Königsberger Teilstadt Kneiphof vertrat. Der kurfürstliche Landtagskommissar Otto von Schwerin brachte es sogar so weit, daß die Räte der drei Städte Königsberg Roth als Deputierten abberiefen. Sie verschärften damit aber die Spannung zu den in Gewerken organisierten Handwerkern, denen Roth sein Amt als Schöppenmeister verdankte und bei denen er weiterhin Rückhalt hatte. Der daraus resultierende Druck auf den Landtag trug zum Stagnieren der Verhandlungen bei; daß Roth Kontakte nach Polen anknüpfte, verschärfte die Situation.

Im Oktober 1662 ging der Kurfürst von Berlin nach Königsberg. Er nahm knapp 3 000 Soldaten mit, um militärischen Druck ausüben zu können. Offenbar rechneten er und seine Räte mit einem Aufstand; es sind Pläne überliefert, die Stadt notfalls zu beschießen. Soweit kam es zum Glück nicht; es gelang vielmehr, Roth durch eine List zu verhaften und aufs Schloß zu bringen. Das Gerichtsverfahren fand vor der traditionellen obersten Behörde des Landes statt, den Oberräten; die Bürgermeister der drei Teilstädte Königsbergs wurden hinzugezogen. Roth bestritt glaubwürdig, etwas anderes als die Verteidigung der überkommenen Privilegien betrieben zu haben, setzte sich aber selbst ins Unrecht durch das Eingeständnis, die Souveränität des Kurfürsten bestehe zu Recht. Andeutungen Schwerins, er könne durch ein Schuldbekenntnis die Voraussetzung für seine Begnadigung schaffen, griff Roth indessen nicht auf. So wurde er wegen Hoch- und Landesverrats verurteilt und für den Rest seines Lebens in der Festung Peitz in der Mark Brandenburg in Haft gehalten; auf spätere Gnadengesuche ging der Kurfürst nicht ein. Die Landtagsverhandlungen kamen durch diese Demonstration kurfürstlicher Macht wieder in Gang, es dauerte aber noch fast ein Jahr, ehe sie bei grundsätzlicher Anerkennung der Souveränität mit einem für beide Seiten erträglichen Kompromiß endeten.

Zu den Sprechern der Opposition auf dem langen Landtag gehörte auch der Freiherr Christian Ludwig von Kalckstein[12], von dem jetzt als Opfer der dritten aufsehenerregenden Gewaltaktion die Rede sein muß. Anders als der

[12] *Opgenoorth*, Friedrich Wilhelm (Anm. 10), 2. Bd., 115 - 118; *Josef Paczkowski*, Der Große Kurfürst und Christian Ludwig von Kalckstein, in: FBPG 2 (1889) und 3 (1890). Zu den damaligen brandenburgisch-polnischen Beziehungen *Anna Kamiska*, Brandenburg-Prussia and Poland 1669 – 1672, Marburg 1983, 80 – 90 über den „Fall Kalckstein". Zu Friedrich Wilhelms Verschwörungsfurcht Politisches Testament (Anm. 9), 200.

charakterlich beeindruckende Roth gehört jedoch Kalckstein zu den unerfreulichen Vertretern seines Standes; er war eine von den brutalen, korrupten und intriganten Gestalten, an denen es gerade unter den Offizieren der Zeit nicht mangelt. Er hatte in Polen Militärdienst geleistet, war dann als Amtshauptmann von Oletzko in der Landesverwaltung des Herzogtums tätig geworden. Unregelmäßigkeiten dabei und die wohl doch verleumderische Behauptung seiner mit ihm zerstrittenen Verwandtschaft, er habe ein Attentat auf den Kurfürsten geplant, führten 1668 zu einem Prozeß, der seinerseits nicht korrekt nach den Verfahrensregeln geführt wurde und in ein eigenartiges Gemisch von Vergleich und Begnadigung einmündete. Kalckstein wurde zu einer Geldstrafe verurteilt.

Statt die Summe zu zahlen, floh nun Kalckstein 1670 nach Polen und trat dort als Sprecher der Stände gegen den Kurfürsten auf. Dieser konnte den damals in Königsberg versammelten Landtag dazu bewegen, sich ausdrücklich von Kalckstein zu distanzieren. Mit seinem Ansinnen, ihm den Geflohenen auszuliefern, traf er jedoch angesichts der ohnehin gespannten Beziehungen in Polen auf taube Ohren. Da ließ er Kalckstein durch Soldaten aus Warschau entführen, ein klarer Verstoß gegen das Völkerrecht, der das Verhältnis zu Polen noch lange belastete. Kalckstein war inzwischen in Abwesenheit wegen Hochverrats zu Tode verurteilt worden. Statt jedoch dies Urteil ausführen zu lassen, ordnete der Kurfürst ein neues Verfahren an, innerhalb dessen der Gefangene entgegen den ständischen Privilegien der Folter unterworfen wurde. Zu diesem Vorgehen, das auch nach damaligen Vorstellungen klares Unrecht war, veranlaßte den Kurfürsten offenbar die Erwartung, Informationen über Beteiligte an einer von ihm vermuteten Verschwörung zu erhalten. In Wirklichkeit war Kalckstein offenbar unter seinen Standesgenossen noch stärker isoliert, als der Gang der Dinge das ohnehin vermuten läßt: Außer heftigen Protesten der Stände gegen die Verletzung ihrer Privilegien kam bei der Sache nichts heraus. Kalckstein wurde schließlich hingerichtet.

Außer einzelnen Personen wurden zweimal auch Städte Gegenstand von militärischen Aktionen, die sich gegen ständische Politik richteten. Das erste Beispiel gehört insofern nur indirekt zum Thema, als die Stadt Magdeburg[13] 1666, als der Kurfürst sie militärisch bedrohte, noch gar nicht zu Kurbrandenburg gehörte. Zwar war sie mit dem gleichnamigen Herzogtum im Westfälischen Frieden dem Kurfürsten zugesprochen worden, sollte aber zunächst ihren Administrator Herzog August, einen sächsischen Prinzen, bis zu dessen Tode behalten. Das Bestreben der Stadt, als Freie Reichsstadt Anerkennung zu finden, richtete sich also zunächst gegen den Administrator, betraf aber schon damals auch Brandenburg insofern, als Magdeburg sich weigerte, dem Kurfürsten im Vorgriff auf dessen künftigen Regierungsantritt die sogenann-

---

[13] *Opgenoorth,* Friedrich Wilhelm (Anm. 10), 2. Bd., 93 f.

te Eventualhuldigung zu leisten. Friedrich Wilhelm nutzte 1666 die Tatsache, daß sein Eingreifen in den Münsterschen Krieg zugunsten der Niederlande ihm erlaubt hatte, mit deren Subsidien sein kleines Heer auf fast 20 000 Mann zu vergrößern: ehe er die Soldaten aus Kostengründen großenteils wieder entlassen mußte, führte er sie überraschend vor Magdeburg. Das Einverständnis des Administrators hatte er sich gesichert; Versuche der Stadt, Rückhalt an Schweden zu finden, kamen zu spät. Magdeburg mußte die Eventualhuldigung ablegen und eine brandenburgische Garnison aufnehmen. Es änderte sich sonst auch nach dem Anfall des Herzogtums an den Kurfürsten 1680 nichts an der Rechtsstellung der Stadt; Friedrich Wilhelm hat sich im Gegenteil bemüht, Magdeburg wirtschaftlich zu fördern.

Im zweiten Fall ging es um Königsberg[14]. Konfliktgegenstand waren Steuerforderungen, denen sich die drei Teilstädte entzogen; der Landtagsbeschluß, auf den sich der Kurfürst berufen konnte, war gegen die Stimmen der Städte gefaßt worden. An sich durfte der Kurfürst nach dem sogenannten Komplanationsrecht das Votum zweier Landtagskurien gegen die dritte zum Beschluß erheben; er hatte es aber bisher vermieden, Königsberg gegenüber davon Gebrauch zu machen, weil er sich damit normalerweise nicht hätte durchsetzen können. Die Stadt war gut befestigt und hielt eine eigene Miliz; statt des erheblichen militärischen Aufwandes, sich dagegen durchzusetzen, zog es der Kurfürst meist vor, mit den Städten eine Sondervereinbarung über deren Steuern zu treffen.

Nicht so 1674. Die Kampfpause nach dem Frieden von Vossem, vor dem Wiedereintritt in den Französisch-Niederländischen Krieg im Bund mit Kaiser und Reich, verschaffte Friedrich Wilhelm reichlich verfügbare Truppen, die zum Teil im Herzogtum Preußen standen. Das Gefährliche dieser Lage war offenbar den Stadtvätern nicht rechtzeitig klar geworden; in einer Überraschungsaktion im frühen Morgengrauen besetzten kurfürstliche Soldaten die Stadttore und entwaffneten die Miliz. Gemessen an den Möglichkeiten, die dies dem Landesherrn bot, kamen die Städe jedoch recht gut davon: Sie mußten in der Steuerfrage nachgeben, erhielten aber daraufhin die Schlüssel ihrer Tore und sogar die Verfügung über ihre Söldner wieder zurück.

Erwähnt werden muß schließlich eine Form der Gewaltanwendung, die ein Dauer- und Breitenphänomen darstellt: die Eintreibung von Steuern durch „militärische Exekution", das heißt durch Einquartierung von Soldaten bei den Steuerzahlern. Dies geschah nicht nur zur Eintreibung von Rückständen bei einzelnen Säumigen, sondern auch zum Einfordern unbewilligter oder in der Höhe über eine an sich erfolgte Bewilligung hinausgehender Steuern[15]. Meist genügte die bloße Drohung; das Verfahren war für die

14 Ebd., 122 f., *Gause,* Königsberg (Anm. 11), geht auf die Episode nicht ein.

15 *Opgenoorth,* Friedrich Wilhelm (Anm. 10), 1. Bd., 86, 138 ff., 218, 257 ff., 307 ff.; *Friedrich Wolters,* Geschichte der brandenburgischen Finanzen in der Zeit von 1640

Betroffenen eine erhebliche Belastung und entsprechend gefürchtet. Deswegen wandte es aber auch der Kurfürst nur ungern an: Die dabei entstehenden wirtschaftlichen Schäden konnten die Steuerkraft nachhaltig beeinträchtigen. Zur Erhebung überhaupt unbewilligter Steuern aus ganzen Territorien ist es nur in den Kriegen gekommen; häufiger war die Überschreitung an sich vorliegender ständischer Bewilligungen. Im Herzogtum Preußen hat der Kurfürst nach 1660 das unbestreitbare Recht, die Domänenbauern auch ohne Zustimmung des Landtags zu besteuern, auch auf die bäuerliche Führungsschicht der Kölmer, Schulzen und Krüger sowie auf die Landstädte ausgedehnt; Proteste der anderen Stände blieben wirkungslos.

Widerstand gegen die Eintreibung unbewilligter Steuern gab es nur vereinzelt. Die Städte des Herzogtums Kleve vor 1655, die Stadt Königsberg bis 1674 konnten ihn sich erlauben. Während des Unternehmens gegen Pfalz-Neuburg von 1653 untersagten sogar die klevischen Stände insgesamt den örtlichen Beamten die Mitwirkung bei der Erhebung von Steuern für das kurfürstliche Heer. Mit ihrem damals noch bestehenden Rückhalt an den Generalstaaten und an deren Garnisonen in den Hafenstädten konnten sie sich dies erlauben; der Kurfürst in seiner bedrängten Lage kam nicht zu Gegenmaßnahmen. Als im Schwedisch-Polnischen Krieg die Niederlande außenpolitisch auf den Kurfürsten angewiesen waren und seinen klevischen Ständen die Unterstützuung versagten, wurden auch dort wie anderswo unbewilligte Steuern ausgeschrieben. Die Stände protestierten; faktisch wirkten aber ihre örtlichen Organe bei der Steuereintreibung mit; das kurfürstliche Kriegskommissariat verfügte noch gar nicht über eigenes Personal. Wie sich bei diesem Verhalten der Stände Furcht vor militärischen Repressalien und Einsicht in die politische Lage verhielten, läßt sich nicht ermitteln.

Die Frage nach den Motiven Kurfürst Friedrich Wilhelms bei seiner Ständepolitik sollte zunächst an sein Politisches Testament[16] von 1667 gerichtet werden. Hier wird das Thema geradezu verharmlost. Von Möglichkeiten des Konflikts ist kaum die Rede; nur im Hinblick auf das Herzogtum Preußen wird in bemerkenswert vager Art ein tiefsitzendes Mißtrauen ausgesprochen, das offenbar mit der Furcht des Kurfürsten vor einer gegen ihn gerichteten Verschwörung zusammenhängt. Dies Motiv wird ja auch in der Behandlung Kalcksteins erkennbar. Im übrigen gewinnt man aus dem Politischen Testament den Eindruck, Friedrich Wilhelm habe sein Verhältnis zu den Ständen insgesamt für harmonisch gehalten.

Dieses auf den ersten Blick verblüffende Bild paßt zur tatsächlichen Politik nicht so schlecht, wie man zunächst meinen sollte. Aus den Konflikten, die

bis 1697. Darstellung und Akten, 2. Bd.: Die Zentralverwaltung des Heeres und der Steuern, München und Leipzig 1915 (Urkunden und Aktenstücke zur Geschichte der inneren Politik des Kurfürsten Friedrich Wilhelm von Brandenburg, T. 1., Bd. 2).

16 Anm. 12, letzte Angabe.

wir betrachtet haben, läßt sich ein Grundmuster ständepolitischer Strategie ableiten: Der frontale Konflikt mit den gesamten Ständen eines Territoriums wird vermieden. Gewalt richtet sich gegen Einzelne oder Gruppen, mit denen eine Verständigung nicht mehr aussichtsreich scheint. Diese Gewalt wird flankiert von Maßnahmen, die auf eine politische Isolierung der Betroffenen von der Mehrheit abzielen. Sie dient nicht unmittelbar der Durchsetzung kurfürstlicher Forderungen, sondern ist auf Einschüchterung der Mehrheit und Erhöhung von deren Kompromißbereitschaft gerichtet. Kennzeichnenderweise folgen auf solche Machtdemonstrationen meist noch lange Verhandlungen, die mit einem für beide Seiten tragbaren Kompromiß enden. Als das Mindestmaß des Unerläßlichen aus kurfürstlicher Sicht erweist sich immer wieder die Sicherung des stehenden Heeres.

Dem entspricht, was sich über das Selbstverständnis Kurfürst Friedrich Wilhelms allgemein erkennen läßt[17]: Er bejahte grundsätzlich die überkommene hierarchische Ordnung der Gesellschaft einschließlich der darin gegebenen politischen Rechte der Führungsschicht. Daraus ergab sich nach seiner Auffassung allerdings auch die Pflicht der Führungsschicht, politische Aufgaben zu lösen. Im Idealfall sollten Fürst und Stände dies gemeinsam tun; Absolutist war Friedrich Wilhelm soweit, daß er dem Gedanken des Gottesgnadentums entsprechend diese politische Verantwortung vorrangig auf sich bezog und bereit war, sie notfalls über ständische Privilegien hinweg auch allein zu tragen. Seine Idealvorstellungen dürften etwa mit den Verhältnissen der Niederlande unter ihren großen Statthaltern oder Schwedens unter Gustav Adolf bezeichnet sein. Bezeichnenderweise hat er im Anfang seiner Regierung versucht, die Stände der Kurmark in die Verantwortung für den außenpolitischen Kurswechsel des Waffenstillstands mit Schweden hineinzuziehen[18]; er mußte erleben, daß sie sich ihm grundsätzlich verweigerten.

Mit welcher Begründung der Kurfürst sich tatsächlich immer wieder über ständische Privilegien hinwegsetzte, klingt bereits drei Sätze weiter oben an in dem Wort „notfalls". Die Legitimierung des kurbrandenburgischen Absolutismus geschieht notrechtlich; „necessitas non habet legem" ist die Formel, die immer wieder von kurfürstlichen Landtagskommissaren verwandt wird[19]. Zweifellos wird dieser Begriff überstrapaziert, wenn unter Berufung auf Notlagen Einrichtungen von Dauer wie das stehende Heer

---

[17] *Opgenoorth,* Friedrich Wilhelm (Anm. 10), 1. Bd., 222 - 226, 247 - 250; 2. Bd., 339 - 345.

[18] Ebd., 1. Bd., 93 f.

[19] Mit der grundsätzlichen und taktischen Bedeutung dieser notrechtlichen Begrifflichkeit am Beispiel des kurmärkischen Landtags von 1651 - 1653 befaßt sich *Christoph Fürbringer,* Necessitas und Libertas. Staatsbildung und Landstände im 17. Jahrhundert in Brandenburg, Erlanger Historische Studien, 10. Bd., Frankfurt a. M. 1985. Seine Ergebnisse bestätigen meine Eindrücke.

errichtet werden. Andererseits hat Friedrich Wilhelm offenbar die außenpolitische Lage seiner Lande als Dauerbedrohung wahrgenommen; subjektiv sicher ehrlich und auch objektiv weithin angemessen.

Es ist in den letzten Abschnitten mit Bedacht meist vom Kurfürsten die Rede. Die skizzierten Gedanken lassen sich im Spektrum der Überzeugungen seiner Mitarbeiter relativ deutlich als seine eigenen erkennen[20]. Daneben gibt es einerseits bei den Statthaltern oder beim Oberpräsidenten Otto von Schwerin weitergehende Kompromißbereitschaft gegenüber den Ständen, andererseits denken Mitarbeiter des Großen Kurfürsten wie Waldeck, Jena, Meinders „absolutistischer" als ihr Herr. Es sind dies typischerweise diejenigen, die besonders intensiv mit dem Aufbau der neuen Verwaltung zu tun haben; von hier laufen Entwicklungslinien ins folgende Jahrhundert.

Die Motive und Ziele der Ständevertretungen[21] in ihren Auseinandersetzungen mit dem Landesfürsten sind regional durchaus verschieden. Gemeinsam ist, daß das Widerstandsrecht nirgends in dem Umfang in Anspruch genommen wurde, wie dies in den Niederlanden oder in England geschehen war. Die erwähnte Steuerverweigerung der klevischen Stände von 1653 war das Äußerste, wozu es kam; dabei hätte in dieser Krisensituation der kurfürstlichen Politik nicht nur eine recht klare Rechtsgrundlage, sondern auch tatsächlich eine gute Chance für die Stände bestanden, sich von ihrem gegen das Recht handelnden Landesfürsten loszusagen und in Anlehnung an die Niederlande ihren eigenen politischen Kurs zu steuern. Hier wie durchweg anderswo bei den Ständen der kurbrandenburgischen Lande im 17. Jahrhundert fehlte zu einer solchen Politik offenbar die grundlegende Bereitschaft. Wir müssen annehmen, daß der Gedanke des Gottesgnadentums noch sehr ernst genommen und daher die Initiative des Landesfürsten in der politischen Willensbildung vor allem bezüglich der Außenpolitik nicht angezweifelt wurde.

Überhaupt war das Verständnis der eigenen Rechte vergleichsweise ,unpolitisch': Die überkommenen Privilegien wurden nicht als verfassungsartige Ordnung des Gemeinwesens verstanden, aus der politische Rechte und Pflichten abzuleiten gewesen wären, wie das anderswo im damaligen Europa durchaus der Fall war; es stand vielmehr die Wahrung der eigenen wirtschaftlichen und gesellschaftlichen Vorrechte im Vordergrund. Wenn etwa der Landtagsrezeß der Mark Brandenburg von 1653 immer wieder so gedeutet worden ist, hier habe der Kurfürst die Grundlegung des Absolutismus mit der Zementierung ständischer, vor allem adliger Vorrechte bezahlt, dann paßt das in dies Bild.

Die wichtigste Konsequenz aus diesem Selbstverständnis war die schon früh beobachtete Beschränkung der Stände der einzelnen Territorien auf

---

20 Vgl. Anm. 17.

21 Vgl. Anm. 17 und *Opgenoorth,* Herzog Friedrich Wilhelm? (Anm. 11).

ihre je eigenen Interessen und der Verzicht auf irgendwelche Ansätze von Zusammenarbeit, sei es auch nur zum Schutz ihrer Rechte gegen landesfürstliche Übergriffe. Es blieb also von vornherein dem Kurfürsten überlassen, gemeinsame Interessen seiner Territorien wahrzunehmen und zu vertreten. Gering war auch die Solidarität der ständischen Gruppen innerhalb der Territorien; erstaunlich leicht ist es dem Kurfürsten und seinen Mitarbeitern immer wieder geworden, Adel und Städte gegeneinander auszumanövrieren.

Die Bedeutung dieses Sachverhalts läßt sich erläutern an den Auseinandersetzungen um die Akzise in der Mark Brandenburg[22]. Kurfürst Friedrich Wilhelm plante schon früh, dies System indirekter Steuern, das er aus den Niederlanden kannte, im ganzen Lande einzuführen. Für die wirtschaftliche Gesundung der vom Dreißigjährigen Krieg schwer getroffenen Mark wäre dies sicher vorteilhaft gewesen. Es hätte jedoch einen Eingriff in die traditionelle Steuerfreiheit des Adels für seinen Eigenbesitz bedeutet. Aus diesem Grund lehnten die adligen Deputierten auf den Landtagen das Vorhaben beharrlich ab; eingeführt wurde die Akzise vereinzelt schon in den vierziger Jahren, durchgängig seit 1667 in den Städten, um deren Steueranteil innerhalb der überkommenen Landesmatrikel aufzubringen; das platte Land zahlte weiterhin die Kontribution, eine Grundsteuer.

Der Aufbau des neuen Besteuerungsverfahrens in den Städten geschah von vornherein unter Mitwirkung landesfürstlicher Beamter. Mehrerträge über die Sätze der Landesmatrikel hinaus wurden ohne merklichen Widerstand für die kurfürstlichen Kassen beansprucht. Schon in den achtziger Jahren wurde die Akzise zum Instrument merkantilistischer Wirtschafsförderung, aber auch zum Ansatzpunkt von Bemühungen, die in der Tat vielfach ungeordneten städtischen Finanzen unter staatlicher Kontrolle zu sanieren. Die hier zutagetretende Tendenz, mit den offenkundigen Schäden überkommener städtischer Selbstverwaltung auch diese selbst zugunsten der staatlichen Bürokratie zu beseitigen, fand im 18. Jahrhundert unter dem Soldatenkönig ihren Höhepunkt.

Alternativen zu dieser Entwicklung, die hier mit Bedacht eher abwertend geschildert ist, hätten bei einer anderen Politik der Landstände innerhalb des Möglichen gelegen. Zu diesem Schluß berechtigen die Beratungen von 1683 um die Einführung der Stempelsteuer[23]. Eine Minderheit adliger Deputierter vertrat hier die Auffassung, man müsse dem Ansinnen des Kurfürsten entgegenkommen, um auf diese Weise eine Beteiligung der Stände an der Verwaltung der neuen Steuer zu erreichen. Die Vertreter dieser Position setzten sich nicht durch. Daß gelegentlich der Einführung der Akzise Ähnliches überhaupt erwogen worden wäre, ist nicht belegt. Immerhin gab es 1683 einzelne Vertreter des Adels mit solchen meines Erachtens zukunftwei-

22 *Opgenoorth,* Friedrich Wilhelm (Anm. 10), 2. Bd., 37 – 43.

23 Anm. 22, 40.

senden Ideen. Daß der Kurfürst auf solche Initiativen eingegangen wäre, ist nach dem oben Geschilderten wahrscheinlich. Es läßt sich also mit Grund vermuten, daß die relativ starke Beteiligung der Stände am politisch-administrativen Geschehen auf regionaler Ebene, wie sie bis zum Ende des alten Preußen für die westlichen Gebiete[24] kennzeichnend war, auch in anderen Teilen des Staates hätte bestehen können. Für die langfristige Entwickung des preußischen Staates auf der Linie etwa der Vorstellungen des Freiherrn vom Stein wäre dies zweifellos günstig gewesen. Ob man dies für wünschenswert halten will, wie ich es tue, ist eine der eingangs angesprochenen politischen Wertungsfragen.

---

[24] *Ernst Opgenoorth,* Die rheinischen Gebiete Brandenburg-Preußens im 17. und 18. Jahrhundert, in: Expansion und Integration. Zur Eingliederung neugewonnener Gebiete in den preußischen Staat, hrsg. v. Peter Baumgart, Köln 1984, 33 - 44. Zur Rezeption dieser Erscheinungen durch Stein vgl. *Gerhard Ritter,* Stein. Eine politische Biographie, Stuttgart ^{3}1958, 56 - 63.

Gefährdetes Erbe

Landesdefension und Landesverwaltung in Ostpreußen zur Zeit des Großen Kurfürsten Friedrich Wilhelm von Brandenburg (1640 - 1688)

Von Stefan Hartmann, Berlin

Das Herzogtum Preußen zur Zeit der Regierung des Großen Kurfürsten ist bisher in der Forschung nicht umfassend, sondern im wesentlichen nur unter dem Aspekt der langwierigen Auseinandersetzung des Landesherrn mit den dortigen Ständen behandelt worden [1]. Auf die zahlreichen Veröffentlichungen zu diesem Problem kann ich im Rahmen meines Vortrags nicht eingehen [2]. Festzuhalten bleibt, daß die von mir zu erörternden Fragen der Landesdefension und Landesverwaltung eng mit der Ständeproblematik verbunden sind. Als Kurfürst Friedrich Wilhelm 1640 die Regierung antrat, verfügten die Stände in seinen Landen über ein ausgedehntes Mitspracherecht in der Steuer- und Finanzpolitik sowie in den Bereichen der Landesverteidigung und Landesverwaltung. Auch in außenpolitischen Belangen nahmen sie ein Mitspracherecht wahr. Bedingt durch die Wirren des Dreißigjährigen Krieges und die schwache Regierung des Kurfürsten Georg Wilhelm konnten die Stände ihren Einfluß vielerorts auf Kosten der Landesherrschaft weiter ausbauen. Besonders deutlich war das im Herzogtum Preußen, wo sie aus der Lehnsabhängigkeit dieses Territoriums von der Krone Polen Nutzen zogen und sich je nach Bedarf stärker oder schwächer an diese anlehnten [3]. Die ostpreußischen Stände bestanden damals aus drei Kurien: 1. dem Herrenstand und den Landräten, 2. der Ritterschaft und dem Adel und 3. den Städten. Seit Beginn des 17. Jahrhunderts gehörten der ersten Kurie die vier Oberräte, d. h. der Landhofmeister, oberste Burggraf, Kanzler und Obermarschall [4] — ihre Kompetenzen umfaßten die Aufsicht über die

---

1 Vgl. *Ernst Opgenoorth,* Friedrich Wilhelm. Der Große Kurfürst von Brandenburg, 2 Bde., Göttingen 1971 - 1978. *Ders.,* Herzog Friedrich Wilhelm? Das Herzogtum Preußen unter dem Großen Kurfürsten, in: Preußen und Berlin. Beziehungen zwischen Provinz und Hauptstadt (Schriftenr. Nordost-Archiv, H. 22), Lüneburg 1981, 83 - 97.

2 Vgl. auch *Hugo Rachel,* Der Große Kurfürst und die ostpreußischen Stände (1640 - 1688), Leipzig 1905.

3 Vgl. *Horst Wischhöfer,* Die Ostpreußischen Stände im letzten Jahrzehnt vor dem Regierungsantritt des Großen Kurfürsten, Göttingen 1958 (= Göttinger Bausteine zur Geschichtswissenschaft, Bd. 29).

4 *Alexander Horn,* Die Verwaltung Ostpreußens seit der Säcularisation 1525 - 1875, Königsberg 1890, 90.

gesamte Landesverwaltung — sowie die Landräte, deren Zahl im Jahre 1605 auf zwölf festgesetzt worden war, an. Die Landräte wurden zwar auf Vorschlag der Regierung vom Kurfürsten ernannt, sie waren jedoch im wesentlichen Organe des Adels, der dadurch großen Einfluß auf die Landesverwaltung erhielt. In der zweiten Kurie wurde der ländliche Grundbesitz repräsentiert — sie schloß auch die Kölmer[5] und Freien mit ein, während in der dritten Kurie die drei Städte Königsberg und die übrigen, sogen. kleinen Städte vereinigt waren[6].

Bereits kurz nach seinem Regierungsantritt versuchte der Große Kurfürst, den übermächtigen Einfluß der preußischen Stände zurückzudrängen. Angesichts der bestehenden polnischen Lehnshoheit mußte er sich jedoch zunächst mit kleinen Schritten begnügen. So bestätigte er den Ständen das Indigenatsrecht, nach dem nur im Herzogtum Preußen Eingesessene den Zugang zu Ämtern erhalten konnten, brachte jedoch in Einzelfällen Personen seines Vertrauens, die nicht im Lande geboren waren, auf einflußreichen Posten unter. Früh begann er mit der Beschneidung der selbständigen Stellung der Oberräte. Schon in den ersten Jahren seiner Herrschaft betonte er den Oberräten gegenüber, daß ihre Verpflichtung ihm gegenüber stärker und wichtiger sei als die gegen die Stände[7]. Als er 1643 Ostpreußen verließ, hinterließ er ihnen eine Instruktion, die sie verpflichtete, sowohl über Fragen, in denen sie sich nicht einigen konnten, als in anderen wichtigen Angelegenheiten die Resolution des Kurfürsten einzuholen[8]. Auch von der Verwaltung der einträglichen Pillauer Zölle suchte Friedrich Wilhelm die Oberräte fernzuhalten, konnte das jedoch nicht immer durchsetzen[9]. Insgesamt gesehen war jedoch die Herrschaft der Stände im Herzogtum Preußen zu fest gefügt, als daß sie in den ersten Regierungsjahren des Großen Kurfürsten merklich hätte erschüttert werden können. Eine ihrer wesentlichen Grundlagen war der direkte Zugriff auf die Amtsverwaltung, d. h. die Bestellung der Amtshauptleute, die nur den Regimentsräten, ihren adligen Standesgenossen und Freunden verantwortlich waren und in ihren Bezirken ganz selbständig handeln konnten[10]. Der landesherrlichen Kontrolle weitgehend entzogen war auch die Finanzverwaltung im Herzogtum Preußen, die in den Händen der

5 Die Bezeichnung „Kölmer" leitet sich von der Kulmer Handfeste von 1233 her. Kölmischer Besitz bedeutete wirkliches Eigentum, d. h. sein Besitzer konnte unbeschränkt über seinen Grund und Boden verfügen, obgleich er nicht völlig frei von Abgaben war.

6 *H. Rachel* (Anm. 2), 19 – 48.

7 Ebd., 5.

8 *E. Opgenoorth* (Anm. 1), Bd. 1, 122. Zu den Zentralisierungsbestrebungen des Großen Kurfürsten vgl. *Ludwig Tümpel,* Die Entstehung des brandenburgisch-preußischen Einheitsstaats im Zeitalter des Absolutismus (1609 – 1806), Breslau 1915, 44 ff.

9 *Bruno Schumacher,* Geschichte Ost- und Westpreußens, Würzburg [2]1957, 170 f., *E. Opgenoorth* (Anm. 1), Bd. 1, 105 f.

10 *A. Horn* (Anm. 4), 230 ff.

ständischen Kastenherren lag. Als ihre ureigenste Domäne betrachteten die ostpreußischen Stände die Mitwirkung bei der Regelung der Landesdefension, die am Anfang des 17. Jahrhunderts von Herzog Georg Friedrich eingeführt worden war[11]. Bei dem Ausdruck „Landesdefension" handelt es sich um einen zeitgenössischen Terminus technicus, „der die zeitlich und regional verschiedenen Einrichtungen wie Landesausschuß, Landfahnen, Defensionswerke, Miliz, regulierte Truppen u. ä. abdeckt, so daß sie von den regulären stehenden Soldtruppen unterschieden werden können" [12]. Maßgebend ist hier die Anknüpfung an das auf mittelalterlichem Rechtsdenken beruhende Aufgebotsrecht, mit dem die Pflicht zur Landesverteidigung sowohl für den Landesherrn als für die Untertanen begründet wurde. Den eigentlichen Anstoß für den Ausbau der Landesdefension lieferten die erfolgreichen Verteidigungsaktionen aus dem niederländischen Freiheitskampf am Ende des 16. Jahrhunderts. Im Herzogtum Preußen waren die Voraussetzungen für die Errichtung einer Landesdefension außerordentlich günstig, weil über Jahrzehnte hinweg kein Krieg oder sonstige Belastungen die aufblühende wirtschaftliche Entwicklung gehemmt hatten. Hier konnte man an die noch aus der Zeit des Ordens erhaltene, für das Aufgebot notwendige Verwaltungseinteilung — drei Großkreise mit 47 Amtshauptmannschaften, den früheren Komtureien — anknüpfen. Zur Landesdefension in Preußen gehörten die Ritterdienste, auch Roßdienste oder Dienstpflichtige genannt, das Aufgebot ausgewählter Bauern der landesherrlichen Dörfer mit der Bezeichnung Amtsmusketiere oder Wibranzen (poln. wybrancy = die Auserwählten) sowie das Aufgebot der Bürger und Einwohner der Städte, die zum Wachdienst auf den Wällen eingesetzt wurden. Das Generalkommando über die Roßdienste und Wibranzen führte ein Landobrist, auf dessen Berufung die Stände großen Einfluß ausübten[13]. Das Hineinregieren der Stände in die Belange der Landesdefension und das Unvermögen der landesherrlichen Gewalt, hier ihren Willen durchzusetzen, hatten zum raschen Verfall des Defensionswerks im Herzogtum Preußen beigetragen. Angesichts dieser unklaren Machtverhältnisse entzogen sich die meisten Adligen und Freien ihrer Aufgebotspflicht und blieben der Musterung fern. So waren auf der Generalmusterung von 1639, also kurz vor Regierungsantritt des Großen Kurfürsten, aus den drei ostpreußischen Kreisen Natangen, Samland und Oberland von den 5 568 dienstpflichtigen Wibranzen nur 326 erschienen, die überdies zum Einsatz zumeist untauglich waren[14]. Von den zu stellenden 2 260 Pferden war nur

---

11 *Christian Krollmann,* Die Begründung des Defensionswerks im Herzogtum Preußen 1601 - 1608, T. 1, Berlin 1904.

12 Vgl. Handbuch zur deutschen Militärgeschichte, T. 1, Von der Miliz zum Stehenden Heer. Bearb. von *Gerhard Papke,* München 1979, 66.

13 *Ullrich Marwitz,* Staatsräson und Landesdefension. Untersuchungen zum Kriegswesen des Herzogtums Preußen 1640 - 1655, Boppard 1984, 9 f. (= Militärgeschichtliche Studien 31).

weniger als die Hälfte aufgeboten worden. Es verwundert daher nicht, daß sich Friedrich Wilhelm schnell dieser untauglichen Defension entledigen und sie durch die Aufstellung eines ihm allein verpflichteten stehenden Heeres ersetzen wollte. Bereits im Mai 1646 hatte er erklärt, er wolle das Defensionswerk künftig nicht mehr ausschließlich aus eigenen Einkünften und aus Abgaben der Domänenbauern unterhalten und beabsichtige, es in der bestehenden Form nicht fortzuführen[15]. Erste Ansätze dafür waren der Ausbau der Festungen Pillau und Memel, die er dem Geschäftsbereich der Oberratsstube entzog und ihm allein verantwortlichen Gouverneuren unterstellte. Als nach Ausbruch des Schwedisch-Polnischen Krieges (1655 – 1660) das Scheitern der preußischen Landesdefension offensichtlich war, leitete der Kurfürst energische Maßnahmen zur endgültigen Beseitigung dieser nicht mehr zeitgemäßen Einrichtung ein. Er stützte sich dabei auf ein Gutachten des Landobristen Christoph Albrecht von Schönaich, das die Unzulänglichkeit der gegenwärtigen Defensionsverfassung bemängelte und hervorhob, daß man damit lediglich streifende Rotten von Einfällen und Plünderungen zurückhalten könne. Schönaich empfahl, die „unvermögenden" Offiziere mit einem Gnadengehalt zu entlassen und dafür gute, kriegserfahrene Leute anzustellen. Neben verstärkter Anwerbung von Kriegsvolk müsse für eine ausreichende Verpflegung und Bewaffnung der Truppen, vor allem im Bereich der Artillerie, gesorgt werden[16]. Die vom Kurfürsten voll geteilten Bedenken Schönaichs stießen auf den Widerspruch der Stände. Sie erklärten, wenn die Dienstpflichtigen und Wibranzen für eine erfolgreiche Verteidigung nicht ausreichten, müsse man zu Gott seine Zuflucht nehmen. Der Kurfürst möge daher allgemeine Buß- und Bettage ansetzen. Sie seien zwar gerne bereit, die Kosten für die Anwerbung von drei Regimentern zu bewilligen, das Land könne sie aber jetzt unmöglich aufbringen[17]. Wegen des anhaltenden Widerstands der Stände gegen eine Änderung der Defensionsverfassung im Herzogtum Preußen schlug der Kurfürst zunächst einen Kurs des Lavierens ein. Er billigte die Beibehaltung des Defensionswerks unter Voraussetzung einer strafferen Aufsicht der Amtshauptleute über die Dienstpflichtigen ihres Bezirks, forderte dafür aber von den Ständen die Bewilligung von Mitteln zur Aufstellung geworbener Truppen, wozu jene aber nach

---

14 Geheimes Staatsarchiv Preußischer Kulturbesitz XX. HA Etatsministerium Königsberg 83 k Nr. 4 b, Verzeichnis der Dienstpflichtigen und Wibranzen im Herzogtum Preußen 1639. Die nachfolgenden Archivsignaturen beziehen sich sämtlich auf das Geheime Staatsarchiv.

15 *U. Marwitz* (Anm. 13), 37, Reskript des Großen Kurfürsten vom 14. 5. 1646 im Etatsministerium (abgek. EM) 83 a, Nr. 8.

16 Urkunden und Aktenstücke zur Geschichte des Kurfürsten Friedrich Wilhelm von Brandenburg, Bd. 15, hrsg. von *Kurt Breysig*, Berlin 1894, 352, Gutachten des Landobristen Christoph Albrecht von Schönäch über die Landesdefension vom 23. 4. 1655.

17 Ebd., 354, Bedenken des Herrenstandes und der Landräte, eingegangen 24. 4. 1655.

wie vor nicht bereit waren. Insbesondere forderte der Kurfürst die Einführung der Akzise und eines Generalhufenschosses sowie Zollerhöhungen. Wie ein roter Faden ziehen sich die Proteste der Stände gegen diese Forderungen durch die Akten. Sie beriefen sich auf den kümmerlichen Zustand des Landes, der durch Mißwachs und Kriegseinwirkungen verursacht worden sei. Es gebe viele schlechte steinige Äcker, die in vielen Jahren „nur Blumen getragen" hätten. Dennoch werde davon Hufenschoß verlangt[18].

Bei der Akzise handelte es sich um eine indirekte Verbrauchssteuer, die in den im Königsberger Altstädtischen Rathaus befindlichen Landkasten floß, nachdem sie in den drei ostpreußischen Kreiskästen gesammelt worden war. Die oberste Aufsicht über die Einziehung der Akzise lag bei den Oberkastenherren, die aus allen Ständen des Landes „genommen" werden sollten. In den Ämtern sollte die Ritterschaft die Akziseeinnehmer bestellen, während in den kleinen Städten der Bürgermeister für die ordnungsmäßige Erhebung der Akzise verantwortlich war. In den Städten Königsberg, „weil dieselbe weitläufig und groß" seien, müsse aus Rat, Gericht und Gemeinde die Nominierung der Akziseeinnehmer erfolgen[19]. Das verdeutlicht, daß die Einziehung der Akzise zunächst nicht bei landesherrlichen Behörden, sondern in der Hand der Stände lag. Mit der Errichtung des Kriegskommissariats als oberster landesherrlicher Steuerbehörde sollte sich das aber allmählich ändern. Es hatte für die Bedürfnisse des neuen stehenden Heeres zu sorgen, beaufsichtigte die Einziehung der Akzise und ließ die Gelderhebungen durch besoldete lebenslängliche Beamte durchführen[20].

Im Schwedisch-Polnischen Krieg war indes das Herzogtum Preußen von einer geordneten Verwaltung noch weit entfernt. Darüber gibt ein Memorial der Oberräte Aufschluß, in dem es hieß, bei den „noch währenden Kriegs-Calamitäten" könnten die armen Untertanen „so wenig als ein Haupt ohne Glieder, ein Baum ohne Wurzel, ein Haus ohne Ständer oder Säulen bestehen". „Nicht allein von Tage zu Tage" würden mehr Häuser und Dörfer wüst, es wären auch viele Leute „ganz an den Bettelstab geraten" und etliche schon Hungers gestorben. Das beste Mittel, dem Lande zu helfen, sei ein beständiger Friede. Wenn man diesen nicht erlangen könne, müsse jeder Vernünftige bekennen, daß das Land nicht ohne Defension, die Defension nicht ohne Soldaten und die Soldaten nicht ohne Sold bestehen können. Um die Kriegslast dem Lande erträglich zu machen, müsse auf gute Disziplin unter den Soldaten geachtet, die Zahl der Stäbe und Kriegsobristen verringert, die Unkosten des Kommissariats reduziert, die Zahl der Amtsbedienste-

---

[18] Ostpr. Fol. 662, 84, 26. 4. 1655.

[19] Ebd., 217 - 261, Entwurf einer Akziseordnung, Juni 1655 (genaueres Datum nicht bekannt).

[20] *A. Horn* (Anm. 4), 281 ff. Zur Funktion der Kriegskommissare und Kommissariatsbehörden vgl. *Hans Helfritz*, Geschichte der Preußischen Heeresverwaltung, Berlin 1938, 112 ff.

ten eingeschränkt und die Aufwendungen für die Verwaltung insgesamt beschnitten werden[21]. Viele Mißstände hatten ihre Ursache in der ungebrochenen Herrschaft der Stände, die eifersüchtig auf die Erhaltung ihrer Privilegien achteten, wozu neben dem Steuerbewilligungsrecht ihre Mitsprache bei der Landesdefension und bei der Landesverwaltung insgesamt gehörte.

Einen wesentlichen Einschnitt in dem Verhältnis zwischen Kurfürst und preußischen Ständen stellte die von Friedrich Wilhelm im Wehlauer Vertrag vom 29. September 1657 erlangte Souveränität über das Herzogtum Preußen und damit die Abschüttelung der polnischen Lehnsherrschaft dar. Damit waren die vielfältigen Einflußmöglichkeiten der Krone Polen in die Belange des herzoglichen Preußen beseitigt und den Ständen ihr wichtigster Rückhalt entzogen. Ernst Opgenoorth hat dargelegt, daß der Kurfürst in dem sich zuspitzenden Konflikt mit den Ständen keineswegs deren politisches Mitspracherecht in Frage stellte, sondern vielmehr wegen ihrer mangelnden Kompromißbereitschaft in den die Belange der Dynastie und des sich herausbildenden Gesamtstaats betreffenden Fragen — gemeint war damit eine „für alle Gebiete an den gleichen Maßstäben orientierte Außenpolitik", die allein durch ein auf der Grundlage regelmäßiger Steuern zu unterhaltendes stehendes Heer machtpolitisch gesichert werden konnte — zu harten Maßnahmen gegen die ostpreußischen Stände greifen mußte. Durch ihre Absage, für diese Ziele miteinzutreten, verscherzten sie sich die Möglichkeiten einer aktiven Beteiligung an der Politik[22]. Zur Durchsetzung seiner notrechtlich begründeten Politik setzte der Kurfürst einen ihm allein verantwortlichen Statthalter, den Fürsten Boguslaus Radziwill[23], im Herzogtum Preußen ein, unterband die noch bestehenden Bindungen an Polen u. a. im Bereich des Gerichtswesens durch die Errichtung eines Oberappellationsgerichts in Königsberg und drückte bei den Ständen erhebliche Geldbewilligungen durch. Diese befanden sich in dem auf dem langen Landtag von 1661 bis 1663 deutlich hervortretenden Konflikt mit der Fürstenmacht in einer ungünstigen Position, weil sie unter sich uneins waren und daher nicht geschlossen auftreten konnten und andererseits ihre Argumentation, die preußischen Stände hätten sich 1454 in Form eines zweiseitigen Vertrages dem Polenkönig unterstellt, von dem sich Polen nicht einseitig lösen könne, der Vertrag von Wehlau sei entgegen den Privilegien ohne Mitsprache der Stände abgeschlossen und daher nicht wirksam, Polen und Preußen seien Glieder eines Leibes, die nur von einem Oberhaupt, dem polnischen König, in Ruhe und Frieden regiert werden könnten, auf der Voraussetzung eines Widerstandsrechts der Stände beruhte. Diese Rechtsauffassung war nicht nur für den Kurfürsten unan-

21 EM 83 a, Nr. 26 a, Memorial der Oberräte (um 1658).

22 *E. Opgenoorth,* Herzog Friedrich Wilhelm? (Anm. 1), 85.

23 Vgl. *Jörg Jacoby,* Boguslaus Radziwill. Der Statthalter des Großen Kurfürsten in Ostpreußen, Marburg 1959 (= Wiss. Beitr. zur Geschichte und Landeskunde Ost-Mitteleuropas, 40).

nehmbar, auch die Mehrheit der Stände rückte von ihr ab[24]. Der konsequenteste Vertreter dieser Ansicht war der Kneiphöfsche Schöppenmeister Hieronymus Roth, der durch seinen Bruder über gute Verbindungen zum polnischen Hof verfügte und großen Anteil an der in einem Aufruhr gipfelnden Akziseverweigerung der Königsberger im Jahre 1662 hatte[25]. Angesichts der vergeblichen Bemühungen des Statthalters Radziwill und des Geheimen Rats Otto von Schwerin[26], Roth zur Aufgabe seines Widerstands und die Königsberger zur Erfüllung ihrer Steuerpflichten zu veranlassen, entschloß sich der Kurfürst, diese Opposition mit militärischer Gewalt zu brechen. Im Oktober 1662 landete er mit 2 000 Mann in Pillau und hielt wenig später seinen Einzug in Königsberg, ohne nennenswerten Widerstand gefunden zu haben. Roth wurde gefangengenommen und verbrachte den Rest seines Lebens in Festungshaft. Roths Verhaftung machte den auf dem langen Landtag versammelten Ständen klar, daß der Kurfürst radikalen Auffassungen, die seine Souveränität in Frage zu stellen suchten, kein Verständnis entgegenbrachte. Der lange Landtag ist insofern für das Verhältnis zwischen Fürst und Ständen wichtig, als hier beide Seiten den nach dem Frieden von Oliva geschaffenen Rechtszustand zu ihren Gunsten auszunutzen suchten. Mit welcher Beharrlichkeit die Stände an ihren Positionen festhielten, zeigt sich am Beispiel der Landesdefension. So erklärte die Kurie des Herrenstands und der Landräte, sie könne „zuwider ihren Landesfreiheiten keine geworbenen Völker mehr halten“ und erwarte vom Kurfürsten, daß er die geworbenen Kriegsvölker „zu Roß und Fuß ... gänzlich abschaffe und hingegen die Defension des Landes durch die Ritterdienste und Wybranzen unter einem eingesessenen Preußischen kriegserfahrenen Landesobristen und einländischen Officiren“ wieder einrichte. Dadurch könne das Herzogtum ohne Bedrückung der „armen Landes Einsassen“ besser als durch geworbene Kriegsvölker verteidigt werden. Die Landesdefension beruhe auf einem allgemeinen Aufgebot, das ein „freywilliges Werk“ sei. Es basiere „bloß auf der Liebe der Untersassen gegen ihre löbliche Herrschaft und ihr Vaterland“ und könne „zu ewigen Zeiten“ nur mit Einwilligung der Stände eingerichtet werden. Wegen dieser Freiwilligkeit dürfe der Kurfürst das Landesaufgebot nicht in einen „Ordinarius miles“, d. h. in ein stehendes Heer, verwandeln. Nach dem Zusammentritt des Aufgebots solle der Kurfürst „den General Kalckstein[27] oder einen andern preußischen kriegserfahrenen hohen Officir

24 *E. Opgenoorth* (Anm. 1), Bd. 2, 27. Vgl. auch Ostpr. Fol. 674, 79 v ff., Bedenken der Kurie des Herrenstands und der Landräte vom 2. 6. 1661.

25 Zur Lage in Königsberg 1662 und zur Person Roths vgl. *Fritz Gause,* Die Geschichte der Stadt Königsberg, Bd. 1, Köln, Graz 1965, 484 ff.; *E. Opgenoorth* (Anm. 1), Bd. 2, 29 ff.

26 *Bruno Schumacher,* Otto von Schwerin (1616 - 1679), in: Altpr. Biographie, Bd. 2, 657 - 658.

27 *v. Natzmer,* Albrecht von Kalckstein (1592 - 1667), in: Altpr. Biographie, Bd. 1, 317 - 318.

dem ganzen Lande zum General und Haupt" voranstellen. Weil „aber ein ganzes Land und alle seine Mannschaft einem Haupt allein" nicht unterstellt werden könne, müsse diesem ein preußischer Oberrat und aus allen Ständen ein Landrat „adjungiert" werden[28]. Aufschlußreich ist hier die Erwähnung des Generalleutnants Albrecht von Kalckstein[29], den der Kurfürst wegen Widersetzlichkeit gegen die Staatsgewalt und den Landesherrn 1661 arretierte und dessen Sohn Christian Ludwig[30] auf dem langen Landtag zu den Sprechern der Opposition gehörte. Die Vita des letzteren läßt wenig Rühmliches erkennen. Nach dem Entzug der Hauptmannschaft Oletzko wegen brutalen Amtsmißbrauchs trat er in polnische Kriegsdienste, kehrte 1665 nach Preußen zurück und wurde hier infolge einer Denunziation seines jüngeren Bruders, er habe in früheren Jahren ein Attentat auf den Kurfürsten sowie einen Einfall nach Preußen mit litauischen Truppen geplant, zu lebenslänglicher Festungshaft verurteilt. 1668 begnadigte ihn der Kurfürst zu einer Geldstrafe von 5 000 Talern, weil er möglicherweise von der Schuld Kalcksteins nicht völlig überzeugt war. Dieser entzog sich jedoch seiner Zahlungsverpflichtung durch die Flucht nach Warschau, wo er gegen den Kurfürsten intrigierte und sich widerrechtlich als Bevollmächtigter der preußischen Stände ausgab. Friedrich Wilhelm ließ ihn daraufhin gewaltsam aus Polen nach Memel entführen, wo er von einem Sondergericht zum Tode verurteilt und im Januar 1672 hingerichtet wurde[31]. Es ist hier nicht der Platz, um über die Berechtigung des Verfahrens des Kurfürsten gegen Kalckstein ein Urteil zu fällen. Im Vorgehen des Landesherrn gegen die Stände hatte es gewiß nicht die Bedeutung wie der Fall Roth. Erneut wird hier sichtbar, daß Friedrich Wilhelm in bestimmten Fragen notrechtlich argumentierte, d. h. den casus necessitatis zugrunde legte, was jedoch an seiner generellen Kompromißbereitschaft den Ständen gegenüber nur wenig änderte. Das zeigte sich in seinem behutsamen Vorgehen gegen die Stände nach der Verhaftung Roths, das vom Versuch einer einvernehmlichen Lösung der Probleme bestimmt war. Unter dem Einfluß der Vorgänge um Roth kam es allmählich zu einem Gesinnungswechsel der Königsberger Bürgerschaft, wo man sich zur Anerkennung der vom Kurfürsten geforderten Akzise bereit fand[32]. Am 12. März 1663 versicherte Friedrich Wilhelm, daß die Wehlauer Pakten, die mit den Ständen „wegen damaliger Conjuncturen und Kriegsgefahr" nicht hätten beraten werden können, diesen zu keinem Praejudiz gereichen und

---

28 Ostpr. Fol. 674, Bl. 234 ff., Bedenken der Kurie des Herrenstands und der Landräte vom 12. 7. 1661.

29 Am 4. 8. 1661 schrieb Schwerin über den General Kalckstein: "Er ist wohl capabel, etwas Böses zu thun, aber nicht was Gutes zu befördern". Vgl. Urkunden und Aktenstücke, Bd. 15, 544.

30 *Christian Krollmann,* Christian Ludwig von Kalckstein (um 1630 - 1672), in: Altpr. Biographie, Bd. 1, 318.

31 Vgl. *E. Opgenoorth* (Anm. 1), Bd. 2, 115 - 117.

32 *F. Gause,* Geschichte Königsbergs (Anm. 25), Bd. 1, 490.

der Rat der Stände bei anderen wichtigen Traktaten, die das Herzogtum Preußen beträfen, in Kriegs- und Friedenszeiten eingeholt werden sollte. Außerdem sagte er die Zuziehung polnischer Kommissare zur Huldigung der preußischen Stände zu. Er bestätigte den Ständen alle Privilegien „in Religions- und Profansachen", vor allem die Beibehaltung der lutherischen Religion, gestand aber auch den Reformierten und Katholiken die freie Religionsausübung zu, was von den Ständen zuvor beharrlich abgelehnt worden war. Außerden versprach der Kurfürst, ohne Zusage der Stände keinen Krieg wegen des Herzogtums Preußen anzufangen. Ausgenommen sei davon nur der casus necessitatis, in dem er auf die Vorstellungen der Stände nicht eingehen könne[33]. Das zeigt, daß sich der Kurfürst seine Außen- und Militärpolitik nicht von den Ständen beschneiden lassen wollte. Mit diesem Vorbehalt hatte er ein Mittel in der Hand, das Mitspracherecht der Stände in wichtigen Fragen zu durchlöchern, ein Verfahren, das er später wiederholt angewendet hat.

Sowohl im Dokument vom 12. März 1663 als im Landtagsabschied vom 1. Mai jenes Jahres wird das große taktische Geschick des Kurfürsten sichtbar. Während in den darin enthaltenen Formulierungen die Privilegien der Stände anerkannt wurden, blieb in Wirklichkeit kein Zweifel daran, daß die Frage, „ob die Souveränität die Grenze der ständischen Privilegien bestimme oder umgekehrt ... grundsätzlich im Sinne des Kurfürsten entschieden" worden war[34]. Wichtig war, daß die Oberräte künftig auf die kurfürstliche Instruktion verpflichtet und die Stellung des Statthalters anerkannt wurde. Ein Erfolg für die Politik des Kurfürsten war auch, daß die Stände erstmals in Friedenszeiten Steuern für die Truppen bewilligten. Die Steuerleistung war zunächst auf drei Jahre terminiert. Für die Aufnahme von Hypotheken auf Lehngüter oder ihre Veräußerung mußte künftig die Genehmigung des Kurfürsten eingeholt werden. Weitere Punkte betrafen Maßnahmen zur Besetzung wüster Hufen in den Ämtern, die Regulierung des Kammerwesens, die Pflicht der Regierung zur Berichterstattung über den Einzug verpfändeter Domänen, die Zulassung von Reformierten und Katholiken zum Bürgerrecht in Königsberg und die Beibehaltung der Wahl- oder Kürordnung der Stadtmagistrate und Gerichte[35].

Obwohl der lange Landtag zu einer Zurückdrängung des Einflusses der Stände auf die Geschicke im Herzogtum Preußen geführt hatte, blieben sie weiterhin — vor allem wegen ihres Steuerbewilligungsrechts — eine gewichtige Kraft im Lande, mit der sich der Kurfürst auseinanderzusetzen hatte. Einer der Kernpunkte der immer wieder entstehenden Auseinandersetzungen war die vom Kurfürsten verlangte Bereitstellung von Steuererträgen für

---

33 EM 87 e, Nr. 1372, Reskript Friedrich Wilhelms vom 12. 3. 1663.

34 *E. Opgenoorth* (Anm. 1), Bd. 2, 35.

35 Ebd., *B. Schumacher* (Anm. 9), 174 f.

das stehende Heer und die Abschaffung der „untauglichen" Landesdefension. Im Politischen Testament vom 19. Mai 1667 hat der Kurfürst seine in den vorausgehenden Jahren mit den preußischen Ständen gemachten Erfahrungen zum Ausdruck gebracht. Darin hieß es, Preußen gehöre zu den besten seiner Territorien. Man müsse daher die dortigen Ämter durch treue Gefolgsleute ohne Ansehen der Person verwalten lassen. Der Ausbau der Festungen Pillau, Memel und Königsberg sei erforderlich. Sein Nachfolger dürfe sich durch keinen Menschen dazu verleiten lassen, diese zu demolieren. Er dürfe seine Festungen nur Kommandanten anvertrauen, die allein von ihm dependieren. Beim Vorhandensein ausreichender Mittel solle er Labiau und Wehlau „wohl fortificieren", was für die Behauptung Samlands unerläßlich sei. Die Preußische Landesmiliz tauge zu keinem Kriege, wie er, der Kurfürst, selbst erfahren habe. Die Freien und Wibranzen müßten daher ihre Dienstpflichten durch Erlegung gewisser Gelder ablösen, die man in Notzeiten zu Werbungen und zur Landesdefension verwenden könne. Sein Nachfolger solle die Gesuche der Landstände um Anstellung eines Landobristen ablehnen. In der Vergangenheit hätten sich die Landobristen die Stelle eines fünften Oberrats angemaßt und „alle Direction in Garnisonen undt Felde" beansprucht. Die Autorität der Oberräte würde bedenklich zunehmen, wenn sie einen Landobristen an ihrer Seite hätten. Mit vier Oberräten könne man eher zurechtkommen als mit fünfen. Sein Nachfolger dürfe den Oberräten nicht mehr Autorität einräumen als seinen anderen Räten. Alle diese Gesichtspunkte seien zur festeren Verankerung der landesherrlichen Souveränität in Preußen vonnöten. Am Schluß der auf Preußen bezogenen Passage im Politischen Testament gab Kurfürst Friedrich Wilhelm seinem Sukzessor folgenden Rat: „Caressiret die Preussen, aber habt stetz ein wachendes auge auf sie. Ich bin versichert, daß wan Ihr nach meinem tode zur Regirung kommen werdet, Ihr alßdan meiner gedenken werdet. Ich mach von diesser materien auß gewissen ursachen nichts mehres melden. Ich hab sie zeitt meiner Regirung kennen lernen, Gott gebe, das Ihr nicht noch etwas mehres lernen moget, welches ich von hertzen wunsche. Seidt verstendig undt weise undt nehmet Euch woll in acht[36]." In diesen Ausführungen des Großen Kurfürsten haben seine negativen Erfahrungen mit den preußischen Ständen ihren Niederschlag gefunden. Ganz richtig hatte er erkannt, daß die volle Durchsetzung der Souveränität von der Verdrängung des ständischen Einflusses auf die Landes- und Amtsverwaltung im Herzogtum Preußen abhängig war. Trotz der weitgehenden Durchsetzung des kurfürstlichen Willens nach dem Ende des langen Landtags war die Opposition der Stände gegen die Steuerausschreibungen nicht zum Stillstand gekommen. Dahinter stand vor allem das Bestreben des preußischen Adels, sich der Besteuerung zu entziehen. Er war zu fest in der Landes- und Amtsverwaltung verankert,

---

[36] *Richard Dietrich* (Bearb.), Die politischen Testamente der Hohenzollern. Köln - Wien 1986, 198 – 200 (= Veröff. aus den Archiven Preußischer Kulturbesitz, 20).

wozu auch das starre Festhalten am Indigenat gehörte, um auf direktem Wege in Form einer „Radikalkur“ vom Kurfürsten zur Erfüllung seiner Verpflichtungen gezwungen werden zu können. Friedrich Wilhelm benutzte daher die Uneinigkeit innerhalb der Stände und spielte sie gegeneinander aus. Weitere Mittel zur Verfestigung der Souveränität waren der Ausbau des Festungswesens und die Verstärkung des stehenden Heeres, die Erweiterung der Befugnisse des Kriegskommissariats, wodurch der bisherige Landkasten zunehmend funktionslos wurde, und die Beibehaltung des Statthalteramts. In diesem Zusammenhang ist ein Blick auf das Festungswesen im Herzogtum Preußen angebracht. Schon zu Beginn seiner Regierung hatte sich der Große Kurfürst durch die Ernennung von ihm allein verantwortlichen Festungsgouverneuren ein Gegengewicht gegen die Oberräte und die von den Ständen abhängigen Landobristen verschafft. In der Errichtung und dem Ausbau der preußischen Festungen und in ihrer beabsichtigten Eingliederung in die „über die Territorien greifende Organisation“ des brandenburg- preußischen Festungswesens sind schon früh Aspekte des sich herausbildenden absolutistischen Staates erkennbar[37]. Nicht ohne Grund hatte der Große Kurfürst in seinem Politischen Testament von 1667 seinem Nachfolger den Ausbau des preußischen Festungswesens ans Herz gelegt. Im Gegensatz zur bisherigen Forschung[38] ist hervorzuheben, daß sich die Errichtung von Festungen nicht nur auf Pillau, Memel und Königsberg beschränkte, sondern auch Orte wie Labiau, Fischhausen, Ragnit, Ortelsburg, Johannisburg, Tilsit, Lyck und Neidenburg einbezog[39]. Nach dem Willen des Kurfürsten sollten alle diese Plätze in Friedenszeiten mit 2 850 und im Kriegsfall mit 6 270 Mann besetzt sein. Weiteres Augenmerk richtete er auf die Sicherung der Strände durch geeignete Küstenwachen, wozu 1 000 Reiter vorgesehen waren. Der Kurfürst knüpfte hier an die Einrichtung der bewaffneten Strandpatrouillen an, die seit 1636 zwischen Kranz Krug und Pillau nachweisbar sind[40]. Beim Ausbau der Festungen Memel und Pillau richtete er sich nach niederländischen Vorbildern, was in zahlreichen holländisch abgefaßten Gutachten über das Festungswesen in den Akten sichtbar wird. Die ostpreußischen Stände hielten dagegen auch nach dem Ende des langen Landtags, d. h. nach 1663, an der überkommenen Einrichtung der Landesdefension fest und opponierten heftig gegen die Verstärkung des stehenden Heeres, wobei sie ihr Steuerbewilligungsrecht als Hebel einsetzten. Immer wieder ist in den Akten von den Auseinandersetzungen des Kurfürsten mit den Ständen über die Erhebung der zur Unterhaltung des stehenden Heeres erforderlichen Steuern wie der Akzise, Hufenkontribution und der Kopfsteuer die Rede. Erfahrene Ratgeber des Kurfürsten wie der Oberpräsident Otto

---

37 *U. Marwitz* (Anm. 13), 59.

38 Vgl. u. a. *Marwitz* (Anm. 13).

39 Vgl. EM 83 a, Nr. 28, „Die Vestungen und nötige Garnisonen in Preußen“ (1663).

40 *U. Marwitz* (Anm. 13), 94.

von Schwerin empfahlen ein vorsichtiges Vorgehen in dieser Sache, um die Stände in ihrem Mißtrauen gegen die Landesherrschaft nicht zu bestärken und dem „ohnehin schon kitzlichen Polen“ keinen Vorwand zur Einmischung in preußische Belange zu geben. Solange noch diejenigen leben, welche die vorigen polnischen Zeiten erlebt haben, müsse mit „dergleichen Diffikultäten“ gerechnet werden, was „aber mit der Zeit immer mehr und mehr abnehmen muß“[41]. Obwohl Schwerin mit seinem Rat sicher recht hatte, konnte Friedrich Wilhelm in der Steuerfrage nicht auf einen Generationswechsel in Preußen warten, zumal sich die politische Großwetterlage ungünstig entwickelte. Er drohte wiederholt die Ausschreibung von unbewilligten Steuern an und zwang damit die Stände zur weitgehenden Bewilligung seiner Forderungen. Den 1674 erneut aufflammenden Widerstand der Königsberger gegen die ihnen abverlangten Steuerleistungen brach er wie schon 1662 mit militärischer Gewalt. Die damalige Stimmung in den drei Städten Königsberg gibt ihre Supplik an den Kurfürsten vom 10. Mai 1674 wieder. Darin hieß es, die Einwohner Königsbergs hätten „in sicherer Ruhe gesessen, sich keines Feindes oder Überfalls vermutet, Thor und Thür, Haus und Hof, ja all ihr Vermögen offen gehalten und im stillen Schlafe gleichsam geruhet“, als am 9. Mai „des morgens umb 4 Uhr unterschiedliche Obristen und Cavalieres mit dero unterhabenden Miliz an Cavallerie und Infanterie par force die Stadt-Thore, so ohne das offen gewesen, berennet“ und sich so verhalten hätten, als wenn Königsberg eine feindliche Stadt gewesen wäre. Die Truppe habe alle Märkte, Straßen und Pforten besetzt und von den Bürgern „alles Gewehr, die Schlüssel von den Thoren und 18 000 Reichsthaler“ verlangt. Solche Exzesse seien, solange das Haus Brandenburg in Preußen regiere, niemals vorgekommen. Die den Königsbergern zugemutete Kontribution sei nicht rechtens, weil die „unnützbaren Häuser“ keineswegs den Hufen auf dem Lande und in den kleinen Städten gleichgesetzt werden könnten. Besonders schimpflich sei die Wegnahme ihres Gewehrs, das sie immer gegen die Feinde des Hauses Brandenburg gebraucht hätten[42]. Weitere Klagen der Königsberger betrafen die Ausschreitungen der Soldaten, die mit der täglichen Verpflegung und Hausmannskost nicht zufrieden seien, sowie die Errichtung eines Galgens auf dem altstädtischen Markt, der der kurfürstlichen Residenzstadt Königsberg zur Schande gereiche.

Derartige radikale Maßnahmen gegen die Stände blieben jedoch die Ausnahme. Im allgemeinen wurde den Forderungen des Kurfürsten — allerdings unter Protest — entsprochen. Aufschlußreich sind die Beschwerden der ostpreußischen Ämter über die Steuererhebungen des Landesherrn, die in den Akten überliefert sind. So erklärte das Amt Brandenburg, die den Kölmern,

---

41 Urkunden und Aktenstücke zur Geschichte des Kurfürsten Friedrich Wilhelm, Bd. 16, T. 2, hrsg. von *Martin Spahn,* Berlin 1899, 623 f., Bericht Schwerins an den Kurfürsten vom 6. 8. 1670.

42 EM 87 e, Nr. 1414, 10. 5. 1674.

Freien, Krügern und Schulzen aufgebürdete monatliche Kontribution von 10 Groschen je Hufe sei niemals von den Ständen bewilligt worden. Nicht rechtens sei, daß zum Johannisburgischen Festungsbau von jedem Dienst zwei Reichstaler erzwungen würden. Das Amt Tapiau protestierte gleichfalls gegen die Hufenkontribution und die Heranziehung von dortigen Eingesessenen zu Dienstleistungen in anderen weitabgelegenen Ämtern. Die Ämter Sehesten, Oletzko und Rhein schlossen sich diesen Beschwerden an und beklagten sich über die Übergriffe der vom Kurfürsten bestellten Amtsvisitatoren[43]. Weitere gemeinsame Gravamina der Ämter betrafen die Erhöhung der Quartiergelder für das stehende Heer, die Beeinträchtigung des Schankrechts der dortigen Einsassen und die Wegnahme ihres Viehs[44]. Der Große Kurfürst begründete dagegen seine Maßnahmen mit dem casus necessitatis, d. h. mit notrechtlichen Argumenten. In seiner Erkärung vom 9. Mai 1671 hieß es, von allen Kontributionen sei nicht der geringste Heller für seinen Hofstaat verwendet worden. Das gesamte Geld wäre vielmehr für das Heer, das die Ruhe und Sicherheit der kurfürstlichen Lande garantiere, erforderlich gewesen. Er, der Kurfürst, habe 1663 die Privilegien der Stände nach ihrem Wunsche und Begehren bestätigt und müsse sie an ihre Verantwortung gegenüber der Landesherrschaft erinnern. Die Stände sollten „in den Grenzen ihrer Kondition, darin sie Gott gesetzt, bleiben und S. Ch. D. hohe iura unangefochten lassen". Nicht sinnvoll sei, daß anstelle der geworbenen Miliz „die Ordinar-Landesdefension nach der dortigen Gewohnheit eingerichtet werde"[45]. In weiteren Resolutionen hob der Kurfürst seine Bemühungen um die Förderung von Handel und Gewerbe im Herzogtum Preußen hervor. Das Indigenatsrecht des preußischen Adels habe er grundsätzlich respektiert und nur in wenigen Fällen Landesfremde auf einflußreiche Posten berufen. Die Stände müßten anerkennen, daß es gegenwärtig „gar wenig rechte preußische Geschlechter im Herzogtum" gebe. Die meisten Familien seien aus anderen Landen nach Preußen gekommen. Überdies nehme der Kurfürst Indigenatsverleihungen an Landesfremde nur mit Wissen der Stände vor. Den Landesverfassungen widerspreche nicht, daß in „der Pillau der General-Major La Cave[46], in der Mümmel aber der General-Major Görtzke[47] Gouverneur ist". Daß der Kurfürst seine preußischen Untertanen auch bei der Miliz nicht übergangen habe, beweise die Ernennung von vielen Landeseingesessenen zu Obristen und Generalmajoren. Auch die von ihm betriebene Verbesserung des Münz- und Finanzwesens sei keine Verletzung der Ständeprivilegien, sondern diene der Wohlfahrt des ganzen Landes[48].

43 Ostpr. Fol. 700, August 1670, Bl. 117 ff.

44 Ebd.

45 Urkunden und Aktenstücke, Bd. 16 (Anm. 41), 697 ff., 9. 5. 1671.

46 *Christian Krollmann*, Pierre de la Cave, in: Altpr. Biographie, Bd. 1, 101.

47 Zu Joachim Ernst von Görtzke vgl. *E. Opgenoorth* (Anm. 1), Bd. 2, 122, 176, 186.

48 Ostpr. Fol. 700, Bl. 215 ff., 30. 1. 1671.

Alle diese Argumente konnten jedoch die Stände nicht zur Aufgabe ihrer Opposition bewegen. So erklärte Anfang 1674 die Kurie der Landräte, der vom Kurfürst bei der Steuererhebung angeführte casus necessitatis sei nicht stichhaltig, weil „bis zu dieser Stunde das Land noch kein Krieg oder Feind berührt" habe. Die „Ottomanische Gefahr" sei durch die Krone Polen gebannt worden, und auch von den Franzosen brauche man nicht viel zu befürchten[49]. Hier zeigt sich, wie falsch damals in Ostpreußen die politische Großwetterlage eingeschätzt wurde. Weder war zu diesem Zeitpunkt die Türkengefahr beseitigt — 1683 sollte die Pforte mit der Belagerung Wiens zum letzten Schlag gegen das Abendland ausholen —, noch konnte von einem Verzicht Ludwigs XIV. auf seine weitgespannten Eroberungspläne die Rede sein. Überdies sollte der wenig später ausbrechende Konflikt mit Schweden, in dem auch das Herzogtum Preußen zum Kriegsschauplatz wurde, in aller Deutlichkeit zeigen, welchem Trugbild die ostpreußischen Stände mit ihrem selbstgefälligen und egoistischen Partikularismus erlegen waren. Diese Gefahren spricht die oben zitierte Eingabe der Landräte nicht an. Sie erschöpft sich stattdessen in der Feststellung, der Kurfürst erlege durch seine Steuerpolitik allen Untertanen „ohne Unterschied der Stände und Personen" die gleichen Lasten auf. Niemand könne daher „mit Wahrheit mehr sagen, daß er etwas Eigenes besitze oder über das Seinige disponiren könne", wodurch der gänzliche Ruin des Landes herbeigeführt werde[50]. Diese Eingabe verdeutlicht, daß für die Landräte und den mit ihnen verbundenen Adel die Gefährdung ihrer Privilegien durch die Steuererhebung des Kurfürsten — gemeint ist hier vor allem die Hufenkontribution — der Stein des Anstoßes war. Sie beklagten die Not des ganzen Landes durch die sich häufenden Belastungen und Pflichten und meinten in Wirklichkeit ihre dadurch tangierten Interessen.

Nach dem Ende 1674 erfolgten Einfall der Schweden in die Mark Brandenburg war auch die Bedrohung des weitgehend von Truppen entblößten Herzogtums Preußen in greifbare Nähe gerückt. Dort waren außer den Garnisonen von Pillau und Memel nur die aus zwei Kompanien bestehende Leibgarde des Statthalters Herzog Ernst Bogislav von Croy[51] und eine Dragonerabteilung zurückgeblieben. In dieser Notlage beschloß die Regierung, auf Einrichtungen zurückzugreifen, die in älterer Zeit in Preußen zum Zweck der Landesverteidigung begründet worden waren, d. h. die Ordinar-Landesdefension und das allgemeine Landesaufgebot[52]. Dieser Rückgriff auf die überkommene Landesverteidigung wurde von den Ständen begrüßt, sahen

---

49 EM 87 e, Nr. 1413, Eingabe der Kurie der Landräte, Anfang 1674 (genaue Datierung fehlt).

50 Ebd.

51 *Max Hein*, Herzog Ernst Boguslaw von Croy (1620 - 1684), in: Altpr. Biographie, Bd. 1, 117 - 118.

52 *Ferdinand Hirsch*, Der Winterfeldzug in Preußen 1678 - 1679, Berlin 1897, 3.

sie doch darin eine Möglichkeit, ihren Einfluß auf das Militärwesen des Herzogtums wieder herzustellen. Sie äußerten am 30. September 1675 ihren Dank für diese Maßnahmen und verlangten, daß ohne ihren Willen „keine Miliz daneben ins Land kommen" solle[53]. Hier zeigt sich, daß die Stände von einem patriotischen Empfinden weit entfernt waren. Sie suchten vielmehr die Zwangslage des Kurfürsten zu ihren Gunsten auszunutzen. Wie schon in früheren Zeiten erhielten die Amtshauptleute den Befehl, in ihren Bezirken die Wibranzen, von je zehn Hufen einen Mann, aufzubieten und die in ihrem Amt gelegenen Städte und Dörfer in Verteidigungszustand zu setzen. Ebenso ergingen Befehle wegen Stellung der Dienstpflichtigen zu Pferde. Auf Widerstand der Stände trafen dagegen die kurfürstlichen Anordnungen, Truppen zur Sicherung des Landes anzuwerben. Wiederholt erklärten sie in ihren Eingaben, dafür seien keine Mittel vorhanden, man müsse sich vielmehr auf die Einberufung der Ritterdienste, Wibranzen und Forstbeamten sowie des allgemeinen Aufgebots beschränken[54]. Der mit den Ständen in dieser Sache geführte Schriftwechsel läßt erkennen, wie schwer es damals für den von allen Seiten bedrängten Kurfürsten war, seine Forderungen in Preußen wenigstens teilweise durchzusetzen. Daß Friedrich Wilhelm die geringe Kampfkraft der Wibranzen richtig eingeschätzt hatte, zeigte sich in ihrem Versagen beim schwedischen Einfall in Preußen im November 1678. Ihrer Aufgebotspflicht waren nur wenige Eingesessene nachgekommen. Wie der Herzog von Croy dem Kurfürsten berichtete, wurde „bei den meisten im Lande eine große Trägheit zu dieser Defension verspürt" [55]. So war in Wehlau nur eine Kompanie Wibranzen aus dem Amt Balga erschienen. Besonders bedenklich war, daß auch von den aufgebotenen Wibranzen viele nicht unter ihren Fahnen blieben, sondern sich verliefen, wie im Amt Insterburg sichtbar war. Auch von den Dienstpflichtigen zu Pferde hatten sich nur wenige eingefunden. In den Städten war die Verteidigungsbereitschaft kaum besser als auf dem platten Land. In Königsberg hatten die Bürger trotz aller Mahnungen der Regierung ihre Wälle nicht instand gehalten. Auf der ausgeschriebenen Musterung erschienen viele nicht oder schickten junge oder invalide Leute mit unbrauchbaren Waffen als Vertreter[56]. Sie vernachlässigten den Wachdienst und die Diszipin und lehnten mit den anderen Städten jede Lieferung von Geld und Lebensmitteln ab. Wie Fritz Gause ausführt, war dieses Verhalten kein Ruhmesblatt in der Geschichte Königsbergs und ein trauriger Beweis für den Verfall der bürgerlichen Wehrhaftigkeit[57]. Ob die Sympathie eines Teils der Bürgerschaft mit den lutherischen Schweden, die ihr vielleicht näherstanden als der reformierte Kurfürst, für diese Tatenlosig-

---

53 Urkunden und Aktenstücke, Bd. 16 (Anm. 41), 816 f., 30. 9. 1675.

54 Ebd., 816 - 863.

55 *F. Hirsch* (Anm. 52), 46.

56 *F. Gause,* Geschichte Königsbergs (Anm. 25), Bd. 1, 495.

57 Ebd.

keit verantwortlich war, mag dahingestellt bleiben. In dieser desolaten Lage blieb dem Statthalter nichts anderes übrig, als den Kurfürsten um sein persönliches Eingreifen zu bitten. Friedrich Wilhelm, der von dem Einfall der Schweden in Preußen überrascht wurde, handelte wie immer in Krisenzeiten bedacht und schnell. Im Dezember 1678 traf Generalleutnant von Görtzke, der viele Jahre Gouverneur in Memel gewesen und daher in Preußen kein Unbekannter war, mit Kavallerie und Fußtruppen in Königsberg ein. Er war aber zum Vorgehen gegen die Schweden zu schwach und mußte auf die Ankunft der vom Kurfürsten persönlich geführten Abteilungen warten. Im Januar 1679 wurde dann mit vereinigten Kräften der entscheidende Schlag gegen die Schweden geführt, der mit ihrer gänzlichen Niederlage und Vertreibung aus Preußen endete[58]. Dieser glänzende Erfolg war ein Beweis dafür, daß dem stehenden Heer die Zukunft gehörte, während die überalterte Landesdefension ihre Unbrauchbarkeit erwiesen hatte. Auch die ostpreußischen Stände mußten jetzt begreifen, daß diese Verteidigungseinrichtung nicht mehr aufrechtzuerhalten war, an der sie vor allem aus eigensüchtigen Motiven festgehalten hatten. Sie mußten sich den Vorwurf gefallen lassen, unter Vorschützung ihrer Privilegien und ihrer Unvermögenheit keine ausreichenden Mittel für die Truppen bewilligt und damit zur mangelnden Verteidigungsbereitschaft des Landes beigetragen zu haben[59]. Das Versagen der Landesdefension im Krieg gegen Schweden bot dem Kurfürsten den Vorwand zur endgültigen Abschaffung dieser Einrichtung. Der ständische Einfluß auf das Militärwesen war damit gänzlich ausgeschaltet. Gegen zahlreiche Eingesessene, die sich ihrer Aufgebotspflicht entzogen hatten, wurden Prozesse eröffnet, die sich bis 1680 hinzogen, über deren Ergebnisse wir aber nicht unterrichtet sind. Auch gegen eine Anzahl von Offizieren des Landesaufgebots und die Amtshauptleute von Tilsit, Ragnit und Insterburg wurden Verfahren eingeleitet.

Mit diesen Maßnahmen hatte der Kurfürst seine Souveränität im Herzogtum Preußen bedeutend gestärkt. Die Stände behielten zwar ihr Steuerbewilligungsrecht, es wurde aber durch ihre „Separation" zunehmend ausgehöhlt. Diese „Separation" beruhte auf dem Grundsatz, Stadt und Land in Anbetracht ihrer unterschiedlichen wirtschaftlichen Verhältnisse getrennt zu den Steuerleistungen heranzuziehen. Grundlage für die Steuererhebung waren auf Erfahrungswerten der Vergangenheit beruhende feste Quoten, die ohne vorherige Bewilligung der Stände vom Adel und seinen Hintersassen, den Immediatuntertanen, kleinen Landstädten und Königsberg getrennt erhoben wurden. Die Aufsicht über die Steuererhebung lag beim Kriegskommissariat, das 1684 in eine kollegialisch organisierte Zivilbehörde, die „Kriegskammer", umgewandelt wurde[60]. Sie unterstand nicht den Königsberger Oberrä-

---

58 *F. Hirsch* (Anm. 52), 76 ff.; *Gerhard Oestreich,* Friedrich Wilhelm. Der Große Kurfürst, Göttingen 1971, 77 (= Persönlichkeit und Geschichte, 65).

59 *F. Hirsch* (Anm. 52), 55.

ten, sondern war der Zentralinstanz des Generalkriegskommissars in Berlin untergeordnet. Durch die Einführung fester Steuersätze war die Vertretung einzelner Bevölkerungsgruppen auf den Landtagen entbehrlich geworden. 1680 wurden die Städte Königsberg, 1681 die Kölmer, Freien und Domänenbauern und 1687 auch die kleineren Städte von den Landtagen separiert, die nun zu einer reinen Adelsvertretung wurden[61]. Diese Separation rief begreiflicherweise bei den davon Betroffenen zahlreiche Proteste hervor, die allerdings nichts bewirkten. Als Beispiel sei eine in den Akten überlieferte Eingabe der Kölmer, Freien, Schulzen und Krüger der Ämter Brandenburg, Balga und Preußisch Eylau genannt, in der sie um Wiederzulassung zu den Ständevertretungen baten. Sie müßten größere Belastungen als der Adel tragen, der von der Einquartierung verschont sei und monatlich nur 20 Groschen „von der Hufe" zahle. Obwohl sie und ihre Vorfahren dem Vaterland „so treue Ritterdienste" geleistet und „auch soviel unaufhörlich Saft und Kraft aussaugende Contributionen" bezahlt hätten, wären sie von der Kurie der Ritterschaft ausgeschlossen worden[62]. Noch plastischer ist eine Erklärung der Ritterschaftskurie, in der nicht nur die Aussaugung des Landes bis zum Ruin, sondern auch das Zergliedern des „einen Leibs der drei Stände" beklagt wurde. Es sei ein Krüppel daraus gemacht worden, indem man die „Städte und Freiheiten von dem Lande und die privilegierten Cölmer und Freien vom Adel . . . mit himmelschreiender Unbilligkeit getrennt" habe. Durch die Separierung der Städte, Kölmer und Freien, „die gleichsam Arme und Beine dieses Landes sind"[63], werde unfehlbar der Untergang des Landes herbeigeführt.

Weitere Beschwerden betrafen die Durchführung der Steuererhebung und die Einsetzung einer kurfürstlichen Kommission, die sämtliche in Preußen vorhandenen bebauten Hufen ermitteln und eine gerechtere Verteilung der Steuerlast bewirken sollte[64]. Vor allem der Adel sah darin den Versuch einer Überwachung seiner steuerlichen Verpflichtungen gegenüber der Landesherrschaft und berief sich — allerdings vergeblich — auf seine Privilegien[65]. Erst unter Friedrich Wilhelm I. sollte indes das Problem einer gerechten Grundsteuererhebung in Preußen gelöst werden. Ein Schritt auf dieses Ziel hin war eine stärkere Anpassung des Steuersystems auf die verschiedenen Bedürfnisse von Stadt und Land. Wie schon vorher in der Mark Brandenburg üblich, bürgerte sich im Herzogtum Preußen ein, daß die Städte die Akzise bezahlten, während das platte Land — also auch der grundbesitzende Adel

---

60 Vgl. *B. Schumacher* (Anm.9), 176 f.; *Opgenoorth* (Anm. 1), Bd. 2, 278 ff.

61 *B. Schumacher* (Anm. 9), 176.

62 EM 87 e, Nr. 1442, Eingabe der Kölmer, Freien, Schulzen und Krüger der Ämter Brandenburg, Balga und Preußisch Eylau von 1686 (genaue Datierung fehlt).

63 Ostpr. Fol. 722, Bl. 17 ff., Anfang Juni 1683.

64 Ebd., Bl. 66 ff., 5. 8. 1684.

65 Ebd.

— den Hufenschoß entrichtete, der im wesentlichen eine ländliche Vermögenssteuer war[66]. Diese Praxis sollte für das ganze 18. Jahrhundert bestimmend bleiben.

Am Ende der Regierung des Großen Kurfürsten waren die ständischen Rechte in Preußen nahezu völlig beseitigt und in allen Bereichen die landesherrliche Souveränität durchgesetzt. An die Stelle der weitgehend von den Ständen kontrollierten Landesdefension war das allein dem Landesherrn verpflichtete stehende Heer getreten, durch die Errichtung des Kriegskommissariats waren die Voraussetzungen für eine gutfunktionierende Steuerverwaltung geschaffen, die Oberräte verloren viele ihrer früheren Befugnisse im Bereich der Landesverwaltung und Justiz und wurden zu ausführenden Organen des landesherrlichen Willens, aus dem früher allein den Ständen verpflichteten Amtshauptmann wurde ein Zivilbeamter, der die Befehle des Landesherrn ausführen mußte, die Verwaltung der Kammerämter wurde einheitlich geregelt und einem Amtmann oder Kämmerer übertragen, die Ertragslage der Domänen wurde durch eine verbesserte Verpachtungspraxis und die Aufstellung von Haushaltsplänen gesteigert, und Wirtschaft und Handel erfuhren durch kameralistische Maßnahmen einen Aufschwung. Durch Verordnungen griff der Kurfürst stärker in die Selbstverwaltung der Städte ein, als Beispiele seien hier Tax-, Kleider- und Feuerordnungen genannt. Ein wichtiges Mittel zur Stärkung der kurfürstlichen Gewalt war die Vergabe von Privilegien und Konzessionen, die bestimmte Berufszweige wie Apotheker, Buchdrucker und Scharfrichter zur Ausübung ihrer Tätigkeit benötigten[67]. Auch die Errichtung eines kurfürstlichen Kommerzien- und Lizentgerichts in Königsberg und die Umwandlung der dortigen Pfund- und Lizentkammer in eine Staatsbehörde sind in diesem Zusammenhang zu nennen. Besondere Aufmerksamkeit widmete der Große Kurfürst der Förderung der Schiffahrt und des Handels von Königsberg, das damals der wichtigste Hafen Preußens war. Durch die Aufnahme von Refugies erhielt das Wirtschaftsleben der ostpreußischen Metropole neue Impulse. Auch die Errichtung eines Postkurses zwischen Kleve und Königsberg trug zur Förderung der Wirtschaft im Herzogtum Preußen bei[68].

Zusammenfassend läßt sich sagen, daß unter dem Großen Kurfürsten zwar ständische Rechte und regionale Eigenarten in Preußen eingeebnet wurden, eine Entwicklung, zu der auch die mangelnde Kompromißbereitschaft der dortigen Stände beigetragen hatte, die Sicherung des „gefährdeten Erbes" Ostpreußens jedoch erreicht worden war. Durch die Erlangung und Durchsetzung der Souveränität in diesem Herzogtum und seine Einbeziehung in den sich allmählich herausbildenden absolutistischen Brandenburg-Preußi-

---

66 *B. Schumacher* (Anm. 9), 176.

67 *F. Gause,* Geschichte Königsbergs (Anm. 25), Bd. 1, 511 f.

68 *F. Opgenoorth* (Anm. 1), Bd. 2, 297 ff.

schen Gesamtstaat, der seinen politischen Interessen durch ein schlagkräftiges stehendes Heer Nachdruck verlieh, waren die Verhältnisse in Ostpreußen stabiler geworden. Diese Grenzregion hatte jetzt den erforderlichen Schutz im Rücken, den sie zur Zeit der polnischen Lehnsherrschaft und des uneingeschränkten Ständeregiments entbehren mußte. Der Große Kurfürst hatte mit seiner Beharrlichkeit und Zielstrebigkeit dafür die Grundlagen geschaffen, an die seine Nachfolger, vor allem Friedrich Wilhelm I. und Friedrich der Große, anknüpfen konnten.

Verzeichnis der Dienstpflichtigen und Wibranzen im Herzogtum Preußen von 1639[69]

A. Dienstpflichtige

1. Kreis Natangen

Sollen sein 1 037 Pferde	Nur präsentiert 700

2. Kreis Oberland

Sollen sein 660 Pferde	Nur präsentiert 161

3. Kreis Samland

Sollen sein 564 Pferde	Nur präsentiert 172
Insgesamt sollen sein 2 261 Pferde	Sind nur präsent 1 033

Haben gemangelt 1 228 Dienstpflichtige.

B. Wibranzen

1. Kreis Natangen

Sollen sein 1 443 Musketiere	Sind nur präsent 255

2. Kreis Oberland

Sollen sein 809 Musketiere	Sind nur präsent 36

3. Kreis Samland

Sollen sein 3 316 Musketiere	Sind nur präsent 35
Insgesamt sollen sein 5 568 Musketiere	Sind nur präsent 326

Haben gemangelt 5 242 Musketiere.

---

69 EM 83 k Nr. 4 b, Verzeichnis der Dienstpflichtigen und Wibranzen im Herzogtum Preußen von 1639.

Verzeichnis der Hufen im Herzogtum Preußen als Grundlage für die zu erhebende Hufenkontribution nach dem Stand vom 24. April 1655[70] (in Hufen und Morgen)

1. Kreis Samland

Ämter	Adel		Freie		Bauern	
Fischhausen	402 H	11,5 M	186 H	3,0 M	1 583 H	16,0 M
Lochstedt	—	—	—	—	74 H	27,0 M
Schaaken	975 H	1,0 M	404 H	7,5 M	1 322 H	15,5 M
Labiau	260 H	1,0 M	81 H	6,5 M	362 H	15,0 M
Neuhausen	—	—	—	—	615 H	15,0 M
Waldau	75 H	21,5 M	—	—	557 H	1,0 M
Tapiau	1 492 H	22,0 M	1 463 H	19,0 M	—	—
Taplacken	188 H	22,0 M	456 H	1,5 M	—	—
Saalau	10 H	—	—	—	303 H	18,0 M
Georgenburg	—	—	—	—	313 H	12,5 M
Insterburg	856 H	21,0 M	—	—	10 818 H	10,5 M
Ragnit	105 H	—	158 H	19,5 M	4 295 H	2,0 M
Tilsit	143 H	—	—	—	3 002 H	21,0 M
Memel	33 H	—	—	—	2 749 H	11,0 M
Insgesamt	4 542 H	10,0 M	2 749 H	26,5 M	25 998 H	14,5 M

2. Kreis Natangen

Ämter	Adel		Freie		Bauern	
Balga	1 983 H	28,0 M	387 H	14,0 M	1 516 H	27,0 M
Brandenburg	3 130 H	2,5 M	757 H	0,5 M	1 841 H	26,5 M
Preuß. Eylau	2 046 H	9,5 M	144 H	15,0 M	667 H	26,5 M
Bartenstein	1 121 H	20,0 M	—	—	284 H	7,0 M
Rastenburg	2 640 H	10,75 M	263 H	20,0 M	958 H	—
Barten	1 679 H	27,0 M	284 H	20,0 M	447 H	4,0 M
Gerdauen	2 433 H	28,66 M	—	—	—	—
Angerburg	1 103 H	14,0 M	507 H	16,0 M	2 756 H	1,5 M
Oletzko	620 H	7,5 M	1 508 H	25,0 M	3 558 H	3,5 M
Lyck	264 H	29,0 M	1 304 H	9,5 M	1 577 H	16,5 M
Nordenburg	154 H	—	—	—	—	—
Johannisburg	174 H	6,0 M	2 542 H	23,0 M	551 H	15,0 M
Sehesten	1 189 H	15,0 M	567 H	29,0 M	1 216 H	6,0 M
Rhein	159 H	—	1 134 H	—	2 218 H	22,5 M
Lötzen	88 H	—	651 H	—	1 368 H	4,0 M
Insgesamt	18 759 H	17,9 M	10 053 H	22,0 M	18 962 H	10,0 M

70 Ostpr. Fol. 662, 29 – 33, Verzeichnis der Hufen im Herzogtum Preußen nach dem Stand vom 24. 4. 1655.

3. Kreis Oberland

Ämter	Adel		Freie		Bauern	
Preuß. Holland	1 841 H	—	131 H	—	1 361 H	9,7 M
Liebstadt	599 H	5,0 M	130 H	19,0 M	587 H	15,0 M
Mohrungen	599 H	5,0 M	100 H	—	447 H	—
Preußisch Mark	2 111 H	10,5 M	355 H	8,0 M	975 H	25,0 M
Riesenburg	1 333 H	—	58 H	—	549 H	27,0 M
Schönberg	1 659 H	14,0 M	—	—	—	—
Marienwerder	579 H	18,0 M	406 H	27,0 M	416 H	15,0 M
Neidenburg	671 H	—	1 054 H	3,0 M	1 381 H	30,0 M
Soldau	781 H	—	261 H	—	843 H	22,5 M
Osterode	1 104 H	15,0 M	193 H	12,5 M	560 H	—
Deutsch Eylau	970 H	2,5 M	—	—	—	—
Hohenstein	960 H	6,0 M	530 H	26,5 M	364 H	20,0 M
Gilgenburg	2 229 H	10,0 M	447 H	15,0 M	—	—
Ortelsburg	666 H	9,5 M	664 H	6,0 M	1 031 H	—
Insgesamt	16 105 H	2,5 M	4 332 H	27,0 M	8 519 H	14,2 M

Gesamtzahl aller Hufen im Kreis Samland 33 290 H 21,0 M
Gesamtzahl aller Hufen im Kreis Natangen 47 775 H 19,9 M
Gesamtzahl aller Hufen im Kreis Oberland 28 957 H 13,7 M

Insgesamt gab es im Herzogtum Preußen:
39 407 H 0,4 M des Adels, 17 136 H 15,5 M der Freien und 53 480 H 8,7 M der Bauern.

Gesamtzahl aller Hufen im Herzogtum Preußen: 110 023 H 24,6 M.

Die meisten Hufen lagen im Kreis Natangen, gefolgt von den Kreisen Samland und Oberland. Am stärksten war der Adelsbesitz im Kreis Oberland vertreten. Er machte hier nahezu das Doppelte des bäuerlichen Besitzes aus. Im Kreis Natangen lag der Adelsbesitz mit dem bäuerlichen fast auf gleicher Höhe. In den Ämtern Gerdauen und Nordenburg gab es nur adligen Grundbesitz. Auch in den Ämtern Balga, Brandenburg, Preußisch Eylau, Bartenstein, Rastenburg und Barten überragte der adlige den bäuerlichen Besitz. Dagegen machte im Kreis Samland der bäuerliche Grundbesitz fast das Sechsfache des adligen aus. Lediglich im Amt Tapiau waren die Verhältnisse anders. Beachtlich war der Grundbesitz der Freien in den Ämtern Tapiau, Oletzko, Lyck, Johannisburg, Rhein und Neidenburg. Mit 10 054 Hufen lag der Kreis Natangen hinsichtlich des Grundbesitzes der Freien an der Spitze aller ostpreußischen Kreise. Die obige Aufstellung verdeutlicht, daß die Besitzverhältnisse in den Kreisen Samland, Natangen und Oberland im Jahre 1655 uneinheitlich waren.

Mannschaftsbedarf für die Festungen und Garnisonen im Herzogtum Preußen (1663)[71]

	In Friedenszeiten	In Kriegszeiten
Königsberg (Freiheiten)	200	200
Pillau	500	1 000
Memel (Festung)	300	600
Memel (Stadt)	100	400
Braunsberg	600	1 200
Friedrichsburg	200	500
Luisenschanze	60	200
Labiau	60	200
Fischhausen	200	400
Preußisch Mark	30	120
Ragnit	60	200
Ortelsburg	60	200
Johannisburg	100	200
Bartenstein	100	200
Tilsit	100	200
Wehlau	100	200
Neidenburg	50	150
Lyck	30	100
Insgesamt	2 850	6 270

Zur Besetzung dieser Plätze sind gegenwärtig 2 400 Mann Infanterie und 800 Mann der Festungsgarnisonen in Pillau und Memel vorhanden, d. h. insgesamt 3 200 Mann. In der Vorlage heißt es wörtlich: „Fragt sich's, woher die übrigen bei Kriegszeiten und Notfällen herzunehmen".

Folgende Plätze bleiben im Lande noch unbesetzt: Brandenburg, Balga, Pr. Holland, Riesenburg, Mohrungen, Saalfeld, Marienwerder, Liebemühl, Osterode, Gilgenburg, Soldau, Hohenstein, Oletzko, Rastenburg, Insterburg, Georgenburg, Angerburg, Friedland, Zinten.

Beiträge der ostpreußischen Ämter zur Landesdefension um 1663[72]

1. Kreis Natangen

Brandenburg: 107 Ritterdienste, 3 Pferde, 7 Warpenwagen[73], 137 Wibranzen.
Rastenburg: 102,5 Ritterdienste, 8 Pferde, 3 Warpenwagen, 60 Wibranzen.
Lyck: 10 Ritterdienste, 5 Pferde, 54 Dragoner, 67 Wibranzen.
Rhein: 7 Ritterdienste, 1 Pferd, 55,5 Dragoner, 114 Wibranzen.
Sehesten: 25 Ritterdienste, 5 Pferde, 1 Warpenwagen, 36 Dragoner, 65 Wibranzen, 3 Hellebardierer, 2 Musketiere.

71 EM 83 a, Nr. 28, „Die Vestungen und Garnisonen in Preußen" (1663).

72 Ebd., Beiträge der ostpreußischen Ämter zur Landesdefension um 1663.

73 Bei den „Warpenwagen" handelte es sich um Troßwagen zu Militärtransporten, die vornehmlich von den Krügern gestellt wurden.

Oletzko: 18,5 Ritterdienste, 3 Pferde, 68,5 Dragoner, 200 Wibranzen.
Johannisburg: 13 Ritterdienste, 1 Pferd, 1 Warpenwagen, 126 Dragoner, 20 Wibranzen.
Preußisch Eylau: 99,5 Ritterdienste, 13 Wibranzen.
Balga: 93 Ritterdienste, 4 Pferde, 94 Wibranzen.
Barten: 74 Ritterdienste, 1 Pferd, 1 Warpenwagen, 27 Wibranzen.
Angerburg: 32 Ritterdienste, 2 Pferde, 197 Wibranzen.
Lötzen: 1 Pferd, 41 Dragoner, 82 Wibranzen.
Insgesamt: 581,5 Ritterdienste, 34 Pferde, 13 Warpenwagen, 381 Dragoner, 1 076 Wibranzen, 3 Hellebardiere, 2 Musketiere.

2. Kreis Samland

Schaaken: 149 Ritterdienste, 18 Pferde, 5 Warpenwagen, 20 Wibranzen.
Fischhausen: 90 Ritterdienste, 2 Pferde, 6 Warpenwagen, 41 Wibranzen.
Tapiau: 124 Ritterdienste, 11 Pferde, 5 Warpenwagen, 49 Wibranzen.
Insterburg: 21,5 Ritterdienste, 5 Pferde, 48 Dienste mit „langen Röhren“, 880 Wibranzen.
Neuhausen: 15 Ritterdienste, 4 Warpenwagen, 28 Wibranzen.
Labiau: 35 Ritterdienste, 2 Pferde, 1 Warpenwagen, 15 Wibranzen.
Caymen: 12 Wibranzen.
Grünhof: 18 Wibranzen.
Laptau: 10 Wibranzen.
Taplacken: 19 Ritterdienste, 5 Pferde, 0,5 Warpenwagen, 18 Wibranzen.
Waldau: 28 Ritterdienste, 2 Pferde, 1,5 Warpenwagen, 10 Wibranzen.
Saalau: 29 Wibranzen.
Georgenburg: 31 Wibranzen.
Ragnit: 7 Ritterdienste, 6 Pferde, 393 Wibranzen.
Tilsit: 240 Wibranzen.
Insgesamt: 488,5 Ritterdienste, 51 Pferde, 23 Warpenwagen, 48 Dienste mit „langen Röhren“, 1 794 Wibranzen.

3. Kreis Oberland

Hohenstein: 63 Ritterdienste, 1 Pferd, 18 Wibranzen.
Ortelsburg: 60,5 Ritterdienste, 5 Pferde, 42 Wibranzen.
Preußisch Holland: 49,5 Ritterdienste, 1 Pferd, 2 Warpenwagen, 59 Wibranzen.
Mohrungen und Liebstadt: 57,5 Ritterdienste, 46 Wibranzen.
Preußisch Mark: 103 Ritterdienste, 3 Pferde, 74 Wibranzen.
Osterode: 46,5 Ritterdienste.
Soldau: 37 Ritterdienste, 30 Wibranzen.
Gilgenburg: 55,5 Ritterdienste.
Riesenburg: 32 Ritterdienste, 28 Wibranzen.
Marienwerder: 12 Ritterdienste, 41 Wibranzen.
Deutsch Eylau: 16 Ritterdienste.
Neidenburg: 69 Ritterdienste, 28 Pferde.
Schönberg: 5 Ritterdienste.
Insgesamt: 606,5 Ritterdienste, 38 Pferde, 2 Warpenwagen, 338 Wibranzen.

Um das Jahr 1663 ergaben sich für das gesamte Herzogtum Preußen folgende Zahlen: 1 676,5 Ritterdienste, 123 Pferde, 38 Warpenwagen, 48 Dienste mit „langen Röhren", 381 Dragoner, 3 208 Wibranzen, 3 Hellebardiere, 2 Musketiere.

Ein Vergleich der Aufstellungen in den drei ostpreußischen Kreisen ergibt, daß das Samland die meisten Wibranzen stellte. Bei den Ritterdiensten lag dagegen der Kreis Oberland an der Spitze, was mit der Häufung des Adelsbesitzes in diesem Bezirk im Einklang steht. Dragoner bot nur der Kreis Natangen auf. Auf Ämterebene ragt Insterburg mit dem Aufgebot von 880 Wibranzen heraus. An zweiter Stelle steht Ragnit mit 393 Wibranzen, gefolgt von Tilsit, Oletzko und Angerburg. Stellt man diese Aufstellung mit der Verteilung des Hufenbesitzes in Beziehung, so ergibt sich, daß die Ämter mit ausgeprägtem bäuerlichen Besitz die meisten Wibranzen aufboten, während umgekehrt Bezirke mit starkem Adelsbesitz die meisten Ritterdienste stellten.

Pflichthandeln und Staatsräson

Der Gründer des preußischen Staats Kurfürst Friedrich Wilhelm im Spiegel der Geschichtsschreibung

Von Günter Birtsch, Trier

Das Begriffspaar „Pflichthandeln und Staatsräson", das diesem Vortrag über das Bild des Großen Kurfürsten in der Geschichtsschreibung vorangestellt sei, weist auf Überlegungen, die sich leitmotivisch nahezu durch die gesamte einschlägige Historiographie zur brandenburgisch-preußischen Geschichte ziehen. Dieses Leitmotiv klingt bereits an beim ersten Geschichtsschreiber des Großen Kurfürsten, bei Samuel Pufendorf, der in seinen 1692 vollendeten Commentarii de rebus gestis Friderici Wilhelmi Magni Electoris die Politik des Großen Kurfürsten von Verantwortungsbewußtsein und Augenmaß beherrscht sah [1]; und noch in der jüngeren marxistischen Geschichtsschreibung wird es vernehmlich. So betrachtet Bruno Gloger nicht nur die „entstandenen Grundlagen für eine streng zentralistische Regierungsform" als „wichtigste innenpolitische Errungenschaft der Regierungszeit Friedrich Wilhelms und sein wertvollstes Vermächtnis", er sieht selbst aus dem unvollendeten Altersbild des Großen Kurfürsten „die Last selbst auferlegter Verantwortung und ... Pflicht" herausscheinen, — für den marxistischen Autor nach eigenem Bekenntnis Ermunterung und Ansporn bei seiner schweren Aufgabe [2]. Indessen wäre es verfehlt, wollte man hieraus den gesicherten Eindruck gewinnen, Pufendorf habe der gesamten künftigen Geschichtsschreibung den Weg gewiesen. Wohl hat er den Respekt vor einer tiefreligiösen, vom reformierten Bekenntnis geprägten, nach einer Synthese von Machtdarstellung und Landeswohlfahrt strebenden, vernunftgeleiteten Herrschergestalt vermittelt. Schon Pufendorf sah in der Politik des Großen Kurfürsten ein Verständnis von Staatsräson realisiert, wie es Gerhard Ritter beschrieb, der in der Staatsräson eine untrennbare Einheit von „staatsmänischer Einsicht" in die Wirklichkeit, einem „sicheren politischen Augen-

---

1 *Samuel Pufendorf,* De rebus gestis Friderici Wilhelmi Magni Electoris Brandenburgici commentariorum libri 19, 2 Bde., Berlin 1695, vorgelegen hat hier die Ausgabe von 1733, siehe insbesondere Bd. 2, 1312 ff.; vgl. ferner die gekürzte deutsche Fassung von *E. U[hse],* Friedrich Wilhelm ... Leben und Thaten, Berlin, Frankfurt (Oder) 1710, 1250 ff.

2 *Bruno Gloger,* Friedrich Wilhelm. Kurfürst von Brandenburg. Biographie, Berlin (Ost) 1985, zit. 361, 366.

maß" und einem „untrübbaren Bewußtsein sittlicher Verantwortung" erblickte[3].

Aber die Geschichtsschreibung hat sich ihre Einsichten in die Grundbefindlichkeit des staatsmännischen Charakters Friedrich Wilhelms doch stets von neuem erarbeiten müssen, und sie hat es oftmals gegen vorherrschende, wechselnde und unterschiedlich gelagerte Tendenzen getan. Darauf deutet auch das hier angeführte marxistische Beispiel; hatte doch Karl Marx 1849 in der Neuen Rheinischen Zeitung spöttisch gefragt, ob ein Kurfürst je „groß" sein könne[4]. Folgerichtiger oder ideologiegemäßer wanderte der Beiname Friedrich Wilhelms etwa im zwölfbändigen DDR-Handbuch der deutschen Geschichte auch in eine Klammer im Register des einschlägigen dritten Bandes von 1983[5], und noch 1985 rechtfertigte sich Friedrich Wilhelms marxistischer Biograph vor seinem sozialistischen Gewissen mit dem Hinweis auf die überwiegend „erbärmliche Rolle" der deutschen Fürsten des 17. Jahrhunderts, so daß eine „Ausnahme wohl biografisches Interesse beanspruchen" könne[6]. Daß er mit der Würdigung dieser Ausnahme dem Diktum des konservativ-bürgerlichen Historikers Jacob Burckhardt Genüge tut, wonach „der große Mann ein solcher" sei, „ohne welche(n) die Welt uns unvollständig schiene, weil bestimmte große Leistungen nur durch ihn innerhalb seiner Zeit und Umgebung möglich waren"[7], gehört wohl zur Ironie der Geschichte, die jede Ideologie am Ende einholt und auf den Boden der Tatsachen stellt.

Die angemessene wissenschaftliche Bewältigung der Vergangenheit wird sich freilich nicht nur mit den Korrekturen begnügen wollen, die der in den Quellen faßbare Gegenstand ihren immer vorläufigen Erkenntnissen bietet; sie wird jeden von ihr dargestellten Ereignisablauf, rekonstruierten strukturellen Zusammenhang oder biographischen Entwurf der Kritik nicht bloß der Gegenwart aussetzen oder der intersubjektiven Prüfung durch das gesellschaftliche Teilsystem der Wissenschaft, zu dem sie gehört, sie wird auch standhalten wollen vor den von der wissenschaftlichen Vergangenheit erarbeiteten Methoden und Kategorien und den damit gewonnenen gesicherten Erkenntnissen. In dieser notwendigen wissenschaftlichen Einbindung der Historiographie in ihre eigene Vergangenheit, vor der sie, ohne Schaden zu nehmen, sich nicht verschließen darf, liegt denn auch der eigentliche Reiz

---

3 Zur Frage eines „richtig verstandenen" Begriffs der Staatsräson *Gerhard Ritter*, Staatskunst und Kriegshandwerk. Das Problem des >Militarismus< in Deutschland, 1. Bd.: Die altpreußische Tradition (1790 - 1890), München [4]1970, 22.

4 Siehe *Gloger*, Friedrich Wilhelm (Anm. 2), 359.

5 *Horst Bartel/Lothar Berthold* u. a. (Hrsg.), Deutsche Geschichte in zwölf Bänden. Bd. 3: Die Epoche des Übergangs vom Feudalismus zum Kapitalismus von den siebziger Jahren des 15. Jahrhunderts bis 1789, Köln 1983, 576.

6 *Gloger*, Friedrich Wilhelm (Anm. 2), 359.

7 *Jacob Burckhardt*, Über das Studium der Geschichte. Der Text der weltgeschichtlichen Betrachtungen auf Grund der Vorarbeiten von Ernst Ziegler nach den Handschriften (hrsg. v. Peter Ganz), München 1982, 378.

der Geschichte der Historiographie, mit der wir es hier auf freilich nur begrenztem Felde zu tun haben. — Sind wir uns einmal des historiographischen Erkenntniszusammenhangs von Vergangenheit und Gegenwart bewußt (so wie wir uns des Bedingungszusammenhangs von Vergangenheit und Gegenwart auch angesichts der Geschichte des Großen Kurfürsten gewiß sind; denn ohne diesen Staatsgründer hätte die brandenburgisch-preußische Geschichte einen anderen Weg genommen und unsere Gegenwart eine andere Gestalt), dann bleibt auch die borussische Historiographie nicht gleichgültig.

Es versteht sich freilich von selbst, daß in dem engeren Rahmen dieses Vortrages nicht die Entfaltung der Geschichtsschreibung über den Großen Kurfürsten rekonstruiert werden, daß die Fülle ihrer Gesichtspunkte und Einsichten nicht wiedergegeben und mit ihren Irrwegen und Fehlleistungen bilanzierend verrechnet werden kann. Friedrich Wilhelm hat nahezu ein halbes Jahrhundert an der Spitze seiner Territorien gestanden. Deshalb verbietet es sich auch, den Staats- und Pflichtgedanken des brandenburgischen Kurfürsten in den verschiedenen Stadien seiner Politik und deren Beurteilung durch Friedrich Wilhelms Biographen nachzugehen. Sie fanden ihre unterschiedliche, von Standort und Perspektive der Geschichtsschreibung oder historischen Publizistik abhängige Ausformung, die nur exemplarisch zur Sprache kommen kann[8]. Dabei bietet sich als Ausgangspunkt für die historiographische Behandlung des Staatsgedankens Friedrich Wilhelms die Erbfolgeregelung und das mit ihr gegebene Problem der Landeseinheit oder -teilung an. Im engeren Zusammenhang damit steht die weitere Frage nach der Akzentuierung und den Zielen der absolutistischen brandenburgisch-preußischen Machtdarstellung in der Geschichtsschreibung. Da sich die Grenzen der absolutistischen Machtpolitik in der Respektierung einer individuellen Freiheitssphäre der Untertanen zeigen, soll abschließend die Toleranzpolitik des Großen Kurfürsten zur Sprache kommen.

Es sei daran erinnert: Der Große Kurfürst sah zwar — so nach dem Zeugnis seines politischen Testamentes von 1667[9] — in der Einheit des territorialen

---

8 Die einschlägige Historiographie der Gegenwart wird hier nur sporadisch herangezogen. Hingewiesen sei auf die knappe, strukturgeschichtliche Fragen einbeziehende Biographie von *Gerhard Oestreich*, Friedrich Wilhelm. Der Große Kurfürst (= Persönlichkeit und Geschichte, 65), Göttingen 1971; siehe auch die problemorientierte, einen guten Überblick über Quellen und Literatur bietende und das zeitbedingte Handeln des Großen Kurfürsten herausarbeitende Biographie von *Ernst Opgenoorth*, Friedrich Wilhelm. Der Große Kurfürst von Brandenburg. Eine politische Biographie, 2 Teile, Göttingen 1971/78; ferner (mit reicher Auswahlbibliographie und als „Nachrufe" kommentarlos zitierte unterschiedliche Urteile der Friedrich-Wilhelm-Historiographie) *Ludwig Hüttl*, Friedrich Wilhelm von Brandenburg, der Große Kurfürst 1620 – 1688. Eine politische Biographie, München [2]1984.

9 Siehe das Politische Testament des Großen Kurfürsten bei *Richard Dietrich* (Hrsg.), Die politischen Testamente der Hohenzollern (= Veröffentlichungen aus den Archiven Preußischer Kulturbesitz, 20), Köln/Wien 1986, 179 – 204; zum folgenden die Einleitung des Herausgebers, 43 ff.

Gesamtbesitzes eine Voraussetzung für die kurfürstliche Macht und ihr Ansehen, gleichwohl vertrat er schon 1655 die Meinung, daß selbsterworbene Gebiete im Unterschied zu den ererbten Ländern an jüngere Söhne veräußert werden konnten. In seinen Testamenten von 1680 und 1686, vor allem in letzterem, hat er darüber hinausgehend und das bisherige Hausrecht mißachtend, Teile des Staats als Sekundogenituren für jüngere Prinzen bestimmt. So sollten neben dem Thronerben, dem späteren ersten König in Preußen, die fünf jüngeren Söhne mit territorialem Besitz bedacht werden. Es ging um die Fürstentümer Minden und Halberstadt, die Grafschaft Ravensberg in Westfalen, das Amt Naugard in Pommern, weiter um Lauenburg, Bütow, Draheim und das Amt Egeln. Jedem der fünf Söhne, wovon vier aus der jüngeren Ehe mit Dorothea aus dem Hause Holstein-Glücksburg stammten, sollte sein Anteil erbrechtlich zu eigen vermacht werden. Eine zentrale Frage blieb wohl die der Einheit der Territorien und der Staatsgewalt. Wie in der „väterlichen Ermahnung" von 1667 gab Friedrich Wilhelm zu erkennen, daß er mit einer Landesteilung die Macht des Hauses Hohenzollern sinken sah, auch 1686 glaubte er noch, die Einheit des Gesamtbesitzes aufrechterhalten zu können, indem er nur dem Ältesten als Haupt- und Kurerben die eigentliche fürstliche Souveränität mit dem Recht, Bündnisse zu schließen, und der Befehlsgewalt über das Heer einräumte. Die hier sichtbar werdende Problematik eines Dualismus von moderner, an der Einheit der Staatsgewalt orientierter Staatsauffassung und patrimonialem Denken, wie sie in den Teilungsplänen zum Ausdruck kam, hat Leopold von Ranke aus dem Zwiespalt zwischen „der Pflicht als Landesherr und Oberhaupt des werdenden Staates" einerseits und dem Fürsorgegedanken des „Hausvaters" andererseits abgeleitet, der „für alle seine Kinder sorgen möchte"[10]. Es mag dahingestellt bleiben, wie weit hier die Kurfürstin Dorothea ihren Einfluß zugunsten ihrer Söhne geltend machte, Friedrich Wilhelm hat jedenfalls seine Pflicht als Hausvater mit der des Staatsmannes zu versöhnen gesucht. Es ist indessen mit Ranke anzunehmen, daß die Landesteilung trotz des Versuchs der Sicherung der kurfürstlichen Oberhoheit sich als nachteilig für den Gesamtstaat ausgewirkt hätte, weil die Einheit der Administration durch die Teilung zerstört worden wäre. Richard Dietrich ist in seiner Einleitung der Neuausgabe der Testamente mit seiner Deutung des Dualismus von Staatsidee und patriarchalischem Denken im Kern der Interpretation Rankes gefolgt[11]. Hier hat der sonst viel kritisierte Nachfolger des Großen Kurfürsten, Friedrich III., gestützt auf die älteren Grundgesetze des kurfürstlichen Hauses, auf das Testament des Albrecht Achilles von 1473 und den Geraischen Hausvertrag von 1598 über die Unteilbarkeit des kurfürstlichen territorialen Gesamt-

---

[10] *Leopold von Ranke,* Zwölf Bücher Preussischer Geschichte, Bd. 1 (hrsg. v. Georg Küntzel), München 1930, 440 ff.

[11] *Dietrich,* Die politischen Testamente der Hohenzollern (Anm. 9), 44, 47.

sitzes die Rechte der Primogenitur und mit ihnen die Idee des Staates gegen dynastische Erbansprüche durchgesetzt[12].

Im Gegensatz zu Leopold von Ranke hat Johann Gustav Droysen den Teilungsgedanken gegen den Einheitsgedanken heruntergespielt. Droysen hat in seiner Geschichte der preußischen Politik 1865 gemeint, daß das Testament des Kurfürsten den jüngeren Söhnen im Grunde nichts als „regelmäßige >Auf- und Einkünfte<" überlassen habe und daß der Große Kurfürst mit seinen testamentarischen Bestimmungen der Einheit der Staatssouveränität Genüge getan habe[13].

In der unterschiedlichen Akzentuierung des Staatsgedankens durch Droysen kommt die teleologische Betrachtungsweise dieses Hauptvertreters der kleindeutsch-preußischen Historiographie zum Ausdruck. Für Droysen, der von der deutschen Mission Preußens ausging, haftete der Segen eines Neuanfangs der nationalen Geschichte Deutschlands am Großen Kurfürsten, weil er, wie Droysen meinte, die Staatsidee über zahlreiche Territorien erhob, weil er, in den Worten Droysens, „Sprengstücke deutschen Landes und Volkes zu *einem* Staat umformte"[14]. Droysen hat in einer brandenburgisch-preußischen Staatsidee das Fundament für die nationaldeutsche Einigung gesehen. Der patrimoniale Partikularismus der späten Testamente des Kurfürsten widersprach dem vermeintlichen Entwicklungsgesetz dieses borussisch-preußischen Staatsgedankens. Deshalb drängte Droysen ihn im Unterschied zu dem von der nationalen Doktrin freien und für die historischen Gegebenheiten offenen Ranke zurück.

Wie stark der Druck dieser entwicklungsgeschichtlichen, vom modernen Staatsgedanken beherrschten Perspektive war, läßt sich selbst noch in der Darstellung Otto Hintzes, des bedeutendsten preußischen Verfassungshistorikers, erkennen. Hintze wies in seiner Jubiläumsdarstellung von 1915 auf die Unvereinbarkeit der Staatseinheit mit den Testamenten des Großen Kurfürsten hin. Er wandte sich gegen die Interpretation, wonach „der Große Kurfürst schon in der Idee eines modernen Einheitsstaates gelebt habe"[15], weil er dann ja mit dem Teilungsgedanken die spätere einheitliche Behördenorganisation in Frage gestellt, sein eigenes Lebenswerk, die Staatseinheit, zerstört hätte. Und doch hat Hintze nur von einem „starken Rest" von

---

12 Zum Geraischen Vertrag und dessen Bruch durch den Großen Kurfürsten *Ludwig Tümpel,* Die Entstehung des brandenburgisch-preussischen Einheitsstaates im Zeitalter des Absolutismus (1609 – 1806), Breslau 1915, 12 ff., 20.

13 *Johann Gustav Droysen,* Geschichte der preußischen Politik, 3. Theil, 3. Abt., Leipzig 1865, 821.

14 Vgl. *Günter Birtsch,* Die Nation als sittliche Idee. Der Nationalstaatsbegriff in Geschichtsschreibung und politischer Gedankenwelt Johann Gustav Droysens (= Kölner historische Abhandlungen, 10), Köln 1964, 244 ff.

15 *Otto Hintze,* Die Hohenzollern und ihr Werk. Fünfhundert Jahre vaterländischer Geschichte, Berlin ^{5}1915, 251.

patrimonialen Gewohnheiten und Motiven gesprochen, „wie sie die territoriale Epoche des Staatslebens charakterisiere“ [16]. Damit spielte auch er das patrimoniale Fürsorgeprinzip herunter, das mit der wachsenden Zahl der Erben gegen den Gesamtstaatsgedanken an Boden gewann. Ranke hat hier ein offeneres Auge für die Wirkungsmächtigkeit traditionaler Werthaltungen bewiesen. Seine historiographische Ausgangsposition, die — wie es in den Vorträgen vor König Max hieß — jede Epoche als „unmittelbar zu Gott“ und damit als etwas für sich Gültiges betrachtete [17], war weit davon entfernt, die Zeit des Großen Kurfürsten als bloßes Durchgangsstadium oder, wie Droysen, als ein Entwicklungsstadium zu einer höheren nationalstaatlichen Einheit zu sehen. Der bedeutende Theoretiker des Historismus und der Verstehenslehre, Droysen, blieb hier wie auch sonst in der historischen Darstellung hinter der auf die Erfassung der Individualität gerichteten divinatorischen Hingabe Rankes an die empirische Erscheinung zurück. Dabei erscheint bemerkenswert, daß sich Droysen, der sich 1864 in einer umfangreichen Akademieabhandlung mit Pufendorfs Werk auseinandersetzte [18], von dem ersten Geschichtsschreiber des Großen Kurfürsten mehr angezogen fühlte als von Ranke, dessen neun Bücher preußischer Geschichte längst vorlagen [19], als sich Droysen Ende der fünfziger Jahre an die Bearbeitung der Geschichte des Großen Kurfürsten machte.

Dabei ist Droysen nicht unkritisch mit Pufendorf verfahren. Er hielt dessen schwedische Arbeiten streckenweise mit Leibniz für besser, für weniger fehlerhaft; aber die Verfahrensweise Pufendorfs, der, wie Droysen meinte, „sozusagen das Ich des Staates“ darstelle, den erst der Große Kurfürst durch seine „rastlose Arbeit auferbaute“, kam dem Verfasser der Geschichte der preußischen Politik eher entgegen als Rankes objektivierende Darstellung, ganz abgesehen von der politischen Grundhaltung Rankes. Pufendorf hatte wie Droysen und im übrigen auch Ranke die Wahrheitsliebe akzentuiert und deshalb, auch wenn dies „mit Gefahren“ verbunden sei, sich zu einer getreulichen, aktenkundigen Darstellung bekannt [20]. Doch hatte er anders als Ranke nicht einer das Ich des Historikers auslöschenden Objektivität gehuldigt, sondern vielmehr den Unterschied zwischen dem Amt des Historiographen

---

[16] Ebd.

[17] *Leopold von Ranke,* Über die Epochen der neueren Geschichte. Vorträge dem König Maximilian II. von Bayern gehalten. Gedächtnisausgabe zum 100. Jahrestag der Abhaltung der Vorlesungen, Darmstadt 1954, 7.

[18] *Johann Gustav Droysen,* Zur Kritik Pufendorfs, in: Johann Gustav Droysen, Abhandlungen zur neueren Geschichte, Leipzig 1876, 309 – 386, hier 314.

[19] *Leopold von Ranke,* Neun Bücher preußischer Geschichte, 3 Bde., Berlin 1847/48, siehe hierzu *Georg Küntzel* in: Leopold von Ranke, Zwölf Bücher (Anm. 10), Einleitung des Herausgebers, VII ff.

[20] *Droysen* (Anm. 18), 311; *Horst Denzer,* Moralphilosophie und Naturrecht bei Samuel Pufendorf. Eine geistes- und wissenschaftsgeschichtliche Untersuchung zur Geburt des Naturrechts aus der Praktischen Philosophie (= Münchener Studien zur Politik, 22), München 1972, 252 ff.

und dem eines Advokaten oder Richters entschieden betont. Pufendorf sah im Historiker zunächst den öffentlichen Interpreten der Taten und Neigungen des Herrschers oder Staates und sodann den politischen Lehrer. Man erkenne in der Geschichte, „was in Staatssachen wohl oder übel getan sei", und es sei im „Interesse des Vaterlandes, die früheren Irrtümer zu erkennen, damit man nicht später an denselben Stein stößt oder daß wenigstens neben eines jeden Ruhmestaten die Nachwelt auch seine Untaten erkenne"[21]. Droysen, der weniger an die Untaten als an die zukunftsweisende Politik dachte und dem preußischen Staat das Bild seiner selbst geben wollte, hat gemeint, Pufendorf stelle die Dinge nicht dar, wie sie sind, sondern wie sie in der „Meinung der Handelnden" erschienen. Pufendorfs Geschichtsschreibung sei „eigentlich auf die Gewohnheit und Meisterschaft der politischen Diskussion gestellt". Er stelle dar, „wie aus dem her- und hinerwogenen Interesse des Staates gerathen, wie endlich geschlossen und gehandelt worden" sei; „das Maaß und der Schwerpunkt aller dieser Erwägungen ist der Staat, >zu welchem alle Rathschläge wie die Linien nach dem Centro sich strecken<"[22]. Pufendorfs Werk sei durch und durch politisch, pragmatisch im Sinne des Polybios, keine vollkommene, aber eine in hohem Maße würdige Darstellung des Großen Kurfürsten. In diesem Sinne gehöre es zu den besten historischen Werken, die es überhaupt gebe[23]. So vergleicht Droysen Pufendorfs Darstellung mit den Skulpturen Schlüters, vor allem mit der Reiterstatue des Großen Kurfürsten vor dem Charlottenburger Schloß. Einiges möge nicht korrekt sein, wie das zu kurz geratene Pferd oder die zu schwere Perücke, das Ganze aber mache den Eindruck der Größe. Gegen die unbarmherzige zeitgenössische Kritik des Pufendorfschen Werkes, vor allem gegen Leibniz, der es als übereilt — ohne Geschäftserfahrung und ohne Urteil geschrieben — abkanzelte, stellte Droysen die Würdigung des preußischen Staatsministers Graf Hertzberg, der es 1781 in einer seiner Akademieabhandlungen für „unentbehrlich in Betreff der Wahrhaftigkeit" hielt und es „zur Belehrung allen alten und neuen Historikern weit überlegen" pries[24]. — Da Pufendorf vornehmlich die Geschichte der Außenpolitik des Großen Kurfürsten ins Auge gefaßt hatte, sich, wie Droysen meinte, mit „völliger Freiheit" in den Aktenmassen bewege und dabei den wesentlichen Inhalt meisterlich wiedergebe[25], nahm Droysen die Defizite des Pufendorfschen Werkes großmütig hin.

Mit seinem Hinweis auf die kritischen Aspekte von Pufendorfs Ausführungen aber öffnete Droysen zugleich die Perspektive für eine breiter angelegte, kultur- und verfassungsgeschichtlich orientierte biographische Darstellung. So wollte er Pufendorf nicht verargen, daß er die wirtschaftspolitischen

21 *Denzer,* Pufendorf (Anm. 20), 252 ff.

22 *Droysen,* Zur Kritik Pufendorfs (Anm. 18), 376 ff.

23 Ebd., 377.

24 Ebd., 315.

25 Ebd., 357.

Aktivitäten des Kurfürsten und dessen Kunst- und Wissenschaftsförderung entweder nicht hinreichend oder gar nicht dargestellt habe. Droysen selbst sah, daß eine angemessene Würdigung der handelspolitischen Ziele Friedrich Wilhelms ein richtigeres, vollständigeres Verständnis des aufstrebenden brandenburgisch-preußischen Staatswesens ermöglichte, daß die auswärtigen Beziehungen des Kurfürsten „auf eine höchst beachtenswerthe Weise durch handelspolitische Rücksichten bestimmt“ [26] seien und nicht bloß durch das Ringen um den Besitz der Odermündungen oder um die Souveränität Preußens. Stärker aber als solche Defizite oder Auslassungen etwa in der Reichspolitik oder in der Ständepolitik des Kurfürsten, die für Droysen fast durchgehend auf das Konto des außenpolitischen Darstellungsziels gingen, schlug für den Verfasser der Geschichte der preußischen Politik die relative Vernachlässigung des militärischen Bereichs zu Buche. Droysen, für den nach dem Scheitern der Einheitsbewegung in der Revolution von 1848/49 die Einheit Deutschlands nur durch die militärische Macht Preußens zu verwirklichen war, bemerkte kritisch gegen Pufendorf, seine Darstellung lasse nicht ahnen, daß der Kurfürst „eigentlich auf der brandenburgischen Kriegsmacht seinen Staat gegründet“ habe und daß dieses Heer nicht eine „beliebig zusammengesetzte Menschenmasse“ gewesen sei, sondern eine „lebensvolle Organisation mit dem Selbstgefühl eigener Art und Kunst“ [27].

So richtig es war, daß Pufendorf es an der nötigen Akzentuierung der Kriegsbereitschaft und der Darstellung der militärischen Leistung des Kurfürsten hatte fehlen lassen — immerhin hat ja Friedrich Wilhelm selbst dem Zusammenhang von politischem Gewicht und militärischer Schlagkraft unmißverständlich Ausdruck gegeben [28], wie sich denn Heeresaufbau und Staatsgründung in der Tat nicht voneinander trennen lassen —, so sehr deutet Droysens Einlassung zur militärischen Basis der Politik des Kurfürsten auch auf eine gewisse Überbetonung der brandenburgisch- preußischen militärischen Schlagkraft, in der Droysen für seine Gegenwart freilich nicht ohne Grund eine wesentliche Voraussetzung für die Lösung der deutschen Einheitsfrage sah.

Hier hat ein zeitbedingter Paradigmenwechsel dem Gelehrten zweifellos die Augen öffnen helfen für die politische Dimension materieller Macht. Aus dieser Erkenntnis ist dann ein Fetisch des preußischen Historiographen geworden, der dem Naturrechtslehrer Pufendorf als einem ihrer Gründungsväter doch noch ganz fremd war. Mochte Droysen mit seiner gewaltsamen Interpretation, wonach der Große Kurfürst die Interessen der deutschen Einheit befolgt hätte, auch alleine stehen, die Wirkungsgeschichte einer den Machtgedanken strapazierenden, durch ihn letzthin verkommenen Staatsrä-

---

26 Ebd., 338.

27 Ebd., 337.

28 So in seinem politischen Testament, siehe *Dietrich* (Hrsg.), Die politischen Testamente (Anm. 9), 191, 193 f.

son reicht doch über die Vertreter der kleindeutsch-borussischen Schule bis in die Weimarer Republik und über sie hinaus.

Das dokumentiert sich auch in der Historiographie zur Geschichte des Großen Kurfürsten. Die Töne wurden freilich — so bei dem differenzierten und um Ausgewogenheit bemühten Droysen-Schüler Erdmannsdörffer — sehr viel leiser. Erdmannsdörffer hat stärker als Droysen den Finger auf die Wunde des Rechtsbruchs gelegt. Nicht selten habe der Kurfürst in seiner Regierung das Recht gebeugt oder gebrochen; aber Erdmannsdörffer hat doch auch wie sein Lehrer Droysen noch das höhere Recht staatlicher und nationaler Notwendigkeiten bemüht, das dem Kurfürsten zur Seite gestanden habe[29]. Dabei darf jedoch nicht außer Acht gelassen werden, daß es in den Konflikten beim Aufbau des preußischen Absolutismus unter dem Großen Kurfürsten kaum Opfer gegeben hat. Der Fall des Obersten Kalckstein war, wie Carl Hinrichs zu Recht bemerkte, singulär: „Kalckstein ist das einzige blutige Opfer gewesen, das die Begründung des preußischen Absolutismus im Innern gefordert hat.“[30] Gleichwohl behält die in der deutschen Historiographie vor 1945 sichtbar werdende Bereitschaft zur Relativierung von Rechtspositionen zugunsten des Machtausbaus und dessen vermeintlich höherem Recht vor der Geschichte für den rückblickenden Betrachter ihre bedenkliche Seite.

Ein scharfsinnig abwägender Historiker wie Georg Küntzel, dem wir einige meisterliche Studien unter anderem über Rankes zwölf Bücher preußischer Geschichte und über die drei großen Hohenzollern verdanken, hat nach dem Ersten Weltkrieg in seinem Essay über den Großen Kurfürsten noch „in der ehernen Wucht unabweisbarer Tatsachen und politischer Notwendigkeiten“ die größte Überzeugungskraft sehen wollen[31]. Küntzel lieferte mit dem auch von ihm beschworenen „Elend deutscher Machtlosigkeit“ in einer Welt rücksichtsloser Interessenbefolgung ein Plädoyer für eine gesunde Selbstbehauptung, das den Glauben an den Sieg der Vernunft schlicht als „Wahn“ etikettierte. Er hat in Friedrich Wilhelms Politik der Staatsräson, die, wie er meinte, in Verbindung von „verschlagener Diplomatie“ — "frei von sentimentalen Bindungen“ — mit „schneidigem militärischen Draufgehen“ ihre Ziele verfolgte[32], offensichtlich ein Erfahrungsmodell gesehen, das er für die deutsche politische Gegenwart nach dem Zusammenbruch von 1918 historiographisch aufbereitete. Daß sich dieser Begriff von Staatsräson mit

[29] *Bernhard Erdmannsdörffer,* Der Große Kurfürst (= Erdmannsdörffer, Kleinere historische Schriften, 1), Berlin 1912, 89; *Ders.*, Friedrich Wilhelm, in: Allgemeine Deutsche Biographie, 7, 1878, 477 - 497, siehe 488.

[30] *Carl Hinrichs,* Der Große Kurfürst (1956), in: Carl Hinrichs, Preußen als historisches Problem (hrsg. v. G. Oestreich), Berlin 1964, 227 - 252, hier 239.

[31] *Georg Küntzel,* Die drei großen Hohenzollern, in: Erich Marx/Karl Alexander von Müller (Hrsg.), Meister der Politik. Eine weltgeschichtliche Reihe von Bildnissen, 2. Bd., Stuttgart/Berlin ²1923, 392 - 551, hier 405.

[32] Ebd., 428.

der freilich vergröberten Lehre Leopold von Rankes vom „Primat der Außenpolitik“ verband, wonach die Einrichtung der inneren Staatsverhältnisse den äußeren Lagerungsbedingungen folgte, bedarf keiner Frage. Hier war letzten Endes auch die frühliberale, an der bürgerlichen Selbst- und Mitverantwortung orientierte Perspektive des eigentlichen Begründers der kleindeutsch-preußischen Historikerschule verloren. Für Georg Küntzel schuf die an den brandenburgischen Lebensinteressen orientierte Politik des Großen Kurfürsten nicht nur einen „Staat der Ehre“, der sich seine Feinde vom Leibe halten und die kulturellen Güter der Nation sichern konnte; dieser Staat habe endlich auch die „politische Freiheit seiner Bürger zu entwickeln“ vermocht. Die politische Mündigkeit der Staatsbürger geriet ihm in Umkehrung der verfassungsgeschichtlichen Gegebenheiten zu einem Erziehungsprodukt des machtvollen Staates. Der Distanz zum ständisch-parlamentarischen Wesen hat Küntzel mit dem Hinweis auf Gefährdungslagen nicht nur für die Zeit des Großen Kurfürsten, sondern auch für die jüngere Geschichte in Anspielung auf die mangelnde Leistungsfähigkeit „vielköpfiger Parlamente“ in Krisensituationen wie dem Ersten Weltkrieg Ausdruck gegeben[33].

Gegen eine einseitige Option der preußischen Historiographie für den absolutistischen Staatsaufbau und gegen die landständische Opposition hat sich nach dem letzten Kriege Francis L. Carsten vor allem in seinen Büchern über „The Origins of Prussia“ (1954) und “Princes and Parliaments in Germany“ (1959) mit besonderer Entschiedenheit gewandt[34]. Carsten sah in der Brechung des politischen Willens der Landstände und in ihrer weitgehenden Zurückdrängung durch den Großen Kurfürsten die Entwicklungschancen für einen preußischen Parlamentarismus vernichtet. Die Begründung des Absolutismus durch Friedrich Wilhelm habe die Möglichkeit des allmählichen Entstehens einer modernen parlamentarischen Verfassung in Preußen beseitigt[35].

Im ganzen läßt der Vergleich zwischen den Landständen in den Territorien des Großen Kurfürsten und den englischen Parlamenten des 17. Jahrhunderts doch eher die Unterschiede ins Gewicht fallen. Ob es zu der von Carsten prognostizierten Entwicklung gekommen wäre, hätte es nicht die antiständische Politik des Großen Kurfürsten gegeben, bleibt durchaus fraglich. Jedenfalls zeigt sich bei sorgfältiger Abwägung der unterschiedlichen Phasen der Ständepolitik des Großen Kurfürsten, daß eher die kurfürstliche Administration das Gesamtinteresse der Untertanenschaft im Auge hatte als die selbstisch-ständische Opposition in den Landtagen mit ihrem rechtlich, sozial und politisch begrenzten Horizont. Vor allem wird man schwerlich dem Großen Kurfürsten die Durchsetzung der landesherrlichen Autorität gegen-

33 Ebd., 429.

34 *Francis L. Carsten,* The Origins of Prussia, Oxford 1954; *Ders.,* Princes and Parliaments in Germany. From the Fifteenth to the Eighteenth Century, Oxford 1959.

35 *Carsten,* Origins, 220 f.; siehe auch *Opgenoorth* (Anm. 8), 12.

über den Landständen anlasten können. Schließlich wiesen die gegebenen strukturellen Voraussetzungen in diese Richtung. Die politische Disziplinierung der von ihrem regionalen, engen Interesse gefesselten Stände war für den Landesherrn ein Gebot der Stunde.

Richtig bleibt jedoch am Einwand Carstens, daß die traditionelle Historiographie trotz eingehender verfassungsgeschichtlicher Forschungen sich zu stark auf die Seite des Anstalts- und Leistungsstaates schlug und diesem gegenüber den landständischen Parlamentarismus zurücksetzte, der mit der ständischen Libertät gegen den Absolutismus ein Stück Freiheit zu behaupten suchte. Montesquieu hat gerade hierin in den vierziger Jahren des 18. Jahrhunderts die geschichtliche Rolle der Stände gesehen[36].

Auch in dieser Frage dokumentiert sich in der wissenschaftlichen Literatur nach dem letzten Kriege ein Paradigmenwechsel. Darauf deuten nicht nur die Bücher des Emigranten Carsten, der die preußisch-deutsche Geschichte gewissermaßen von außen kritisch betrachtete, sondern die differenzierten deutschen Forschungen zum Komplex Ständetum und Staatsbildung seit den sechziger Jahren[37].

Eine positivere Würdigung der absolutistischen Regierungsweise des Großen Kurfürsten kann sich nicht zuletzt an dessen religions- und kirchenpolitischen Maßnahmen orientieren. In der Beurteilung der Toleranzpolitik bezeugt die historische Forschung von der Historiographie Pufendorfs bis zur gegenwärtigen marxistischen Geschichtsschreibung bei manchen Unterschieden im einzelnen eine bemerkenswerte Kontinuität. So betonte schon Pufendorf die gleiche Zuneigung des Landesherrn zu den Untertanen verschiedener Konfession, er wies insbesondere auf den Eigentums-, Rechts- und Freiheitsschutz für die katholische Minderheit hin[38]. Dies entsprach dem Zeugnis des politischen Testaments, in dem Friedrich Wilhelm dem eigenen Glaubensbekenntnis gemäß dem Nachfolger zwar die besondere Förderung der Reformierten ans Herz legte, ihn aber auch auf die landesväterliche Liebe zu allen Untertanen „ohne Ansehen der Religion“ verpflichtete[39]. Friedrich Wilhelm hat in den sechziger Jahren den Lutheranern die Verketzerung der Reformierten untersagt. — Das lag bei seinem reformierten Be-

---

36 Siehe *Montesquieu,* De l'esprit des lois, Genf 1748, insbes. die Ausführungen über den Adel als „pouvoir intermédiaire“ und die „corps politiques“ (Buch II, Kap. IV) sowie das berühmte Englandkapitel (Buch XI, Kap. VI).

37 Siehe z. B. *Dietrich Gerhard* (Hrsg.), Ständische Vertretungen in Europa im 17. und 18. Jahrhundert (= Veröffentlichungen des Max-Planck-Instituts für Geschichte, 27), Göttingen ²1974; *Peter Baumgart* (Hrsg.), Ständetum und Staatsbildung in Brandenburg-Preussen (= Veröffentlichungen der Historischen Kommission zu Berlin, 55), 1983.

38 *Pufendorf* (Anm. 1), Bd. 2, 1313.

39 Politisches Testament (Anm. 9), 184: „Ewere von Gott vntergebene vnterthanen musset Ihr ohne ansehung der Religion als ein rechter landes Vatter lieben, Ihren nutzen und bestes, in billigen dingen alzeitt gerne zu beforderen suchen ...“.

kenntnis wohl nahe, wie er denn auch Reformierte im Staatsdienst bevorzugte; aber er hat auch den Reformierten die Angriffe auf die evangelisch-lutherische Konfession verboten und die Grundsätze einer toleranten, den Rechtsstandpunkt achtenden und das friedliche interkonfessionelle Zusammenleben fördernden Religionspolitik trotz kräftiger Vorbehalte gegen die päpstliche „Abgötterei" auch gegenüber den Katholiken gewahrt[40]. Zudem hat er den um ihres Glaubens willen Verfolgten eine Heimstatt gegeben. Er hat auf die Aufhebung des Edikts von Nantes durch Ludwig XIV. mit dem Potsdamer Edikt vom 29. Oktober 1685 geantwortet, die Hugenotten nach Brandenburg-Preußen eingeladen und ihnen ihre bürgerlichen und religiösen Freiheiten garantiert[41]. Dies entsprach freilich nicht nur seinem persönlichen Glaubensbekenntnis, sondern — worauf Ranke hinwies — einer „mächtigen Verstärkung" des protestantischen Prinzips, zumal der Zustrom von Reformierten „Brandenburg mit dem vorgeschrittenen romanischen Europa in unmittelbaren Kontakt brachte"[42].

Insgesamt hat die Religionspolitik des Großen Kurfürsten, die sich nicht auf die Respektierung der durch den Westfälischen Frieden gegebenen Rechtslage beschränkte[43], sondern Gewissensfreiheit auch Sekten wie den Socianern und den Mennoniten sowie den Juden zugestand, in Übereinstimmung von bürgerlicher und marxistischer Forschung der Aufklärung den Boden bereiten helfen[44]. So nahm Brandenburg-Preußen in der Gewährung von Religions- und Gewissensfreiheit eine Pilotenrolle wahr — auch gegenüber den Niederlanden und England, das, obgleich in der Entfaltung des Toleranzarguments sowie sozial und parlamentarisch seit 1689 entschieden fortgeschritten, in der Toleranzpolitik hinter Brandenburg-Preußen doch eher zurückblieb[45].

Dabei dürfen wir festhalten, daß der Große Kurfürst gerade in der Religionspolitik seinen von konfessionellen Aspekten nicht freien persönlichen Standort auch gegenüber seinen Räten einnahm, selbst wenn er hier von einem Mann wie dem ehemaligen Naturrechtler an der vom Großen Kurfürsten gegründeten Universität Duisburg, Fuchs, geistige Schützenhilfe er-

---

40 Siehe hierzu *Hugo Landwehr,* Die Kirchenpolitik Friedrich Wilhelms, des Großen Kurfürsten. Aufgrund archivalischer Quellen. Berlin 1894, insbes. 357 f.

41 Über den Großen Kurfürsten als Vertreter des Toleranzprinzips in Brandenburg-Preußen *Martin Lackner,* Die Kirchenpolitik des Großen Kurfürsten (= Untersuchungen zur Kirchengeschichte, 8), Witten 1973, insbes. 274 ff., 302.

42 *Ranke* (Anm. 19), 404.

43 Vgl. *Lackner* (Anm. 41), 306.

44 Vgl. *Ingrid Mittenzwei/Erika Herzfeld,* Brandenburg-Preußen 1648 – 1789. Das Zeitalter des Absolutismus in Text und Bild, Köln 1987, 93.

45 Vgl. *Lackner* (Anm. 41), 307, sowie *Günter Birtsch,* Gewissensfreiheit als Argument in England vom 16. bis zum 18. Jahrhundert, in: Ders. (Hrsg.), Grund- und Freiheitsrechte von der ständischen zur spätbürgerlichen Gesellschaft (= Veröffentlichungen zur Geschichte der Grund- und Freiheitsrechte, 2), Göttingen 1987, 88 – 116.

hielt. Nicht zuletzt in seinem Biographen Pufendorf hatte Friedrich Wilhelm einen Anwalt für die Toleranzpolitik gefunden.

Indessen stand auch für Pufendorf nicht die Frage der Förderung und Sicherung der Rechte des Individuums im Vordergrund, sondern das Gewicht staatlicher Interessen. Die Gewährung individueller Freiheit lag hier letzten Endes im Interesse des Ganzen und so im Souveränitätsinteresse eines Landesherrn, der über Territorien mit heterogener konfessioneller Struktur herrschte. Die Integrität des Gewissens schloß die Integrität des Glaubens ein, das Individuum hatte für Pufendorf einen Rechtsanspruch darauf, in seinem Glauben von den Regierenden beschützt zu werden. So bestand eine Schutzpflicht des Landesherrn für die Gewissen. Souveränitätsstreben, landesherrliches und christliches Pflichthandeln fanden in der Toleranzpolitik ihre schönste Vollendung. — Insgesamt freilich blieb das Pflichthandeln des Großen Kurfürsten nicht frei von konfessionellen und dynastischen Motiven. So stoßen wir bei ihm auf eine eigentümliche Ambivalenz von protestantisch orientierter Hausväterpflicht und übergeordnetem staatsmännischen Pflichtverständnis.

Zeitgenössische Bildnisse des Großen Kurfürsten

Von Helmut Börsch-Supan, Berlin

Herrscherbildnisse sind nicht leicht zu lesende Dokumente, weil ihr Aussehen durch viele Faktoren bestimmt ist. Wir möchten die Persönlichkeit unverhüllt in den Zügen und in der Haltung erkennen, wir möchten den Gegenstand unserem Blick durch die Erkenntnis unterwerfen, aber der Sinn der Porträts war es, Stellvertreter des Herrschers zu sein und den Betrachter durch ein schwer zu trennendes Gemisch von Offenbarung und Inszenierung, von Wahrheit und Verstellung zu beeindrucken. Aber es ist nicht nur die Mitteilung des Dargestellten, die wir analysieren müssen. Es ist auch der besondere Dialekt des Künstlers zu berücksichtigen, der durch persönliche Eigenart und Tradition geformt ist. Künstlerische Traditionen sind zu unterscheiden von politischen, die ein Herrscher fortsetzen oder durch reformerische Taten durchbrechen kann. Wo Modernität aufleuchtet, ist zu fragen, ob sie vom Künstler oder vom Auftraggeber kommt.

Im Brandenburg zur Zeit des Großen Kurfürsten war die Situation jedoch eine besondere. Die Kunst mußte erst entwickelt werden. Die Künstler, die der Kurfürst berief oder im Ausland für sich arbeiten ließ, besaßen alle ihren eigenen Stil, der noch keine einheitliche Lokalfärbung angenommen hatte. Das Milieu Königsbergs war verschieden von dem Berlins, wo die Menschen im Gefolge der Drangsale des Dreißigjährigen Krieges für eine verfeinerte Kultur wenig empfänglich waren, und vollends von dem der von holländischem Geist geprägten Residenz Kleve.

Das macht die Reihe der Kurfürstenbildnisse bunt, und in den Unterschieden ist weniger eine Steuerung als der Reflex von Gegebenheiten zu erkennen, denen sich der Auftraggeber anpassen mußte. Aus den 48 Regierungsjahren Friedrich Wilhelms sind so viel Porträts von ihm bekannt, und diese Bildnisse machen innerhalb der brandenburgischen Kunstproduktion einen so großen Prozentsatz aus, daß man füglich behaupten darf, dem Kurfürsten sei die Darstellung seiner Person im Bildnis und die Verbreitung dieser Bildnisse wichtig gewesen. Es handelte sich um ein Instrument der Staatspropaganda.

Aus den Jahren vor seinem Regierungsantritt sind nur drei Bildnisse überliefert, ein mäßiger Stich von Peter Rollos[1], ein Bildnis noch ganz in der

1 *Johannes Cernitius,* Decem e familia burggraviorum Nurenbergensium electorum Brandenburgicorum eicones, Berlin 1628; *Ludwig Keller,* Der Große Kurfürst in seiner Stellung zu Religion und Kirche, in: Hohenzollern-Jb. 7 (1903), 40.

starren, auf Symmetrie bedachten Auffassung der Zeit um 1600, aus dem 1628 erschienenen genealogischen Werk von Johannes Cernitius, sodann ein wohl in den Niederlanden nach 1634 entstandenes ganzfiguriges Porträt des etwa Fünfzehnjährigen von einem unbekannten Maler (in Brandenburg gab es zu dieser Zeit keinen Künstler, der in der Lage gewesen wäre, ein solches Bild zu malen)[2] und schließlich der Stich nach einem guten, vermutlich holländischen Vorbild, der im Theatrum Europaeum anläßlich der Regierungsübernahme erschien[3].

Das Interesse am Bildnis ist offenbar durch die Heirat mit der Prinzessin Luise Henriette von Nassau-Oranien am 7. Dezember 1646 geweckt worden. Nur eines der überlieferten Gemälde ist zwischen dem Regierungsantritt 1640 und der Hochzeit gemalt worden, nämlich das 1642 datierte lebensgroße Bildnis von Mathias Czwiczek (Abb. 1). Auffällig an diesem Bildnis ist die Lust an der Perspektive, die indessen nicht völlig beherrscht ist. Der Vordergrund wird in ihr Ordnungsschema durch das Schachbrettmuster des Bodens einbezogen, ein Lieblingsmotiv bei holländischen Bildnissen in Innenräumen. Dahinter sollen die wachhabenden Soldaten zum Größenvergleich mit der Gestalt des Kurfürsten anregen. Hier spürt man noch etwas von der Alarmstimmung des Dreißigjährigen Krieges.

Der gleiche Kontrast von Porträt und rasant in die Tiefe fluchtendem Raum begegnet in dem von Albrecht Christian Kalle gestochenen Porträt mit dem Berliner Schloß und dem Dom im Hintergrund[4]. Dem Kopf liegt die gleiche Aufnahme zugrunde. Die Datierung solcher Bildnisse aufgrund des Alters des Dargestellten ist problematisch. Bei Fürstenbildnissen ist immer wieder zu beobachten, daß ein Typus, dem eine Naturstudie zugrunde liegt, über längere Zeit hin gültig bleibt. Das allmähliche Altern wurde von den Porträtisten negiert. Das Vorbild für den Stich dürfte ein verschollenes Gemälde oder eine Zeichnung von Czwiczek gewesen sein. Gleiches gilt für den Stich in der 1647 bei Wolfgang Endtner in Nürnberg erschienenen Schrift von Carl Gustav von Hille „Der Teutsche Palmenbaum“[5].

Czwiczek, vermutlich ein Tscheche, wurde 1628 in Königsberg zum Hofmaler des Kurfürsten Georg Wilhelm ernannt. 1631 / 32 hielt er sich in England, Frankreich und den Niederlanden auf. Dort muß er im Umkreis von Adriaen Pietersz van de Venne studiert haben, denn wir kennen außer lebensgroßen Porträts von ihm drei kleinformatige Gruppenbildnisse, deren naive

---

2 *Keller* (Anm. 1), 44, Abb. einer (neueren?) Kopie eines unbekannten Originals, die sich ehemals im Berliner Schloß befand.

3 Theatrum Europaeum 4, 1643, 175.

4 *Goerd Peschken / Hans-Werner Klünner*, Das Berliner Schloß, Frankfurt, Wien - Berlin 1982, 46.

5 *Ludwig Keller*, Die Hohenzollern und die Oranier in ihren geistigen, verwandtschaftlichen und politischen Beziehungen, in: Hohenzollern-Jb. 10 (1906), 253.

Kompositionsweise mit puppenartigen, großköpfigen Figuren sich gut mit Werken van de Vennes vergleichen läßt[6].

Das eine dieser drei kleinen Bilder, das sich im Privatbesitz befindet[7], zeigt im Zentrum unten den Großen Kurfürsten nach der bereits bekannten Porträtaufnahme mit seiner Gemahlin Luise Henriette zwischen dem Kurfürsten Georg Wilhelm und seiner Gemahlin Elisabeth Charlotte von der Pfalz. Sie alle berühren das Kurszepter, das Friedrich Wilhelm mit der Rechten hält.

Hinter und über diesen vier Porträts erscheinen, von links nach rechts gelesen, Landgraf Wilhelm VI. von Hessen-Kassel, seine Gemahlin Hedwig Sophie von Brandenburg, mit der er seit 1649 verheiratet war, der Herzog Jakob von Kurland und seine Gemahlin Luise Charlotte von Brandenburg. Obgleich die Bildordnung primitiv wirkt, ist sie doch einprägsam als politische Aussage. Der Zusammenhang der Dynastie wird demonstriert. Dabei ergibt sich ein merkwürdiger Kontrast zwischen dem dokumentierten Machtanspruch einerseits und der Bescheidenheit des Formats sowie der stilistischen Rückständigkeit andererseits. Das posthume Bildnis des Kurfürsten Georg Wilhelm ist Ausdruck der Pietät und der Rückwendung zu Traditionen. Aber man hat doch auch den Eindruck von einem Keim, in dem künftiges Wachstum programmiert ist. Die Bildnisse von Georg Wilhelm und Elisabeth Charlotte gehen zurück auf das ganzfigurige Doppelporträt in Potsdam mit dem Hof des Königsberger Schlosses im Hintergrund[8]. Es ist wohl nach der Rückkehr Czwiczeks von seiner Studienreise von 1631 / 32 zu datieren.

Das Gruppenbildnis wirkt im übrigen wie ein Extrakt aus dem kleinen, im Schloß Charlottenburg bewahrten Bild von 1649 „Verherrlichung der Kurfürstin Elisabeth Charlotte von Brandenburg als Königin von Saba“ (Abb. 2)[9]. Auch dieses erzählfreudige Bild ist eine Geste der Pietät und besitzt einen geschichtlichen Horizont. Die Darstellung bringt die durch Heiraten gefestigten Beziehungen des Hauses Hohenzollern zu anderen protestantischen Fürstenhäusern in Erinnerung. Elisabeth Charlotte sitzt als Königin von Saba vor den Schätzen des Kurfürstentums Pfalz, das durch den Frieden von Münster 1648 wiederhergestellt wurde. Vor der Schatztruhe kniet vermutlich Karl Ludwig, seit 1649 Kurfürst von der Pfalz. In der mittleren

---

6 Z. B. ein Gemälde im Hessischen Landesmuseum, Darmstadt „Die Prinzen Moritz und Friedrich Heinrich von Nassau mit dem König von Böhmen, Pfalzgraf Friedrich V., zu Pferde“.

7 Abb. bei *Hans-Joachim Schoeps,* Preußen. Bilder und Zeugnisse, Berlin 1967, 10.

8 *Ekhart Berckenhagen,* Die Malerei in Berlin vom 13. bis zum ausgehenden 18. Jahrhundert, Berlin 1964, 78, hier als „Martin Schulz?“.

9 *Alfred F. Wolfert,* Ein Familienbild des Großen Kurfürsten Friedrich Wilhelm von Brandenburg. Versuch einer Deutung seiner Porträts und seiner Motive, in: Der Tappert 1970/71, 1 – 20.

Gruppe dominiert als König Salomon der Große Kurfürst, wieder in dem bereits bekannten Dreiviertelprofil nach rechts, neben seiner Gemahlin, an deren Rock sich ihr 1648 geborener und im Jahre darauf bereits gestorbener Sohn Wilhelm Heinrich festhält. Links hinter dem Kurfürsten erscheint Herzog Jakob von Kurland neben seiner Gemahlin. Die Dame rechts neben der Kurfürstin ist Amalie Elisabeth von Hanau-Münzenberg, Mutter des Landgrafen Wilhelm VI. von Hessen-Kassel, der rechts davon, neben seiner Gemahlin Hedwig Sophie von Brandenburg steht. Im Hintergrund links sind unter einem mit den Wappen der brandenburgischen Landesteile geschmückten Baldachin um einen Globus einige verstorbene Ahnen der in der Mitte Dargestellten versammelt, Fürsten des protestantischen Lagers, die bereits in der Zeit vor oder während des Dreißigjährigen Krieges miteinander verbunden waren. Vor dem Tisch sitzt Kurfürst Georg Wilhelm von Brandenburg, links neben ihm sein Vater Johann Sigismund. Es folgen Luise Juliane von Nassau-Oranien, ihr Gemahl Friedrich IV. von der Pfalz und Friedrich V., der Winterkönig, der nach seiner Absetzung als böhmischer König 1623 in den Niederlanden Asyl fand. Der Garten, die aufgehende Sonne und die Musikkapelle auf dem Altan sollen die hoffnungsvolle Ouvertüre einer neuen Epoche versinnbildlichen. Der Torbogen rechts gibt den Ausblick auf die Schätze der Königin frei.

Der dokumentarische Wert dieses Bildes besteht nicht zuletzt in der Diskrepanz zwischen dem gedanklichen Anspruch — es handelt sich ja um einen weit gefaßten historischen Rückblick und eine Art Regierungsprogramm — auf der einen Seite und der geradezu rührenden Naivität, die sich in bescheidenstem Format und mit einer fast kindlich anmutenden Erzählfreude offenbart, auf der anderen Seite.

Das dritte der bekannten miniaturartigen Bilder Czwiczeks bewahrte ehemals die Kasseler Galerie[10]. Es dürfte durch die Landgräfin Hedwig Sophie dorthin gelangt sein. Der Große Kurfürst, den Kommandostab in der Rechten, schreitet neben seiner Gemahlin aus einer prächtigen Architektur ins Freie. Eine hochgestellte Person, vielleicht Konrad von Burgsdorff, hält den Schirm über sie. Im Hintergrund sieht man eine Jagdszene. Das Motiv, ein Gruppenporträt als Darstellung eines Spazierganges, hat nichts gemein mit der Tradition brandenburgischer Herrscherbildnisse. Auch hier weisen die erzählerischen Züge auf niederländische Vorbilder. Aus der gleichen Zeit sind in Stichen zwei holländische Darstellungen des Kurfürstenpaares auf der Jagd bekannt, die freilich gelöster sind[11]. Die beinahe genrehafte Auffassung markiert jedoch die höfische Sphäre, in der der Kurfürst mit seiner Gemahlin damals das Leben genoß. Hier erscheint er jedenfalls nicht als der

10 *Paul Seidel,* Die Darstellungen des Großen Kurfürsten gemeinsam mit seiner Gemahlin Louise Henriette von Oranien, in: Hohenzollern-Jb. 7 (1903), 73.

11 Stiche von Cornelis I. van Dalen nach Jacob Marts, Seidel (Anm. 10), 71; Stich im Verlag von Cornelis Visscher, Amsterdam.

Politiker, der große Probleme zu bewältigen hat. Zwar hält der Kurfürst in dem Kasseler Bild den Kommandostab als Zeichen seiner militärischen Herrschaftsgewalt in der Rechten, den Blick wendet er jedoch zurück zu seiner Frau, so daß er auch hier wieder in dem bekannten Dreiviertelprofil nach rechts erscheint. Die aufeinandergelegten Hände unterstreichen die Verbundenheit des Paares. Solche Bekundung der ehelichen Liebe findet sich in mehreren Porträts des Kurfürsten gemeinsam mit seiner Gemahlin, so zum Beispiel in einem 1647 anläßlich der Hochzeit geschaffenen Stich von dem damals in Amsterdam tätigen Stecher Frans van Beusekom[12]. Friedrich Wilhelm hält seiner neunzehnjährigen Gemahlin ein brennendes Herz entgegen. Sie dagegen reicht ihm einen Orangenzweig mit einer Frucht. Rosen als Zeichen der Liebe wachsen hinter einer Balustrade, die den Vordergrund vom Hintergrund abschrankt.

Das Bildnis des Kurfürsten geht, obgleich er auch hier im Dreiviertelprofil nach rechs gewendet ist, nicht auf die Aufnahme Czwiczeks, sondern auf eine Gerard von Honthorsts zurück. Bei ihm trägt der Kurfürst einen schmalen Bart über der Oberlippe, und die Züge erscheinen ebenmäßiger. Die gebogene große Nase und der schmale zusammengepreßte Mund sind bei Honthorst nicht so stark ausgebildet wie bei Czwiczek. Der Kurfürst steht, bis zu den Füßen geharnischt, darüber den Hermelinmantel, neben seiner Gemahlin, die sich ihm von rechts her zu nahen scheint. Ein Exemplar dieses ganzfigurigen Doppelporträts bewahrt das Mauritshuis in Den Haag[13], ein anderes 1647 datiertes das Rijksmuseum in Amsterdam[14]. Eine Darstellung des Festessens aus Anlaß des Besuches von König Karl II. von England im Mauritshuis am 30. Mai 1660 zeigt das Bildnis Honthorsts an der Stirnwand des Saales über dem Kamin[15]. Der Honthorstische Typus entstand in Anlehnung an das ebenfalls ganz kriegerisch aufgefaßte Doppelporträt des Prinzen Friedrich Heinrich von Nassau-Oranien mit seiner Gemahlin Amalia von Solms Braunfels von 1637 / 38.

Wie wichtig dem Kurfürsten sein Bildnis und das seiner soeben angetrauten Gemahlin war, beweist eine Rechnung, aus der hervorgeht, daß er gleich nach seiner Heirat in der Werkstatt Gerard von Honthorsts acht lebensgroße Bildnisse in ganzer Figur und acht Brustbildnisse von sich, dazu sieben ganzfigurige Bildnisse der Kurfürstin, ein Kniestück und nicht weniger als 24 Brustbildnisse für Geschenkzwecke bestellte[16]. Honthorsts Porträt des

---

12 So weit der Erkreis reicht. Johann Moritz von Nassau-Siegen, Ausstellungskatalog Städtisches Museum Haus Koekkoek Kleve, 1979, Nr. C 4 mit Abb.

13 Mauritshuis. The Royal Cabinet of Paintings. Illustrated General Catalogue, The Hague 1977, 117, mit Abb.

14 So weit der Erdkreis reicht (Anm. 12), 17.

15 Ebd., 250.

16 *Hermann Braun,* Gerard und Willem van Honthorst, Phil. Diss. Göttingen 1966, 372.

Kurfürstenpaares wiederum wirkte auf ein großes Doppelbildnis, das Czwiczek laut Signatur 1649 in Königsberg malte und das sich bis zu seiner Verlagerung im letzten Krieg dort befunden hat (Abb. 3). Heute hängt es im Schloß Charlottenburg. Freilich ist auch hier die Tradition des Bildnisses von Georg Wilhelm mit seiner Gemahlin fortgeführt, aber die Befrachtung des Vordergrundes mit dem schweren Vorhang, dem Tisch in der Mitte und den Teilen einer Rüstung links als Hinweis auf das militärische Engagement des Kurfürsten bremsen den Tiefenzug im Unterschied zu den früheren Porträts merklich ab. Auf dem Tisch liegt der mit zwei riesigen Federn geschmückte hohe Hut, der auf vielen Bildnissen des Kurfürsten aus dieser Zeit begegnet. Die Gestalt der Kurfürstin ist deutlich vom Vorbild Honthorsts geprägt, während Czwiczek bei Friedrich Wilhelm auf seiner Auffassung, auch in der Physiognomie ohne den Lippenbart, beharrte und ihn in einer prächtigen Kleidung zeigt, deren Muster er mit minutiöser Zeichnung ganz in altertümlicher Manier wiedergibt. Czwiczek hat die Kurfürstin, die mit ihrem Gemahl bis 1649 in Kleve lebte, damals wahrscheinlich überhaupt noch nicht gesehen. Sein Bild wirkt neben dem des Holländers veraltet, aber auch Honthorst, der bereits 56 Jahre alt war, als er das Doppelbildnis malte, war damals nicht mehr modern, sondern vertrat in der etwas harten Modellierung der Formen und seiner atmosphärelosen Malerei noch die nüchterne, disziplinierte Phase der dreißiger Jahre, deren Eigenart durch die Forderungen der Kriegszeit bedingt war. Bemerkenswert ist bei der Rüstung der Verzicht auf jede Verzierung. Hier spricht sich calvinistische Strenge aus. Die bürgerliche Bildnismalerei hatte in den vierziger Jahren in Holland längst neue Wege eingeschlagen. Man vergegenwärtige sich nur, daß Rembrandt 1642 seine „Nachtwache" malte.

In Brandenburg war jedoch Honthorsts Stil etwas Neues. Der Große Kurfürst berief Willem van Honthorst, den jüngeren Bruder und Werkstattgehilfen Gerards als Hofmaler nach Kleve. In Berlin ist er anscheinend erst seit der Mitte der fünfziger Jahre bis 1664 tätig. Er hat indes nicht allzu viele Spuren dieser Berliner Jahre hinterlassen. Das Charlottenburger Exemplar des in mehreren Varianten bekannten Porträts des Kurfürsten als Brustbild mag deutlicher vor Augen führen, was gegenüber Czwiczek neu an dieser Auffassung war (Abb. 4). Der Kurfürst begegnet dem Betrachter ohne irgend ein Abzeichen seines Ranges. Harnisch und Kragen sind denkbar einfach. Das lange braune Haar fällt glatt ohne jede künstliche Ordnung auf die Schultern. Was beeindrucken soll, ist allein der ruhige Ausdruck des klaren Gesichtes, das in gleichmäßig hellem Licht ohne jede Dramatisierung durch Schatteneffekte und ohne Anzeichen irgendwelcher Leidenschaften erscheint. Die geistig-charakterlichen Fähigkeiten sind es, auf denen die Autorität des Herrschers beruhen soll. Diese Aussage scheint das am Ende des Dreißigjährigen Krieges gemalte Porträt mitzuteilen. Es konnte seine Botschaft in Brandenburg wohl nur einer kleinen Oberschicht vermitteln.

Die Eigenart des Honthorstschen Bildtypus, der den Absichten Friedrich Wilhelms entsprochen haben muß, läßt sich noch prägnanter durch einen Vergleich mit einem Bildnis des Haager Hofmalers Adriaen Hanneman fassen, das um die gleiche Zeit zu datieren ist (Abb. 5). Hanneman war in England gewesen und dort stark von Anthonius van Dyck beeinflußt worden. Dessen Leistung war es gewesen, in Haltung und Bewegung, Wiedergabe von Oberflächen und glaubhafter Mimik eine neue Art von Noblesse zur Schau zu stellen. In dem Bildnis des Großen Kurfürsten von Hanneman, das 1982 aus anhaltischem Fürstenbesitz in das Schloß Charlottenburg gelangt ist, steht zwar ein Krieger vor uns, aber durch die ausdrucksstarke, etwas gezierte Geste seiner fein durchgebildeten linken Hand, die auf das Reitergefecht deutet, und den herausgehobenen Standort im Vordergrund erscheint er als Feldherr, der durch eine höherwertige Menschlichkeit den Sieg herbeiführt. Dazu gehört nicht nur geistige Überlegenheit, sondern auch eine Kultiviertheit, die sich in Physiognomie, Kleidung und Bewaffnung äußert. Das Haar wirkt gepflegt, ist aber doch auch in seiner aus Ordnung und Natürlichkeit gemischten Erscheinung das Abzeichen eines ungestümen, wenn auch gezügelten Temperamentes. Das Gesicht ist weit feiner modelliert als bei Honthorst und verrät einen differenzierten Charakter. Dieses war die moderne Hofkunst in Den Haag, die nicht nach Brandenburg paßte, allenfalls in die von Holland geprägten westlichen Gebiete, nach Kleve.

Der Wille des Kurfürsten, die durch den Krieg verwüstete und demoralisierte Mark wiederaufzubauen und Recht und Gesetz wiederherzustellen, aber auch die Entschlossenheit, sein Territorium zu verteidigen und wenn möglich zu vergrößern, spiegelt sich im Bereich der Bildniskunst in verschiedenen Rollen, die er spielte. In Czwiczeks Bild „Verherrlichung der Kurfürstin Elisabeth Charlotte von Brandenburg als Königin von Saba" war der Kurfürst ungeachtet des Verhältnisses von Sohn und Mutter als König Salomon aufgetreten, der durch Weisheit und Gerechtigkeit Ordnung im Lande herstellt. Als König Salomon begegnet er auch in einem bescheidenen Bild im Schloß Charlottenburg, das vielleicht die Kopie eines verlorenen Werkes von Czwiczek ist[17]. Hier ist das Urteil Salomons dargestellt. 1652 entstand ein in Siegen bewahrtes ganzfiguriges Gemälde von einem unbekannten Maler, das den Kurfürsten als Scipio Africanus major wiedergibt[18]. Es geht zurück auf ein Ritterspiel, das man anläßlich der Hochzeit Wilhelm Friedrichs von Nassau mit Albertina Agnes von Oranien in Kleve veranstaltete. Es wurde die Schlacht von Zama gespielt, in der der Große Kurfürst die Rolle des Scipio übernommen hatte und der Graf Waldeck die des Hannibal.

Willem von Honthorst malte wohl um 1655, dem Datum der Fertigstellung des Schlosses Oranienburg, eine Allegorie auf die Gründung des für Luise

---

17 Berlin Archiv B 02017.

18 So weit der Erdkreis reicht (Anm. 12), Nr. C 16 mit Abb.

Henriette bestimmten Baues (Abb. 6). Das Bild sagt indessen auch etwas über die politischen Ziele des Kurfürsten aus. Luise Henriette ist in der Rolle der Königin Dido bei der Gründung Karthagos dargestellt gemäß der Sage, daß sie in Libyen soviel Land kaufte, wie eine Kuhhaut bedeckt. Sie wandte dabei eine List an, indem sie die Kuhhaut in feine Streifen schneiden ließ, so daß sie damit ein weites Gebiet umspannen konnte. Es ist der Oberpräsident Otto von Schwerin, der die Kuhhaut zerschneidet. In seiner Linken hält er einen Zettel mit der Aufschrift „Plus outre", der ins Französische übersetzten Devise Kaiser Karls V. Klugheit ist erforderlich, um bei unzureichenden finanziellen Mitteln das Land zu vergrößern. Der mit Turban und Krone, sonst aber in einer römischen Rüstung auftretende Kurfürst spielt hier gewiß nicht die Rolle des geprellten Königs von Libyen, sondern die des Äneas, obgleich dieser erst später die Königin Dido besuchte und obgleich ihre Liebe ein unglückliches Ende fand. Honthorst hat bei den Porträts des Kurfürstenpaares noch auf die Aufnahme von 1647 zurückgegriffen. Vielleicht steht die Darstellung in einem Zusammenhang mit dem 1655 ausgebrochenen Nordischen Krieg.

Als Bellerophon, der die Chimäre durch List und Tapferkeit besiegt, stellte der 1668 aus Nürnberg nach Berlin berufene Gottfried Leygebe den Kurfürsten vor 1672 in einer aus Eisen geschnittenen Statuette dar. Auch hier ist der Gedanke der, daß geistige und moralische Überlegenheit das Defizit an physischen Machtmitteln ausgleichen müssen. 1680 variierte Leygebe dieses Motiv in einer Statuette des Großen Kurfürsten, der 1654 den Hosenbandorden erhalten hatte, als heiliger Georg[19]. Das antike Motiv des Bellerophon ist ins Christliche gewendet. Der Kurfürst ist der Ritter, der das Böse bekämpft.

Die plastischen Bildnisse dürfen nicht außer Acht gelassen werden, denn der Große Kurfürst war an der Fixierung seines Bildes in dauerhaftem Material interessiert. 1651 wurde im Lustgarten am Berliner Schloß inmitten einer Versammlung von Götterstatuen ein marmornes Standbild des Kurfürsten von dem niederländischen Bildhauer Franz Dusart aufgestellt, der kurz vorher vier ähnliche Statuen oranischer Prinzen geschaffen hatte (Abb. 7). Die Erinnerung an Panzerstatuen römischer Herrscher wurde geweckt, in der Gestaltung selbst fehlte jedoch die Reminiszenz an Antikes. Vielmehr ist sie so schlicht, daß die Figur wie eine Übersetzung von Gerard von Honthorsts Porträt ins Dreidimensionale wirkt. Schon 1647 hatte Dusart in Den Haag Profilbildnisse des Kurfürsten und seiner Gemahlin geschaffen[20]. Wie

---

[19] Die Brandenburgisch-Preußische Kunstkammer. Staatliche Museen Preußischer Kulturbesitz, Ausstellungskatalog 1981, Nr. 58 mit Abb.

[20] So weit der Erdkreis reicht (Anm. 12), Nr. C 6 a, C 6 b mit Abb., Haus Doorn, Holland; *Seidel* (Anm. 10), 19, Tf. bei 68. Zwei Marmorbüsten des Großen Kurfürsten von Dusart, die eine, um 1647 entstanden, im Besitz der Staatlichen Museen Berlin (Ost), die andere im Besitz der Staatlichen Schlösser und Gärten, Potsdam von 1652

sich die Physiognomie des Kurfürsten seit den frühen fünfziger Jahren immer mehr zum Fülligen, ja Massigen entwickelte, verdeutlicht vor allem das 1652 in Kleve von dem Rembrandtschüler Govaert Flinck geschaffene Porträt im Charlottenburger Schloß (Abb. 8), das indessen nichts von Rembrandtscher Psychologie verrät, sondern auch in der satten Farbigkeit dem modernen üppigen Stil folgt, wie ihn vor allem Bartholomäus van der Helst mit großem Erfolg vertrat. Das Vorbild für die Handhaltung mit dem Szepter hat anscheinend ein Bildnis König Karls I. von England von van Dyck abgegeben[21]. Die Insignien seiner Würde sind mit den geläufigen Repräsentationsformeln von Säule und Vorhang in gedrängter Formenfülle wiedergegeben. Die eindrucksvolle Nüchternheit des Honthorstschen Typus ist aufgegeben. Der neuen Auffassung folgte das unbeholfene Bildnis des aus Husum stammenden Malers Broder Mathiesen in Schleswig[22]. Säule und Vorhang sind aus dem Flinckschen Bild übernommen und auf die andere Seite gesetzt. Von der schon besprochenen Allegorie auf die Gründung Oranienburgs sowie von Münzen und Medaillen abgesehen[23], besitzen wir aus den fünfziger und frühen sechziger Jahren sonst keine datierten Porträts. Wir verlieren die Entwicklung der Physiognomie aus den Augen, weil das Interesse an der Abbildung anscheinend zurückgegangen war.

1666 beginnt mit dem kurzen Aufenthalt des in Den Haag tätigen Porträtmalers Pieter Nason in Berlin ein neuer Abschnitt der Ikonographie des Großen Kurfürsten. Die neue Entwicklung ist durch ein gesteigertes, ja mitunter forciertes Repräsentationsbedürfnis im Zuge einer Verfestigung des absolutistischen Systems zu verstehen. Frankreich war eine Herausforderung. 1666 ist jenes merkwürdige bisweilen als Bildnis des Kurprinzen Karl Emil — der damals erst elf Jahre alt war — angesprochene Porträt entstanden, das unverkennbar den Großen Kurfürsten in jüngeren Jahren wiedergibt[24]. Sollte Nason dieses Bild nach einer veralteten Vorlage, vielleicht nach Gerard oder Willem van Honthorst, gemalt und nach Berlin mitgebracht haben? Hier jedenfalls hatte er Gelegenheit, eine aktuelle Porträtaufnahme anzufertigen, die er für das bekannte überaus monumentale Bildnis benutzte, das in einer Fassung als Einzeldarstellung[25] und einer als Doppelbildnis mit Luise Henriette bekannt ist (Abb. 9).

verzeichnet der Ausstellungskatalog Kunst in Berlin 1648 - 1987, Ausstellung im Alten Museum 1987, Nr. A 1 und A 9.

21 *Emil Schäffer,* Van Dyck. Des Meisters Gemälde in 537 Abbildungen, Stuttgart - Leipzig 1909, 367. Longford Castle, Earl of Radnor. Von dem Bildnis Flincks, das im Stich vervielfältigt worden ist, scheint das von Jan Luyckx im Schloß Ambras, eine Kniefigur, beeinflußt zu sein.

22 *Berckenhagen* (Anm. 8), Abb. 191, um 1659 datiert, Schloß Gottorf.

23 *Johann Carl Conrad Oelrichs,* Erläutertes Chur-Brandenburgisches Medaillencabinett. Zur Geschichte Friedrich Wilhelms des Großen, Berlin 1778. Hier sind alle Medaillen auf den Großen Kurfürsten im Stich abgebildet. 1988 erschien ein Reprint.

24 *Berckenhagen* (Anm. 8), Abb. 193, Staatliche Schlösser und Gärten, Potsdam.

25 *Keller* (Anm. 1), Tf. bei 60, Staatliche Schlösser und Gärten, Potsdam.

Das Doppelbildnis steht natürlich in der Tradition der Porträts von Honthorst und Czwiczek, im Verhältnis des Kurfürsten zu seiner Gemahlin hat sich im Prinzip nichts geändert, nur überragt Friedrich Wilhelm diese jetzt um Haupteslänge. Maß das Bildnis Gerard van Honthorsts in Amsterdam noch 302 x 194 cm, so betragen die Abmessungen nun 360 x 320 cm. Meines Wissens ist die Frage nie gestellt worden, welches die Veranlassung für die Entstehung dieses außerordentlichen Porträts gewesen ist, das sich erst seit 1786 im Berliner Schloß nachweisen läßt und in der Zeit Schlüters einen üppigen Rahmen erhalten hat.

Im Berliner Schloß gab es um 1666 nur unbedeutende bauliche Veränderungen. Das Datum würde genau zur Erbauung des Potsdamer Stadtschlosses passen, das 1669 fertig war. Dieser 1662 — gleichzeitig mit Versailles — begonnene Bau war das repräsentative Schloßprojekt des Großen Kurfürsten, mit dem er seinen Machtanspruch dokumentieren wollte. Im Inventar des Potsdamer Stadtschlosses von 1698 ist das Bild allerdings nicht aufgeführt. Wahrscheinlich ist es davor schon in das Berliner Schloß gelangt und hat bei dieser Gelegenheit seinen neuen Rahmen erhalten.

Die imposante Wirkung kommt dadurch zustande, daß der Umriß der Hauptgestalt durch Haltung und Kleidung so weit wie möglich ausládt und die architektonisch-abstrakt aufgefaßte Figur sich mit den kolossalen Bauteilen im Hintergrund verbindet. Der Kurfürst ist der Baumeister des Staates, und sein Wesen ist Standfestigkeit. Die Gestalt der Kurfürstin ist dagegen beweglicher und organischer aufgefaßt und dem Landschaftsraum zugeordnet. Sie verkörpert ein anderes Prinzip. Die monumentale Auffassung der Gestalt des Kurfürsten, zu der die in die Breite gezogenen Gesichtszüge passen, ist ebenso weit von der schlichten Würde der Bildnisse Honthorsts entfernt wie von dem üppigen Porträtstil, der in Holland zu dieser Zeit in Mode war. Hier ging es anscheinend darum, einen neuen Typus des Herrscherporträts im Zuschnitt auf die brandenburgischen Verhältnisse zu schaffen.

Zur gleichen Zeit, jedenfalls nach der Geburt des Prinzen Ludwig am 8. Juli 1666 in Kleve und vor dem Tod der Kurfürstin am 18. Juni 1667, entstand das ebenfalls kolossale, mit 333 x 271 cm jedoch nicht ganz so große Familienbildnis von dem Haager Maler Jan Mijtens, der 1647 bereits die Trauung des Kurfürstenpaares in einer figurenreichen Darstellung gemalt hatte[26]. Auch dieses Bild dürfte für das Potsdamer Stadtschloß geschaffen worden sein. Es führt eine andere Seite des kurfürstlichen Lebens vor Augen. Friedrich Wilhelm erscheint nicht als Ritter, sondern in einem prunkvollen Gewand, und dazu im Hermelinmantel als Zeichen seiner Würde, inmitten seiner Familie. Luise Henriette mit dem neugeborenen Prinzen auf dem

---

26 *Seidel* (Anm. 10), Tf. bei 74, Staatliche Schlösser und Gärten, Potsdam. Eine kleinere Kopie als Querformat befindet sich im Schloß Charlottenburg.

Abb. 1: Matthias Czwiczek, Der Große Kurfürst, 1642,
Staatliche Schlösser und Gärten, Potsdam-Sanssouci

Abb. 2: Matthias Czwiczek, Die Verherrlichung der Kurfürstin Elisabeth Charlotte von Brandenburg als Königin von Saba, 1649, Staatliche Schlösser und Gärten, Berlin, Schloß Charlottenburg

Abb. 3.: Matthias Czwiczek, Der Große Kurfürst und seine Gemahlin Luise Henriette von Nassau-Oranien, 1649, Staatliche Schlösser und Gärten, Schloß Charlottenburg

Abb. 4: Gerard oder Willem van Honthorst,
Der Große Kurfürst, um 1646,
Staatliche Schlösser und Gärten, Berlin,
Schloß Charlottenburg

Abb. 5: Adriaen Hanneman,
Der Große Kurfürst, um 1646,
Staatliche Schlösser und Gärten, Berlin,
Schloß Charlottenburg

Abb. 6: Willem van Honthorst, Allegorie auf die Gründung Oranienburgs, um 1655, Kreismuseum Oranienburg

Abb. 7: Franz Dusart, Marmorstatue des Großen Kurfürsten, 1651,
Staatliche Schlösser und Gärten, Potsdam-Sanssouci

Abb. 8: Govaert Flinck, Der Große Kurfürst, 1652,
Staatliche Schlösser und Gärten, Berlin, Schloß Charlottenburg

Abb. 9: Pieter Nason, Der Große Kurfürst und
seine Gemahlin Luise Henriette von Nassau-Oranien, 1666,
Staatliche Schlösser und Gärten, Potsdam

Abb. 10: Jacques d'Agar (?), Der Große Kurfürst mit seiner Gemahlin Dorothea von Holstein-Glücksburg und deren Kindern, um 1678, Berlin Museum

Abb. 11: Jacques Vaillant, Huldigung Pommerns, 1678,
Staatliche Schlösser und Gärten, Berlin, Schloß Charlottenburg

Abb. 12: Jacques Vaillant, Der Große Kurfürst, um 1675,
Schloß Homburg v. d. H.

Abb. 13: Matthäus Merian, Der Große Kurfürst, 1673,
Staatliche Schlösser und Gärten, Berlin, Schloß Charlottenburg

Abb. 14: Michael Willmann, Verherrlichung des Großen Kurfürsten, 1682,
Staatliche Schlösser und Gärten, Berlin, Schloß Charlottenburg

Abb. 15: Philipp Wilhelm Nuglisch (?) nach Rutger van Langervelt,
Reiterbildnis des Großen Kurfürsten, um 1680,
Staatliche Schlösser und Gärten, Jagdschloß Grunewald

Abb. 16: Abraham Romandon, Der Große Kurfürst, 1687,
Staatliche Schlösser und Gärten, Potsdam-Sanssouci

Abb. 17: Andreas Schlüter, Reiterdenkmal des Großen Kurfürsten, Detail, Schloß Charlottenburg

Schoß, dem der neunjährige Prinz Friedrich einen Korb mit Rosen, Zeichen der Liebe, reicht, besitzt etwas Madonnenhaftes. Sie thront vor einer Säule. Von links steigt der Kurprinz Karl Emil, den Kurhut in den Händen, ein paar Stufen hoch. Wie auf einer Bühne wird die Dynastie präsentiert, aber doch auch mit Zeichen gegenseitiger Zuneigung und menschlicher Wärme. Das äußert sich beim Kurfürsten zum Beispiel in dem gelösten Standmotiv.

Hinzu kommt noch der Hinweis auf die Religiosität des Kurfürsten. Der mit Engeln bevölkerte Himmel öffnet sich über der Familie. Das Bild hat noch eine obere Etage. Links schwebt als Engel der 1649 im Alter von einem Jahr gestorbene Prinz Wilhelm Heinrich, von rechts kommen ihm die 1664 geborenen und 5 Tage nach der Geburt gestorbenen Zwillinge Amalie und Heinrich entgegen. In diesem Familienbildnis bildet der Kurfürst die Mittelachse einer im großen und ganzen symmetrischen Komposition, bei der lediglich die rechte Hälfte mit der Kurfürstin ein schwereres Gewicht als die linke besitzt. Sowohl das Doppelbildnis von Nason wie das Familienbildnis von Mijtens sind ungewöhnliche Bilderfindungen, die für prominente Stellen bestimmt gewesen sein müssen und schwerlich ohne eine Einflußnahme des Kurfürsten auf die Gestaltung entstanden sein können. Merkwürdig ist, wie verschieden in beiden Bildern die Physiognomie des Kurfürsten wiedergegeben ist, bei Nason herrscherlich, abweisend, verschlossen, bei Mijtens gelöster, offener, vergleichsweise gesprächig.

Nach dem Alter der Dargestellten zwölf Jahre später, also 1678, malte ein unbekannter Maler, vielleicht der später für den dänischen Hof tätige Jacques d'Agar, in deutlicher Anlehnung an das Bild von Jan Mijtens den Großen Kurfürsten mit seiner zweiten Gemahlin Dorothea von Holstein-Glücksburg und den Kindern aus dieser Ehe (Abb. 10). Auch der Kurfürst sitzt nun, auf einem etwas reicher verzierten Stuhl als seine Gemahlin, die jedoch wie Luise Henriette bei Mijtens ihre Füße auf ein Kissen setzt. Auch hier greift das kleinste Kind, der 1677 geborene Christian Ludwig, in einen Korb mit Rosen, den ihm die älteste Schwester, die achtjährige Marie Amalia, reicht. Links vom Kurfürsten steht Philipp Wilhelm, damals 9 Jahre alt. Ganz rechts erscheint Albrecht Friedrich, und vorn sitzen Karl Philipp und Elisabeth Sophie. Auch hier schwebt ein bereits verstorbenes Kind in der Luft, Luise Dorothea, das allerdings mit einem Stück Vorhang übermalt wurde, inzwischen aber wieder freigelegt worden ist. Der Himmel wird durch eine Reihe von Statuen ersetzt, Tugenden der Herrscher, und zwar in der Mitte mit deutlichem Bezug auf die Kurfürstin eine Caritas und links davon eine Sapientia. Die übrigen Statuen lassen sich nicht bestimmen. Die zentrale Gestalt ist hier eher die Kurfürstin als ihr Gemahl, zumal auch nur ihre Kinder dargestellt sind. Das Bild wird denn wohl in ihrem Auftrag entstanden sein. Gegenüber dem zwölf Jahre zuvor entstandenen Bildnis von Mijtens erscheint der Kurfürst jedoch kaum gealtert. Es scheint fast, als habe der Maler die Gesichtszüge von dort entlehnt.

1671 schuf der 1668 nach Berlin berufene Gottfried Leygebe ein Profilbildnis als Bronzerelief mit antiker Gewandung und Lorbeerkranz für den Marmorsaal im Potsdamer Stadtschloß[27]. Im Vergleich mit Münzbildnissen flieht der Unterkiefer auffällig zurück. Leygebe hat sich vermutlich von einem Werk des Nürnberger Georg Schweigger anregen lassen, einem Bildnis des Kaisers Ferdinand III. von 1657[28].

Seit den sechziger Jahren nahmen die Berufungen auswärtiger, vor allem niederländischer Künstler nach Berlin rapide zu. 1672 kam aus Lille Jacques Vaillant, ein routinierter, offenbar schnell arbeitender Maler, der großformatige Historienbilder, Deckenstücke und auch Porträts lieferte, ein Künstler offenbar so recht nach den Wünschen eines zur Sparsamkeit genötigten, aber doch unternehmungslustigen Auftraggebers. Ihm ist das sehr sicher, aber flüchtig gemalte große Bild im Charlottenburger Schloß zuzuschreiben (Abb. 11), das für den Triumphbogen aus Anlaß der Heimkehr des Kurfürsten aus dem siegreichen pommerschen Feldzug nach Berlin 1678 gemalt worden sein muß, in aller Eile, denn dem Maler fehlte sogar die Zeit, sich eine Ansicht von Stettin zu besorgen[29]. Auch das pommersche Wappen ist fehlerhaft wiedergegeben. Der rote Greif besitzt keine Flügel. An dem Feldzug hatte Dorothea teilgenommen, deshalb erscheint sie neben dem Kurfürsten. Beide Gestalten scheinen fast wie zu einer einzigen verschmolzen. Rechts steht der einundzwanzigjährige Kurprinz Friedrich. Es ist ein großer Zufall, daß ein Teil einer ephemären Festdekoration erhalten geblieben ist.

Jacques Vaillant hat wohl in der Mitte der siebziger Jahre das Bildnis des Großen Kurfürsten geschaffen, das am meisten in Wiederholungen, Varianten und Kopien verbreitet war und durch seinen kriegerischen Charakter wohl der Reflex des 1679 beendeten Holländischen Krieges ist (Abb. 12). Friedrich Wilhelm erscheint völlig gepanzert in einer nunmehr verzierten Rüstung. Die gelockte Perücke mit dem Jabot aus venezianischer Spitze ergibt beinahe ein Kreisrund, das das volle, markante Gesicht rahmt. Die Haltung hat etwas Drohendes. Der Kommandostab wird so gehalten, als wolle er damit zuschlagen. Kurhut, Szepter und Hermelinmantel liegen hinter ihm. In der Ferne dehnt sich eine Küstenlandschaft. Die in dieser Form üppig gelockte Perücke begegnet zuerst auf einer Schaumünze auf die zweite Heirat 1668[30]. Neben diesen Bildnissen mit Perücke entstehen immer wieder solche mit glatt herabfallendem natürlichen Haar. Das bedeutendste der

---

27 *Paul Seidel / Franz Skarbina,* Die äußere Erscheinung des Großen Kurfürsten, Berlin 1898, Tf. bei 8 = Hohenzollern-Jb. 2 (1898), Tf. bei 96.

28 Barock in Nürnberg 1600 – 1750, Ausstellung im Germanischen National-Museum 1962, Nr. C 23 mit Abb.

29 *Helmut Börsch-Supan,* Die Kunst in Brandenburg-Preußen. Ihre Geschichte von der Renaissance bis zum Biedermeier, dargestellt am Kunstbesitz der Berliner Schlösser, Berlin 1980, Nr. 24.

30 *Oelrichs* (Anm. 23), Nr. 27; (Menadier), Schaumünzen des Hauses Hohenzollern, Berlin 1901, Nr. 181, Tf. 12.

späteren Bildnisse ist das von Matthäus Merian dem Jüngeren, einem zuletzt in Frankfurt tätigen, viel gereisten Schüler Joachim von Sandrarts und van Dycks (Abb. 13). Das im Schloß Charlottenburg bewahrte Bild ist wohl 1673 bei einem halbjährigen Aufenthalt des Malers in Berlin entstanden. Der Dargestellte war damals 53 Jahre alt. In der Körperhaltung steht es dem Porträt von Vaillant nahe, aber die den Kopf umfließenden Haare und der die Rüstung großenteils umhüllende Hermelinmantel erzeugen eine eigenartige Polarität von Gewalt, ja Gewalttätigkeit, und Menschlichkeit, die durch Leiden gereift ist. Im Gesicht liegt ein leicht schmerzlicher Ausdruck. Anscheinend hat Merian in späteren Fassungen das Gesicht und die nunmehr weißen Haare dem fortgeschrittenen Alter angepaßt. So ist wohl der Unterschied zu dem Stich von Philipp Kilian nach Merian zu deuten[31]. In der Reproduktion wesentlich schwächer ist der Stich, der im Theatrum Europaeum beim Jahr 1683 und noch einmal aus Anlaß des Todes 1688 erscheint[32].

Als Kunstwerk bedeutender als Merians Porträt ist zweifellos die Allegorie auf die Förderung der Künste und Wissenschaften von Michael Willmann (Abb. 14), die 1682 entstanden und 1698 im Potsdamer Stadtschloß erwähnt ist[33]. Wir wissen weder, welche Vorlage der in Schlesien tätige Maler für das Porträt benutzt hat, noch kennen wir die Umstände der Auftragserteilung. Der Kurfürst sitzt wie jemand, der durch anstrengende Tätigkeit erschöpft ist, reglos aber nachdenklich inmitten von lebhaft bewegten Gestalten. Im Ausdruck des Gesichtes liegt etwas Hartes, der Kurfürst als Arbeiter, der hier mit Herakles verglichen wird.

Ein anderer bedeutender Maler, der den Kurfürsten in der Spätzeit porträtiert hat, ist der Venezianer Sebastiano Bombelli[34]. Das ehemals in Breslau befindliche Bildnis ist verschollen. In der Anlage steht es dem Vaillantschen Typus nahe, ist dessen Bildnissen aber in der Detailbehandlung weit überlegen. Man betrachte nur die in die Hüfte gestemmte linke Hand.

In Paris erschien ein vorzüglicher Stich mit der Unterschrift „Antoine Maßon Delineavit et sculpsit parissis 1683“[35]. Dieser Stich mit einer sehr durchgebildeten, die Spuren des Alters betonenden Zeichnung des Gesichtes muß auf ein uns unbekanntes Vorbild zurückgehen, denn eine kleine Einzelheit ist mißverstanden. Ein winziges Bärtchen unter der vollen Unterlippe ist hier als Warze interpretiert. Die gleiche Vorlage diente dem Bildnis, das dem zweiten Band des Werkes von Gegrorio Leti von 1687 vorangestellt ist.

---

31 *Bernhard Erdmannsdörffer,* Deutsche Geschiche vom Westfälischen Frieden bis zum Regierungsantritt Friedrichs des Großen 1648 - 1740, Berlin 1892, Bd. 1, Abb. bei 342.

32 Theatrum Europaeum 12, 1691, bei 516; 13, 1698, bei 398.

33 *Börsch-Supan* (Anm. 29), Nr. 21.

34 Mostra del Bombelli e del Carneo, Udine, Chiesa di S. Francesco 1964, Nr. 18.

35 *Erdmannsdörffer* (Anm. 31), Abb. bei 424.

Der 1687 nach Berlin berufene Adam de Clerc, vermutlich ein Holländer, hat wohl wenig später ein Bildnis des Kurfürsten gemalt, das ein Stich von Samuel Blesendorf überliefert[36]. Die Physiognomie enthält für uns keine neuen Aussagen.

In dem seit 1677 von dem holländischen Architekten und Maler Rutger von Langerfeld für den Kurprinzen Friedrich erbauten Schloß Köpenick hing laut Ausweis des Inventars von 1682 „Sr. Churfürstl. Durchl. Contrefaict von Langevelt in vollen Waffen zu Pferd, hinten ist die belagerung von Stralsund“[37]. Diesem Typus folgt vermutlich ein verlorenes, ehemals im Schloß Schwedt befindliches großes Bild[38], wenn es sich nicht gar um das Köpenicker Porträt selbst gehandelt hat. Eine kleine Variante bewahrt das Jagdschloß Grunewald (Abb. 15). Bisher wurde diese Erfindung Jacques Vaillant zugeschrieben. Die Idee mit dem hinterherlaufenden, den Helm schleppenden Pagen ist keineswegs geschickt. Das Gesicht des Kurfürsten hat in dem Exemplar im Jagdschloß Grunewald einen etwas ratlosen Ausdruck. Imponieren konnte ein solches Porträt nur einem naiven Betrachter. Ein Reiterbildnis des Großen Kurfürsten befand sich laut Inventar des Potsdamer Stadtschlosses von 1698 auch dort[39]. Ob es diesem Typus entsprach, wissen wir nicht.

Außer dem Werk Willmanns und diesem Bild verzeichnet das Inventar noch zwei andere Porträts des Kurfürsten; eines davon war ein Verbrüderungsbild mit dem Kurfürsten Johann Georg II. von Sachsen, von dem früher ein zweites Exemplar im Dresdner Schloß existierte[40]. Das Inventar von Köpenick aus dem Jahr 1682 führt vier Bildnisse Friedrich Wilhelms auf[41] und das von Schloß Oranienburg von 1699 sogar fünf[42].

Von den übrigen Schlössern, die zur Zeit des Großen Kurfürsten erbaut wurden oder bereits existierten, besitzen wir keine Inventare. Die drei vorhandenen erlauben jedoch die Feststellung, daß der Kurfürst an vielen Stellen im Bildnis präsent war.

Durch eine Radierung von Georg Friedrich Schmidt in Friedrichs des Großen „Denkwürdigkeiten des Hauses Brandenburg“ von 1751 ist ein ovales

---

36 Ein Exemplar des Stiches befindet sich im Schloß Charlottenburg.

37 Inventarium des Schlosses Köpenick so den 21. Decembris 1682 verfertiget. Abschrift im Archiv der Staatlichen Schlösser und Gärten, Potsdam.

38 *Berckenhagen* (Anm. 8), Abb. 219.

39 Spezification der Schildereyen. Potsdam 1698, Nr. 19. Archiv der Staatlichen Schlösser und Gärten, Potsdam.

40 *Georg Schuster,* Die Verwandtschaft der Häuser Hohenzollern und Wettin, in: Hohenzollern-Jb. 11 (1907), 146.

41 Anm. 37, o. Nr., Nr. 8, 9, 114.

42 Inventarium über die Churfürst-.Meublen wie solche den 4t Mai Anno 1699 im Churfürstl. Schlosse zu Oranienburg gefunden worden, Nr. 83, 90, 263, 340, 351. Archiv der Staatlichen Schlösser und Gärten, Potsdam.

Brustbild des Kurfürsten im Schloß Charlottenburg als Werk des sonst kaum bekannten Abraham Romandon gesichert[43]. Der Maler kam 1686 vermutlich als Hugenotte nach Berlin, erhielt am 21. Februar 1687 seine Bestallung als Hofmaler und starb schon wenige Wochen später. 1663 hat er sich in Venedig aufgehalten. Das Charlottenburger Bild ist nicht ganz leicht zu beurteilen, da, wie ich vermute, Antoine Pesne es um 1711 übergangen hat, als es für die Reihe der Bildnisse der brandenburgischen Kurfürsten aus dem Hause Hohenzollern in der Eichengalerie ausgewählt wurde. Deutlicher spricht sich Romandons Stil in dem Exemplar als Kniefigur aus, das die Potsdamer Schlösserverwaltung verwahrt und das früher Jan de Baen zugeschrieben war (Abb. 16). Charakteristisch ist der Formenreichtum, der das Gebilde kompliziert macht und, wenn man das so ausdeuten will, etwas von der Intelligenz widerspiegelt, deren das Regierungsgeschäft bedarf. Das Bild ist ein offizielles Porträt. Mit etwas geziertem Griff hält die rechte Hand das Szepter, anders als die Faust bei Vaillant und Merian den Kommandostab faßt, die linke hängt entspannt über dem Helm. Das Reichsschwert, das auf keinem anderen Bildnis vorkommt, erscheint rechts in auffälliger Verkürzung neben dem Kurhut. Hermelinmantel und Vorhang fallen in kleinteiligen Falten. Entsprechend reich an Details ist die Rüstung. Links öffnet sich ein Blick in die Landschaft mit einer Festung im Vordergrund. Sensibel modelliert ist das Gesicht, das in der Erscheinung glaubhaft wirkt, aber nicht die seelische Tiefendimension wie das von Merian besitzt. Der Kurfürst handelt nur, er erleidet nichts. Es geht um das Amt, nicht um den Menschen. Am Lebensende des Kurfürsten spiegelt das Bildnis die neue Kultiviertheit, die durch den Zustrom der Hugenotten in die Mark Brandenburg Eingang gefunden hatte und die etwas schwerfällige Ausdrucksweise der deutsch gewordenen Niederländer überlagerte.

Das künstlerisch bei weitem bedeutendste Bildnis des Großen Kurfürsten entstand nach seinem Tod, das Andreas Schlüters (Abb. 17). Schlüter hat viele der hier gezeigten Bildnisse gekannt und sicher noch mehr, aber er hat keines direkt als Vorbild benutzt. Seine Aufgabe war nicht die Abbildung mit einer in die eine oder andere Richtung zielenden politischen Tendenz, erst recht keine Ergründung des Wesens, sie war die Begründung eines Mythos. Dazu war es notwendig, die Gestalt aus ihrer Bindung an die Zeitlichkeit zu lösen. Schlüter gab ihr die Allongeperücke des späten 17. Jahrhunderts, modellierte sie jedoch so dramatisch, daß sie jenseits aller Frisierkultur Ausdruck innerer Energien ist. Das Gesicht ist das des etwa Dreißigjährigen, zu dem die herabfallenden glatten Haare gehört hätten. Die klare, schlichte Menschlichkeit, die charakterliche und geistige Substanz, die sich die Bescheidenheit gestatten kann, wie Honthorsts Brustbild es zeigt, wäre für den propagandistischen Zweck der Statue nicht wirksam genug gewesen, und

43 *Börsch-Supan* (Anm. 29), Nr. 26, mit Abb.

sie hätte auch nicht zu dem Ehrgeiz des Auftraggebers gepaßt. Schlüter ist von den massigen Gesichtszügen der Spätzeit, wie sie etwa Vaillants Bildnisse zeigen, ausgegangen und hat daraus ein jugendliches Idealbild rekonstruiert, in dem vor allem die Augen völlig verändert sind. Um der Gestalt einen gebieterischen Blick zu geben, der auch in der Distanz wirkt, mußte er das Auge vergrößern. Die plastische Wölbung der Augäpfel war wichtig, die in Wahrheit bei dem gealterten Kurfürsten eher zusammengekniffen waren und dem Blick etwas Angestrengtes und fast Stechendes gaben. Die Kühnheit und Offenheit, die Schlüter ausdrücken wollte, hat keines der authentischen Bildnisse. Vor der überragenden Schöpfung Schlüters gewinnen die übrigen Bildnisse an dokumentarischer Aussagekraft. Schlüters Werk macht deutlich, was stets an Inszenierung abgezogen werden muß, wenn die Gestalt erkannt werden soll, wie sie wirklich gewesen ist. Aber auch die Inszenierungen sind, wenn sie — wie bei Nason — vom Dargestellten selbst veranlaßt sind, Ausfluß von dessen Wesen, man muß sie nur als solche durchschauen.

‚Churbrandenburgische Rose, Adler, Löw und Scepter' poetisch besungen

Simon Dach und sein Kurfürst

Von Alfred Kelletat, Berlin / Breese im Bruche

Wohl im Jahre 1680 erschien — im Zusammenhang mit dem 60. Geburtstag und 40. Regierungsjubiläum des Kurfürsten Friedrich Wilhelm — in Königsberg ein heute selten gewordenes Buch mit dem Titel ‚Churbrandenburgische Rose, Adler, Löw und Scepter'. Die Vorrede dieser mit „Treugehorsamste und Unterthänigste / Seel. Simon Dachens Wittwe und Erben" unterzeichnete Gedichtsammlung beginnt: „Es sind bereits viertzig Jahr verfloßen / da Ew. Churfürstl. Durchl. Ihre höchst-beglückte Regierung angetreten / und mit unvergleichlichem Weltkündigem Ruhm Dero hohen Thron beseßen / auch denselben erweitert / und mehr als alle Ihre höchst-löblichen Vorfahren erhöhet haben. Was in solcher Zeit an Freude und Leydwesen / nach des großen GOttes Schickung, dem hohen Churfürstl. Hause zugestoßen / dabey hat allemahl E. Churfürstl. Durchl. gewesener Unterthänigster treuer Diener Simon Dach / nach Erreichung seiner Profession, und zu Darstellung seiner demüthigsten devotion, mit seinen Reimen sich hören laßen / auch dagegen E. Churfürstl. Durchl. hohen Gnade sich die Zeit seines Lebens zu erfrewen gehabt." Dieser Band, auch als ‚Heroische Gedichte' („weil sie mehrenteils hohen Häuptern gewidmet sind") bezeichnet, versammelt die Dichtungen, die der Königsberger Poet Simon Dach seinerzeit an den Kurfürsten und sein Haus gerichtet hatte. Der Titel überschreibt vier Texte des Eingangsgedichts, so „Bey Oratorischem Act, Am Churfürstl. hohen Geburts-Tage / von vier Preußischen von Adel in der Königsbergischen Academie angestellet." So heißt es zur ‚Ersten Oration von der Brandenburgischen Rose' — die Musik ist leider nicht erhalten:

SChreib / Preussen / deine Lust und Rhu
Der Brandenburger-Rosen zu:
Wie hoch bist du zu schätzen!
Sie führet ihren Pracht und Schein
Und allen Glantz / auch dich allein
In Sicherheit zu setzen.

Sie wird durch Himmels-Gunst bewacht /
Der wärmt und netzt sie Tag und Nacht /
Und schenckt ihr Art und Leben /
Drum kröhnet sie der Erden Feld /
Und kan Geruch und Liecht der Welt
Für allen Blumen geben.

Daß dich kein Krieges-Brand verhert /
Und keine Last zu sehr beschwert /
Daß Trew und Recht nicht wancken /
Und dir kein Feind das Deine rafft /
Das hast du ihrer Tugend Krafft
Und GOTT allein zu dancken.

Du edle Rose / rag empor
Thu es den Cedern selbs zuvor
Die am Jordanes stehen:
Entzeuch uns deine Güte nicht /
Wir wollen deiner Hoheit Liecht
Bey Kindes-Kind erhöhen!

Ähnlich werden die andern heraldischen oder numismatischen Emblemata behandelt:

Billich ziert des Adlers Bild
Dieses grossen Hauses Schild /
Weil sie längst den Preiß gewonnen
Aller Vorsicht im Gemüth /
Wie ein Adler standhafft sieht
In den hellen Glantz der Sonnen.

Soviel andeutend zum Titel[1]. Was aber hat es mit dieser Sammlung auf sich? Und wie war es zu dieser Konnexion des königsbergisch-kneiphöfischen Dichters, der der Nachwelt durch einige Frühlings-, Wald-, Liebes-, Freundschafts- und Kirchenlieder, durch die „treuherzige Sprache" seiner Strophen, wie Herder sie liebte, und durch seine ‚Anke van Tharaw' vor allem erinnerlich geblieben ist — wie war es dabei, daneben zu dieser Konjunktion des einfachen Bürgersmannes mit den hohen Häuptern und Häusern gekommen? Zunächst sei mit wenigen Strichen grundiert, was zur Beantwortung der Frage nützlich sein mag.

Das 1255 auf einer Höhe über dem Pregel, nicht weit von seiner Einmündung ins Frische Haff, auf dem Platz einer prußischen Burg Tuwangste vom Ritterorden gegründete und wohl zu Ehren des böhmischen Königs Ottokar so genannte Königsberg war nach der Umwandlung des Ordensstaates durch Albrecht von Brandenburg-Ansbach, 1525 auf Anraten Luthers, Residenz des weltlichen Territoriums geworden. Herzog Albrecht hatte, nach der eher mönchischen Strenge und Kargheit der Ordenswelt, reichliche Saat für das Erblühen einer neuen Kultur ausgestreut: durch die Einrichtung der ersten evangelischen Landeskirche, die Ordnung des Gottesdienstes mit Gesang- und Gebetbüchern, Hofkapelle und Kantorei, das Schulwesen, Buchdruck

[1] Zu Erstausgabe und Titel vgl. die Nachbemerkungen am Ende des Aufsatzes. Dachs Texte werden zitiert nach der Ausgabe von *Ziesemer,* Simon Dach, Gedichte, 4 Bde., Halle /Saale 1936 - 38. (Schriften der Königsberger Gelehrten Gesellschaft. Sonderreihe 4 – 7). Zitiert als Z mit Band und Gedichtnummer; die ‚Gedichte an das kurfürstliche Haus' enthält Bd. II; ferner, soweit darin enthalten, bequemlichkeitshalber nach dem Auswahlband ‚Simon Dach und der Königsberger Dichterkreis', hrsg. von *Alfred Kelletat,* Stuttgart (1986, Reclam, UB Nr. 8281 [5]) [= AK]. Das Titel- und Eröffnungsgedicht Z II, 104.

und Malerei, eine öffentliche Bibliothek, nicht nur die berühmte 'Silberbibliothek' des Herzogs, 1544 die Gründung der Universität, der Albertina, mit auswärtigen Gelehrten, zur Ausbildung der Pfarrer-, Lehrer- und Beamtenschaft des jungen Staates.

Hundert Jahre später sind die Früchte dieser Aussaat gereift, die Produkte der Stadt- und Landeskultur gewinnen jetzt überregionalen Rang: wie in den Cantiones sacrae und den Preußischen Festliedern von Eccard und Stobäus; der Domorganist Heinrich Albert, Vetter und Schüler Heinrich Schützens, macht den Anfang der Geschichte des modernen Sololiedes, ein Hauch Italiens, seine Arien werden durch ganz Deutschland gesungen, „Alberts Muse ist die Lieblingsmuse seines ganzen Zeitalters gewesen", sagt Kretschmar. Zwei nur fragmentarisch überkommene dramatische Spiele Simon Dachs, von Albert vertont, gehören — nach Schützens 'Daphne' von 1627 — zu den ersten deutschen Opern: 'Cleomedes. Der allerwehrteste und lobwürdigste trewe Hirt der Crohn Pohlen' wird 1635 zu Ehren König Wladislaws IV. in dessen Gegenwart in Königsberg aufgeführt und 1644 als Festspiel zur ersten Jahrhundertfeier der Universität 'Prussiarchus' oder auch 'Sorbuisa' (anagraphiert aus Borussia) — es wird 1645 und abermals 1656 in Anwesenheit des Kurfürsten, dem es offenbar gefallen hat, wiederholt. Es führt in allegorischer Draperie vor, wie Prussiarchus, d. i. Herzog Albrecht, eben durch die Gründung der Universität, des Helikon, das Land von Barbarei und Götzendienst erlöst, die zarte Sorbuisa vom Joch der Unwissenheit befreit und Apoll und die Musen herbeiruft, die, von süßer Musik verlockt, gern den kastalischen Quell verlassen und am Pregel heimisch werden[2]. Eine neue Höhe hatte auch die Dichtung erklommen. Wie derzeit an andern Orten — die Pegnitzschäfer in Nürnberg, der Elbschwanorden oder die berühmteste 'Fruchtbringende Gesellschaft', der später auch Friedrich Wilhelm angehörte — so schlossen sich auch in Königsberg die Poeten zu einem wenngleich bescheidneren Bunde zusammen, Kürbshütte genannt, weil die Zusammenkünfte in Alberts kleinem Garten vor der Stadt stattfanden, in einer Kürbislaube. Diese Frucht ist in der Emblematik das Sinnbild rascher Vergänglichkeit, also auch menschlicher Hinfälligkeit. Das aber ist ein Generalthema der Barockdichtung. Und die Freunde dort am Pregel nannten sich auch „der Sterblichkeit Beflissene", wenn sie im Garten „Die schnelle Wegflucht dieser Zeit" besangen. Der eigentliche Beförderer dieses Kreises war Robert Roberthin. Gemeinsam mit Albert hatte er den scheuen Dach, der doch der eigentliche Dichter war, in die Mitte genommen. Roberthin war jung auf europäischen Reisen mit der humanistischen Gelehrtenwelt bekannt geworden, hatte bei Bernegger in Straßburg gearbeitet und Hugo Grotius in Holland zum Freunde gewonnen. Nach der Heimkehr wurde er Sekretär beim Hofgericht und rückte 1645 zum kurfürstlichen Rat auf. Martin Opitz, der gekrönte Lehrmeister aller Barockpoeten, damals Historiograph der polni-

2 Der Text beider Spiele Z II, 160 und 161.

schen Krone in Danzig, gab schon 1638 den jungen Königsbergern die Ehre, die ihm in einem akademischen Festakt als „der Deutschen Wunder“ und „Stifter“ ihrer eignen opitzianischen Dichtung huldigten. Soweit die knapp-grundierende Introduktion[3].

Wie ergab sich nun die Verbindung des kneiphöfischen Kürbslaubenpoeten zum Hof, zum Schloß über der Altstadt? Simon Dach, 1605 als Sohn eines Tolken in Memel geboren, hatte die Schulen in Königsberg, dann einige Jahre lang in Wittenberg und Magdeburg besucht, von wo er vor der Pest nach Hause floh; er kehrte 1626 in die Heimat zurück, deren Grenzen er nie mehr überschritten hat. An der Albertina studierte er Theologie, ging aber bald aus Neigung zu den alten Sprachen über. Drei Jahre lang war er Lehrer an der Kathedralschule, ein Dienst, der dem zeitlebens Kränklichen im Getümmel, Stank und Staub der Schulstube sauer wurde. Hier wird schon der Knoten geschürzt, der den Dichter hinfort mit dem Herrscherhaus verbinden wird. Zur Ankunft des Kurfürsten Georg Wilhelm und des Kurprinzen am 23. September 1638 verfaßt er ein umfangreiches deutsches Begrüßungspoem (nebst einem lateinischen Geleit „In desideratissimum adventum Serenissimi principis ...“), auf das ich noch näher eingehen werde. Mit ihm empfiehlt er sich der Gunst des Fürsten und erhält das Versprechen auf eine Professur an der Universität, dessen Einlösung der Tod des Stelleninhabers bald ermöglichte. Am 29. April 1639 ergeht an die Oberräte folgendes Schreiben — es hat sich in den Akten des Etatsministeriums erhalten:

> „Edle Rhate, vnndt Liebe getreüwe, Wier mögen Eüch gnädigster meinung nicht bergen, Nachdem bey vnserer ankunfft in Preüßen, vnß Simon Dache etliche Carmina gratulatoria, vnterthänigst, überreichen laßen, Vndt Wier darauß seine erudition, vnndt geschickligkeit gnugsamb ersehen, vnndt gespüret, So haben Wier demselben darauff, die gnädigste vertröstung thun laßen, daß Wier Vnß, bey fürfallender künfftiger gelegenheit seine Person zur beforderung, in gnaden recommendiret sein laßen wolten,
>
> Wan Wier dan berichtet worden, daß Vnser Professor Poëseos kurtzverwichener tagen todeß verfahren, vnndt Wier eß dafür halten, daß solche vacirende stelle, nicht beßer, alß durch obgedachten Dacheß Person ersetzet werden könne, So werden Wier auff dem fall, da er vmb beforderung zu solcher Profession, bey Vnß anhalten solte, in consideration, der ihm von Vnß geschehenen gnädigsten vertröstung, denselben darunter nicht vnerhöret laßen ...[4].“

Verständlicherweise sträubte die Universität sich gegen solche obrigkeitliche Empfehlung, zumal der Vorgeschlagene noch nicht Magister war. Doch das Sträuben half nicht, im selben Jahr wurde Dach Professor poëseos, d. h.

3 Ausführlicheres im Nachwort des Reclambandes AK 331 – 420.

4 Berlin, Geheimes Staatsarchiv, Staatsarchiv Königsberg EM 139 c IV 46 Bl. 2 ff. Zitiert schon bei *Österley* in der immer noch unentbehrlichen Einleitung zu seiner Dach-Ausgabe (Bibliothek des Litt. Vereins in Stuttgart, 130, Tübingen 1876, Ndr. Hildesheim 1977) 41 f.; dort auch das zweite, nachdrücklich mahnende Schreiben des Kurfürsten vom 4. August 1639.

für die alten Sprachen. Im Herbst fand die nachzuholende Magisterdisputation statt, deren Druck Georg Wilhelm, ,Domino suo Clementissimo' ,devotissime' gewidmet ist. Daß Dach diese glückliche Wendung seiner Laufbahn der Fürsprache Roberthins verdankte, bezeugt eine große, sehr persönliche Alexandriner-Epistel, die er dem Freunde Jahre später verfaßte. Sie heißt ,Danckbarliche Auffrichtigkeit . . .' und schildert in krassen Farben die Not seiner Schulfron, „dieses Kerckers Wust", als nicht nur der Tag ihn an die Kinderzucht fesselte, er vielmehr auch „Des Schlaffes Süssigheit" verlor: „daß klägliche Latein / Der Jugend musste da durch mich gebessert seyn" — oft bis der Morgen die Spitze des Domturms rötete. Das autobiographische Bekenntnis und poetische Selbstbildnis von einer Unmittelbarkeit, wie sie in der Dichtung des 17. Jahrhunderts selten begegnet, betont auch gegen „daß grosse Laster Der Vnerkäntlicheit" die Pflicht zur Dankbarkeit und schließt „Dafür mein Lebenlang mein Hertz dir bleiben soll"[5]. Die Universität hatte auf diese Weise keinen schlechten Mann bekommen, vielmehr eines ihrer berühmtesten Mitglieder. Sie hatte einen Hausdichter für alle akademischen Gelegenheiten, hatte ihren Festspieldichter. Mehrfach war Dach Dekan, gegen Ende seines Lebens auch Rektor — eine Medaille zur Dreihundertjahrfeier 1844 nennt ihn zwischen dem Gründungsrektor Sabinus und Immanuel Kant als einen ihrer Großen[6].

Davon, daß Ostpreußen in den Nöten des Großen Krieges verhältnismäßig glimpflich davonkam, daß es als ,Friedensinsel' und Refugium Germaniae gepriesen und Zuflucht und Gastland vieler protestantischer Flüchtlinge wurde, profitierte auch die Universität; unter den Studenten, deren Zahl im Jubiläumsjahr 1644 tausend überschritt, finden sich nicht nur Deutsche aller Stämme, sondern Litauer, Polen, Kurländer, Ungarn, besonders viel Siebenbürger. Darum läßt Dach im ,Prussiarchus' Apoll und die Musen singen:

Die Jugend seh' ich als ein Heer
Getrieben durch der Zeit Beschwer
Nach Königsberg in Preussen ziehen /
Indem das Deutschland untergeht
Im Brand und seinem Blute steht
Wird Fried' und Kunst in Preussen blühen.

Wir lenken zurück auf das Ankunftsgedicht von 1638 zur Begrüßung des Kurfürsten und des Kurprinzen in Königsberg, das Dachs Einstieg in seine Fürstendichtung ist; diese wird, bis zu seinem Tode fortgesetzt, in zwanzig Jahren rund 55 deutsche und über ein Dutzend lateinische Gedichte erbringen. Sie gehört zum schier unermeßlichen Kontinent der Gelegenheitsdichtung, die die Lyrik des 16. und 17. Jahrhunderts produziert hat, eine schwer erforschliche Landschaft von immenser Erstreckung: unendliche langweilige Ebenen und Ödeneien darunter, poetische Erhebungen sind rar, hohe Berge

5 Z I, 171; AK 79 – 89.
6 Abb. AK 345.

die Ausnahme, goldführende Flüsse selten; so muß man die Goldkörnchen mühsam suchen — bei Simon Dach z. B. unter seinem Vorrat von 1 250 deutschen und etwa 250 lateinischen Poemen (letztere sind nie gesammelt und inzwischen vielleicht großenteils verloren). Mit der Heraufkunft der Erlebnislyrik seit Klopstock und dem Straßburger Goethe verlor sich dieser Kontinent ohnehin aus dem lebendigen Gedächtnis, aus welcher Versunkenheit er allerjüngst erst wieder auftaucht und zu neuer intensiver Beschäftigung reizt. Im Katalog dieser das ganze menschliche Leben von der Geburt bis zum Grabe begleitenden Formen — der Opitz-Schüler Titz aus Danzig, der 1644 auch in Königsberg studierte und zum Jubiläum ein ‚Academisches Jubel-Lied' lieferte[7], zählt in seiner Poetik 24 solcher Textsorten (wie man sie heute im Warenhaus-Jargon zu nennen pflegt) auf, ohne Vollständigkeit — in diesem Katalog findet sich auch der Panegyrikus, das Preislied, die Huldigung an hochstehende Personen, an Gönner, vornehmlich Fürstlichkeiten. Hegte man seit je gegen die ganze Gelegenheits- oder Anlaßpoesie den Verdacht, sie klebe zu eng an der Realität und die Poesie könne in ihr nicht flügge werden, so schien ganz besonders die fürstliche Personalpanegyrik unlängst (d. h. vor 25 Jahren) aufgrund jüngster politischer Erfahrungen endgültig verdammt. Beispielhaft durch Enzensbergers temperamentvolles Verdikt in seinem Essay ‚Poesie und Politik' von 1962: „Herrscherlob und Poesie sind unvereinbar. . . . Es handelt sich um einen objektiven Tatbestand: die poetische Sprache versagt sich jedem, der sie benutzen will, um den Namen der Herrschenden zu tradieren"[8]. Diesem unhistorisch planierenden Begehren ist allerdings schnell eine klärende Differenzierung gefolgt. Nachdem Wilfried Barner in seinem Buch zur ‚Barockrhetorik: Untersuchungen zu ihren geschichtlichen Grundlagen' (1970) ein neues Verständnis für „das rhetorisch Zweckgerichtete, Intentionale der Barocklyrik" insgesamt und „ein neues Sensorium" angeregt hatte, sind gerade der Casualpoesie zahlreiche Untersuchungen gewidmet worden[9]. Interessierte die einen dabei vor-

---

7 AK 279 - 281.

8 *H. M. Enzensberger,* Einzelheiten II. Poesie und Politik, Frankfurt a. M. 1963, 113 - 137; Zitat 126 und 127. Ferner „Auf dem Recht ihrer Erstgeburt muß Poesie aller Herrschaft gegenüber unbestechlicher denn je beharren" (135) und „In der Poesie aber gilt kein mildernder Umstand. Das Gedicht, das sich, gleichviel, ob aus Irrtum oder Niedertracht, verkauft, ist zum Tod verurteilt. Pardon wird nicht gegeben." (136).

9 *H.-H. Krummacher,* Das barocke Epicedium. Rhetorische Tradition und deutsche Gelegenheitsdichtung im 17. Jhdt., in: Jb. der Dt. Schiller-Gesellschaft 18 (1974), 89 - 147; *A. Schöne,* Kürbishütte und Königsberg. Modellversuch einer sozialgeschichtlichen Entzifferung poetischer Texte. Am Beispiel Simon Dach, München 1975, ²1982; *Th. Verweyen,* Barockes Herrscherlob. Rhetorische Tradition, sozialgeschichtliche Aspekte, Gattungsprobleme, in: Der Deutschunterricht 28 (1976) Heft 2, 25 - 45; *W. Segebrecht,* Steh, Leser, still! Prolegomena zu einer situationsbezogenen Poetik der Lyrik, entwickelt am Beispiel von poetischen Grabschriften und Grabschriftenvorschlägen in Leichencarmina des 17. und 18. Jhdts., in: Dt. Vierteljahrsschrift für Literaturwissenschaft und Geistesgeschichte 52 (1978), 430 - 468; *H. Kiesel,* ‚Bei Hof, bei Höll'. Untersuchungen zur literarischen Hofkritik von Sebastian Brant bis Fried-

nehmlich die gesellschaftliche Bedingtheit und sozialgeschichtliche Ergiebigkeit solcher Texte, so erkannten andere auch im großen Schwall der angewandten oder Gebrauchslyrik einen festen Traditionsbezug und in demselben einen „Teil des großen, seit der Renaissance unternommenen Versuchs, aus der Erneuerung und Wiederaneignung der Antike das eigene literarische Leben sehr kunstbewußt neu zu gestalten" (Krummacher, S. 106). Das hieße dann, diese Dichtungen aus ihrer Kunstabsicht mehr zu erklären als etwa aus okkasionellen politischen oder gesellschaftlichen Bedingungen ihrer Entstehungszeit; es hieße zugleich, die Verfasser vom Odium persönlich charakterloser Schmeichelei und Lobhudelei befreien und sie stattdessen als Kunstmacher, als die artifices zu würdigen, die sie sein wollten.

Nur zwei Jahre vor Dachens erstem Ankunftsgedicht, 1636 nämlich, war eines der berühmtesten Muster dieser Gattung erschienen: Opitzens ,Lobgedicht. An die Königliche Majestät zu Polen vnd Schweden', das der Dichter Wladislaw IV. in Thorn überreicht hatte, der ihn in Privataudienz empfing, ihn in den diplomatischen Dienst zog und zum Hofhistoriographen machte[10]. Daß die Königsberger dieses in drei Drucken (in Thorn, Danzig und Lissa) rasch verbreitete Gedicht kannten, ist, zumal bei ihrer Verehrung für den Autor, nicht zu bezweifeln. So dürfte das Meisterwerk auch ein Vorbild für Dachs Erstling in diesem Genre gewesen sein. Auf eine Analyse des langen Textes muß verzichtet werden. Was aber gleich im Unterschied auffällt, ist anstelle der offiziellen Distance bei Opitz eine treuherzige Nähe, mit der die Mitglieder des fürstlichen Hauses der Reihe nach angesprochen und behandelt werden; wie Prussilia, ein Landeskind, die Ankunft der Hohen meldet und die Flüsse der Heimat, Nogat, Pregel, Memel, Alle, Passarge zur Mitfeier aufruft usw. Auffällig ist auch, mit welcher Betonung hier schon Friedrich Wilhelm, der damals doch erst achtzehnjährige, genannt wird, als ahne der Poet die besondere künftige Beziehung, die sich später herstellen wird:

---

rich Schiller, Tübingen 1979; *E. P. Wieckenberg,* Herrscherlob und Hofkritik bei Friedrich von Logau, in: Europäische Hofkultur im 16. und 17. Jhdt., Bd. 2, Hamburg 1981, 67 – 74; *W. Segebrecht,* Die Dialektik des rhetorischen Herrscherlobs. Simon Dachs ,Letzte Fleh-Schrifft', in: Gedichte und Interpretationen, Bd. 1: Renaissance und Barock, hrsg. von Volker Meid, Stuttgart 1982 (= Reclams UB 7890 [5]) 200 – 209.

Von historischen Arbeiten, die allerdings nicht Königsberg, sondern andre Zentren und Zeiten betreffen: *St. Skalweit,* Das Herrscherbild des 17. Jhdts., in: HZ 184 (1957), 65 – 80; wieder in *W. Hubatsch* (Hrsg.), Absolutismus (= Wege der Forschung, 314). Darmstadt 1973, 248 – 267. In den Wolfenbütteler Arbeiten zur Barockforschung, Hamburg 1981, Europäische Hofkultur im 16. und 17. Jhdt., die Aufsätze von *P. Baumgart,* Der deutsche Hof als politische Institution, Bd. 1, 25 – 43; *R. Winau,* Der Hof des Großen Kurfürsten und die Wissenschaften, Bd. 3, 647 – 658; *J. Kunisch,* Hofkultur und höfische Gesellschaft in Brandenburg-Preußen im Zeitalter des Absolutismus, Bd. 3, 735 – 744.

10 Vgl. *Verweyen* (Anm. 9) mit Textabdruck.

Und wessen werd' ich innen?
Dein Sohn, der Fürsten Preiß und Spiegel deiner Sinnen,
Die Hoffnung aller Welt und meine Zuversicht,
Kömpt auch und gönnt einmahl mir seines Glantzes Licht,
Der wahren Liebe Pfandt. O eine grosse Gnade!
Ein Zeugnus thewrer Huld und Freundligkeit: ...

... Wie wil ich an Euch beyden
Ergetzen Hertz und Sinn, wil Seel' und Augen weiden,
Wil sagen ungeschewt und aller Frewden voll,
Wie ich durch Euch erlangt das, was ich kan und sol.
Nur zieht in Gnaden ein! (Z II 105)

So wenig formell und gar nicht unterwürfig klingt Dachs Fürstenlob, und in zwanzigjähriger Verbundenheit wird dieser Ton fast zutraulicher Nähe und Angehörigkeit beibehalten. Zwei Wochen nach dem Eintreffen des Kurfürsten veranstalten die Studenten eine ‚Schuldigste Dienst-Erweisung ...' mit einem musikalischen Aufzug, aus dem noch zwei Strophen zitiert seien, weil sie die Zeitsituation und das Gefühl in der Bürgerschaft, jedenfalls der akademischen, um 1640 spiegeln. Da verkündet Phöbus Apoll:

Deutschland ist für meinen Orden
Jetzt zu Rauch und Asche worden,
Zwingt die Kunst verjagt zu sein;
Hie in Seinem werthen Lande
An des kühlen Pregels Rande
Räumt Er ihr ein Ort noch ein.

Dieß Sein Königsberg und Preussen
Kan der Musen Wohnhauß heissen,
Seiner Gnaden linder Ost
Lesst hie durch ein sanfftes wehen
Unser rechtes Wachsthumb sehen,
Schafft uns Nahrung, Hülff und Trost. (Z II 106)

Überschaut man den Bestand dieser ‚heroischen', d. h. an fürstliche Personen gerichteten Gedichte Dachs, so zeigt sich, daß sie sich an die auch sonst in der Casualdichtung üblichen Anlässe heften. An vorderster Stelle stehn die Natalitien für Friedrich Wilhelm, das erste im Jahr 1646, lateinische Verse für 1648 und 1649, von 1652 – 58 wird dieser Termin, es ist der (6.) 16. Februar, dann zur selbstverständlichen Pflicht. Schon das erste Geburtstagsgedicht enthält einige Cardinalia, die das persönlich-poetische Verhältnis, um das es hier geht, charakterisieren:

1. Das Gedicht umschreibt den ganzen Herrschaftsbereich des Fürsten (Str. 6):

Darumb, weil an diesem Tage
Seine Marck auch alle Klage
Wie vermuthlich ein-wird-ziehn,
Spree vnd Oder sich erfrewen,
Weil auch Spandow vnd Cüstrin
Sich an diesem Fest ernewen,
Ja weil Clev' und Jülich sich
Vngezweiffelt jetzt erhöhen,

Pommern selbst auch hoffentlich
Seine Frewde wird gestehen,
Thut auch vnser Hertz vnd Mund
Billig seine Frewde kunt.

2. Eine weitere Strophe (12) verrät die ganz persönliche, nahezu familiäre Anteilnahme des Dichters an dem hohen Herrn — sie ist ein Zeugnis, wie es im Ozean barocker Fürstenhuldigung nicht eben häufig ist — und das wir darum gern für diese ostpreußische, königsbergische Sonderart in Anspruch nehmen:

Ich mit meinen schlechten Reimen
Wil in Warheit mich nicht seumen,
Vnd mein Spiel beginnet schon
Vngezwungen sich zu stimmen
Vnd durch nicht gemeinen Thon
Selbs die Wolcken zu erklimmen,
Mein Pohlihnchen trachtet sich
Weis vnd sauber anzulegen,
Schmückt die Kinder wie auch mich
Dieses hohen Festes wegen,
Ja, es putzt mein armes Hauß
Jetzt mit newem Pracht sich auß.

So ungeniert darf der Kurfürst einen Blick in die Bürgerstube in der Magisterstraße werfen, wo man sich für sein Fest schmückt; Pohlinchen ist immer, wo sie auftaucht, Dachs Frau, eine geborene Pohl.

3. In allen Gelegenheitsgedichten Dachs mischen sich in das Muster der vom Anlaß gebotenen jeweiligen allgemeinen Betrachtungen, der Freude, der Trauer, des Dankens, Wünschens usw., unmittelbar — und das ist ein zusätzlicher Reiz für den Historiker — Momente der nächsten Wirklichkeit, und d. h. in den ‚heroischen‘ Gedichten auch der aktuellen politischen Situation. So auch hier im Fortgang des Gedichts: Der 26jährige Kurfürst ist immer noch nicht verheiratet, die Absichten auf Königin Christine von Schweden erweisen sich als unfruchtbar — erst Ende des Jahres wird er Luise Henriette von Nassau-Oranien heiraten. In dieser Lage wünscht der Gratulant, Gott möge die Tage des Geburtstäglers vermehren, damit sein hohes Haus durch ihn gebauet werde, und fährt fort:

Wornach sehr vnd ängstiglich
So viel tausent Seelen schawen,
Dein Geburts-Fest, Herr, wirst Du
Lang hernach in grawen Haaren
In gewünschter Lust vnd Rhue
Mitten in der Enckel Scharen
(GOtt laß mich nicht schamroht stehn
Vnd ein Lügner seyn!) begehn.

Und er fügt bescheidentlich hinzu:

Zwar ich weiß kein Band zu finden,
Deine gnädigst’ Hand zu binden,
Denn was ist Dein hoher Pracht,
Vnd dabey mein armes Wesen?

Versichert aber, Amor würde sich schon darum bemühen — mit dem aktuellen Hinweis „Ob er eines hol' aus Norden, / Westen oder sonst wo her ...“, d. h. also: aus Schweden oder Holland, und beweist, daß der Verfasser über die möglichen Richtungen der Brautwerbung durchaus unterrichtet war. Die Beobachtung, daß Dach über höfische und politische Interna Bescheid wußte, ließe sich verallgemeinern und vielfach belegen. Zahlreiche Gedichte sind politischen Tagesereignissen gewidmet, wie z. B. dem Besuch der schwedischen Königinwitwe, der Tante des Kurfürsten; auch hier spielen einige Verse „Christina ist von Ihr [d. h. ist ihre Tochter] / Diana hat gescheut der Liebe süssen Wesen“ wiederum auf die heiratsunwillige Königin an (Z II 124). Mehrere Gedichte verherrlichen ‚Ehe-Beredung‘ und Beilager des Herzogs Jakob von Kurland, der 1645 in Königsberg die ältere Schwester Friedrich Wilhelms heiratete — auch dieses ein für die brandenburgische Heiratspolitik wichtiger Zug. Den Aufbruch des Hofes nach Ortelsburg (Galinden ist eine altpreußische Landschaft, die später Masuren heißt) zu politischen Gesprächen mit König Wladislaus begleitet Dach wie ein reimender Zeitungsreporter mit einem holprig fröhlichen Reiselied (Z II 108, AK S. 143 ff.):

MEine Fürsten und Fürstinnen
Fahren ins Galinder Land,
Und man hat schon vorgespannt:
Lasst uns bald ein Lied beginnen!

Wol den angenehmen Tagen
Wann der Kronen Hertz und Licht
Sich mit Brandenburg bespricht!
Nach-Welt wiss hievon zu sagen.
Weil es Fama schallen lässt
Biß durch Nord, Süd, Ost und West.

Einen der häufigsten Anlässe für Casualcarmina geben natürlich Tod und Begräbnis. Viele solcher Klag- und Trostlieder und ‚Denckmahle‘ veranlaßte das Ableben des Kurfürsten Georg Wilhelm Anfang Dezember 1640. Die Beisetzung fand allerdings erst fünf Vierteljahre später statt — Georg Wilhelm fand als einziger Kurfürst im Königsberger Dom sein Grab. Friedrich Wilhelm, der junge Erbe, geriet dabei sogleich in den Strudel der Religionsstreitigkeiten. Hatten hundert Jahre früher die Auseinandersetzungen der Theologen schon innerhalb des Luthertums die neugegründete Universität fast gesprengt und Herzog Albrecht viel Kummer gemacht (die Osianderisten vor allem!), so waren sie jetzt nur noch kämpferischer geworden, als drei Konfessionen in der Stadt harmonisieren sollten: die streng lutherische Bürgerschaft, Universität und Geistlichkeit, der kalvinistische Hof und das katholische Polen. In Erdmannsdörffers Sammlung der ‚Urkunden und Actenstücke ...‘ kann man die verbissenen Verhandlungen um die Modalitäten der Leichenfeier verfolgen: wie der lutherische Hofprediger Johann Behm und sein nicht minder streitbarer Sohn Michael am Dom — beide Dachs Freundeskreis zugehörig — sich dem Wunsch des Kurfürsten widersetzen, daß der reformierte Hofprediger Johann Berg in der Schloßkirche die Trauerpredigt halte; wie die gesamte Königsberger Geistlichkeit geltend macht, daß die ihr anvertraute Kanzel von einem Calvinisten ,unberührt' bleibe (als ,Ungläubige' und ,Unrichtige' werden sie bezeichnet); wie aus Warschau der Vorschlag kommt, es mögen doch beide Prediger sprechen, wobei aber D. Bergius nicht auf die Kanzel steigen, sondern neben dem Sarge sprechen solle; wobei dann aber auch gleich die Befürchtung bedacht wird, daß „des Doctor Behm Humor und Passion so wohl bekannt [sei], dass auch sein Lob und Ehrengezeugniss nicht ohne Beschimpfung und grossem Herzeleid abgehen würde"; wie die Oberräte erinnern, daß „nicht ein besorglicher Aufruhr" und ein „Zusammenlauf des gemeinen Pöbels" entstehen, obendrein „Querelen und difficultates am Polnischen Hofe erwachsen" mögen — an welch allem man nicht schuld zu sein begehre — da kann man die ecclesia militans Regiomontana kennen lernen und die nicht beneidenswerte Lage des jungen Herrschers ahnen, der doch zur Wahrung des religiösen Friedens verpflichtet war[11]. Daß Dach sich all solcher Konfessionskämpfe enthielt und ein Ireniker und ,Friedensmann' war, wie Günter Grass ihn im ,Treffen in Telgte' geschildert hat, wo er die ungebärdigen Gemüter und Hitzköpfe einer barokken Gruppe 47 zu zügeln weiß, das mag den Kurfürsten damals nur für ihn eingenommen haben. Der kampffreudige Michael Behm übrigens erlitt schon bald den rächenden Unbill seiner lutherischen Brüder, denn die Orthodoxen, Synkretisten und Calixtaner untereinander waren nicht minder verfehdet. Noch dem Eingesargten verwehrten sie den Eingang in den Dom; zwei Jahre lang mußte er in einem Privathaus abgestellt warten, bis er in der Professorengruft beigesetzt werden durfte. Simon Dach aber hat damals ohne allen Unterschied die Leichencarmina, die Epicedien geliefert, selten nur klingt von den Differenzen etwas an.

Einige Textbeispiele mögen bestärkend auf die besondere Nähe dieses unbeamteten ,Hofdichters' zum kurfürstlichen Hause hinweisen, der gewiß kein vir aulicus war. Sie bekundet sich in der intimen Anteilnahme, Fürsorglichkeit und auch Ermahnung, die der fünfzehn Jahre Ältere dem jungen Fürsten zuwendet, der doch zugleich in der offiziellen Titulatur des Herrscherlobs mit „Du Seule Brandenburgs, der Preussen Sicherheit" oder „Du bist der Helden Liecht, / Deiner Länder Zuversicht" usw. angeredet wird. Besonders die Wünsche bei Ankunft oder Abreise drücken persönliches Glück und persönliche Besorgnis des Dichters aus. So entschuldigt er bei

---

11 Zur religiösen Situation: *G. v. Selle,* Geschichte der Albertus-Universität zu Königsberg in Preussen, Würzburg ²1956, 87 - 104; *F. Gause,* Geschichte der Stadt Königsberg in Preussen, Bd. 1 1972, 449 - 453; *E. Opgenoorth,* Friedrich Wilhelm, der Große Kurfürst von Brandenburg, Bd. 1, Göttingen 1971, 110 - 112. Die konfessionellen Auseinandersetzungen anläßlich der Leichenfeier, die später in das Thorner Religionsgespräch von 1645 münden, lassen sich detailliert verfolgen im ersten Band der ,Urkunden und Aktenstücke zur Geschichte des Kurfürsten Friedrich Wilhelm von Brandenburg (hrsg. von *B. Erdmannsdörffer*) 1864, 90 - 104 (zitiert UA).

einer ‚unverhofft- und höchsterfrewlichen Ankunfft' (1645) sein müdes Königsberg, daß es von seinem Tagwerk ausruht und der Mond schon aufgegangen — drum ist der Fürst ‚unempfangen' geblieben; jedes Bürgerhaus frage nun aber „Wie sieht Er itzund auß?" Und nachträglich besorgt der besorgte Bürger „die strenge Winterreise" „Und der starcken Weichsel Gangk . . . mit schwachem Eyse", die nun glücklich überstanden ist (Z II 123). Ein Propemptikon von 1643, ‚Demüthigstes Geleit' (Z II 119), versucht die Abfahrt aufzuhalten. Sein Motto „Marchia Te vocat hinc, vetat hinc Te Prussia abire . Quid facias, Friderice?" („Einerseits ruft dich die Mark, und anderseits hindert es dich, Preußen zu verlassen. . . . Was sollst du, Friedrich, bloß machen?) malt den Wettstreit beider Länder um die politisch erforderliche Anwesenheit des Herrschers aus. Die ehrliche Betrübnis um die Abwesenheit des Hofes verrät glaubwürdig ein späteres Gedicht (1655):

Und wie groß war mein Verlangen!
Wie bin ich so mannig mal
Hie das Schloß hinauff gegangen,
Trawrig war es überall
Und von Spinnen gantz bewebt,
Auch wo Du zuvor gelebt. (Z II 143)

Ein altes Zeugnis besagt, daß die naiv-treue Anhänglichkeit des Poeten offenbar auf Gegenliebe traf. Beim frühesten Dach-Biographen, Theophil Siegfried Bayer, liest man im 1. Band des ‚Erleuterten Preußen' von 1723:

„Unser Grosse Friedrich Wilhelm, dessen Regierung ohnedem so liebreich und edel gewesen ist, daß sein Nahme von seinen getreuen Preussen nicht kan vergessen werden, liebete den Dachen dermassen, daß er viele seiner Verse auswendig kunte, auch niemahlen in Königsberg eintraff, daß er den Dachen nicht hätte sollen mit seiner Pohlin nach Hofe hohlen lassen. Dieser vortreffliche Herr hatte sich die Art der Dachischen Verse so bekannt gemacht, daß er gantz genau zu urtheilen wuste, ohne Anschauung des Nahmens, ob ein Vers vom Dachen oder einem anderen Poeten verfertiget wäre. Dabey dennoch unser Dach dem Fürsten in seinen Versen nicht niederträchtig geheuchelt hat." (S. 183 f.)[12]

Es kann hier nicht ausführlicher den zahlreichen Spuren nachgegangen werden, die kleine und große politische Tagesereignisse, in Stadt und Land, in den Gelegenheitsgedichten hinterlassen haben, denn solche aufzunehmen, ist ihr Prinzip, es macht ihre Würze aus und sie sind übersät mit Realitätspartikeln. Dachs letzte Lebensjahre fielen in die bewegte Zeit des schwedisch-polnischen Krieges (1655 bis 1660), der Preußen die Nöte und Gefahren auf den Leib rückte, von denen der Dreißigjährige Krieg es gnädig verschont hatte: von den Schweden angedrohte Belagerung, die fameuse Schlacht bei Warschau, der Tatareneinfall im Herbst 1656, der aus Litauen und Polen eine Flüchtlingsflut nach Königsberg spülte und mit ihr erneut die Pest.

---

12 Dach selbst rühmt sich dessen im Gedicht auf die Hochzeit Herzog Jakobs von Kurland mit Louise Charlotte von Brandenburg (Z II 126):

Mein ChurFürst, sagt man mir durch gründlichen Bericht, / Erkennt, ob ich ein Lied geschrieben oder nicht, / So kündig bin ich ihm.

Aber als die Moscowitten
Biß in Pohlen ungeschewt,
Ja biß Wild' und Cawen ritten, *(= Wilna und Kaunas)*
Als so viel verjagter Leut'
Her sich machten, Brand und Schwerdt
Ihre Städt' hat umbgekehrt,

Und die Rechnung war zu machen,
Ihr Fall würd auch uns bestehn,
In den wilden Krieges Rachen
Musten wir nun alle gehn,
Sebel und Gefängnüs-Pein
Würd' auch unser Außgang seyn:

Wo war damals Rath zu finden?
Ach, man sah' auf GOtt und Dich,
Sonst must' Hertz und Hoffnung schwinden, . . . (Z II 143)

So widerhallt aktuelle Besorgnis und Not in den an den Kurfürsten gerichteten poetischen Adressen. Und immer wieder enthalten sie auch die dringliche Ermahnung zum Frieden:

Laß Dir doch zu Hertzen gehn
Unser Noht, darin wir stehn!
Zwar ein Held liebt Schlacht und Kriege
Und sucht also Ruhm und Ehr',
Aber ein Fried' ist weit mehr
Als viel hundert tausent Siege. (Z II 146)

Oder:

Mehr ist leben weder sterben.
Mehr die Sonne weder Nacht:
Auch nur einen Fried erwerben
Geht für tausend Siege Pracht,
Die, auch sind sie noch so gut,
Sind gefärbt mit Menschen-Blut,

Sind besprengt mit Angst und Zähren,
Die der Waffen Zwang erzwingt,
Der itzt Krieger muß ernehren,
Was das Recht dawider singt,
Und das Christenthum, das nun
Längst nicht mehr besteht im Thun. (Z II 145)

Der Kurfürst spielte damals die kriegführenden Parteien in rasch und bedenkenlos wechselnden Bündnissen zum eignen Vorteil gegeneinander aus und erreichte in den Verträgen von Labiau und Wehlau die Souveränität Preußens, welche dann im Frieden von Oliva 1660 bestätigt wurde. Dies erlebte Dach allerdings nicht mehr, so wenig wie die späteren Ruhmestaten und Erfolge des Kurfürsten, weder Fehrbellin noch die Schwedenjagd über die vereisten Haffe im Jahr 1679 — womit seiner bescheidenen Harfe womöglich große Anlässe entgingen.

Im großen Chor barocker Friedenssänger, deren Sehnsucht der lange Krieg weckte und der Friedensschluß von 1648 erfüllte, inmitten all der ‚Friedensküsse‘ und ‚Güldenen Fried- und Freudenposten‘ eines ‚friedewünschenden‘

und ,friedejauchzenden Teutschlands', hält Dach eine beachtliche und zu wenig beachtete Stimme[13]. Zum Beispiel dafür sei noch einmal an das schon genannte politisch-poetische Singspiel ,Cleomedes' von 1635 erinnert. Im mythischen Gewand der bösen Satyrn (das sind die Moskowiter, Türken und Tartarn) und holden Nymphen (i. e. Polen und Schweden) stellt es die Kämpfe dar, die Wladislaw (= Cleomedes), „der allerwehrteste und lobwürdigste trewe Hirt der Cron Pohlen", jüngst ausgetragen hat. Zwei namenlose Hirten stellen die ,bedrängten Völker' dar und sagen unverhohlen, wie satt sie den verfluchten Krieg haben. Die Schlußapotheose verkündet das durch göttlichen Ratschluß erreichte Ende des Streits. Dem König gebührt für den Kriegs- und Friedensschluß die stets grüne Lorbeerkrone und der Chor der Hirten singt und tanzt das Friedenslied:

Edler Friede, Gold der Zeiten,
Vater aller Fruchtbarkeiten,
Zweg der Helden, sey gegrüßt!
Ach wie haben wir indessen,
Weil du unser hast vergessen,
Doch so mercklich eingebüsst! (Z II S. 309; AK S. 153 - 155)

So hat Königsberg damals seinen Oberlehnsherrn — in seiner Anwesenheit fand die Aufführung des Spiels statt — gefeiert und geehrt - welch humane Zeiten, mag man denken!

Nicht ohne Interesse dürfte die Frage sein, woher Dach über höfisch-politische Interna — von seinem persönlichen Verhältnis zum Kurfürsten, der ihn gewiß nicht in seine Pläne eingeweiht hat, abgesehen — so gut unterrichtet war, welche Quellen er besaß. Die Antwort läßt sich in Kürze andeuten. Robert Roberthin, sein nächster welterfahrner Freund und Gönner, seit 1636 bürgerlicher Hofbeamter, ist bereits vorgestellt. Dann ist Andreas Adersbach zu nennen. Unter dem Anagramm Barchedas war er Mitglied der Kürbishütte, Stobäus und Albert haben einige seiner Gedichte vertont. Schon sein Vater Michael, als kurfürstlicher Rat in vielerlei diplomatischen Diensten, war mit dem Dichterkreis gut bekannt, in seinem Garten und Lusthaus traf man sich. Andreas war mit Roberthin zusammen gereist, wird, vom Kurfürst bevorzugt, 1645 diplomatischer Agent, 1650 brandenburgischer Resident am polnischen Hof, als Mitarbeiter des Gesandten von Hoverbeck, bis zu seinem Tode 1660. Seine Berichte finden sich in den UA in großer Zahl[14]. Dach dichtet, als der Kurfürst im Juni 1642 den Garten von Vater Adersbachs Witwe besucht, einen ,Frewden-Gesang', der den Umgang zwischen Hof und Bürgerschaft in Königsberg zeigt:

---

13 Vgl. *Weithase,* Die Darstellung von Krieg und Frieden in der deutschen Barockdichtung, Weimar 1953.

14 Altpr. Biographie Bd. 1, NDB Bd. 1.

Waß kan ich noch erwarten?
Waß fehlet mir wol mehr,
Nun, du Held, meinem Garten
Erzeigst die Gnad vnd Ehr? (Z II 117)

Wie Jupiter einst Baucis besuchte, so wird die Szene mythologisch ausgemalt[15]. In den aktuellen politischen Zusammenhang dürfte z. B. auch Dachs Gebet-Gedicht ‚Auff Sr. Churfl. Durchl. hochheiliges Symbolum / Domine, fac me scire vias tuas‘ (Z II 118) gehören. In UA I 82-85 vom Oktober 1641 findet sich der Briefwechsel: Der Kurfürst weilt zur Belehnung in Warschau; die Königsberger Oberräte haben die Anweisung „die befürdersame Anstalt zu machen, damit die zu Unserm, Gott gebe, glücklichen Einzug gehörige praeparatoria ehist verfertiget werden mögen“. Sie erkundigen sich, da Unklarheit darüber besteht, nach dem gewünschen Dictum des Symbolum, das die Triumphtore tragen sollen, und erhalten zum Bescheid die Formulierung: „Domine fac me scire viam tuam per quam ambulem“.

Gewiß trug auch die wachsende Kundschaft seiner immer beliebteren Gelegenheitsdichtung zur vielseitigen Unterrichtung dessen bei, den man sich eher als bescheidenen Stubendichter vorzustellen geneigt ist. Denn es finden sich in ihr nicht nur die Kollegen und Studenten der Universität, die Ratsverwandten der drei Städte, Theologen und Militärs, es finden sich auch die Regierungsbeamten bei Hofe und der ostpreußische Landadel, wenngleich die Bürgerlichen überwiegen. Dem genauer Hinsehenden zeigt sich in den vielhundert pflichtschuldig geleisteten Carmina ein ganzes Netz offenbar persönlicher Beziehungen, die man zunächst kaum vermutet. Wenige Beispiele mögen das belegen. An Konrad von Burgsdorff, den nächsten Vertrauten des jungen Kurfürsten, sind fünf Gedichte gerichtet. In einem liest man:

Du hast des Fürsten reiche Hand /Mir zugewand,
Gibst selbst mir Vnterhalt zu leben,
Hast mir, mit Leuten, welcher Preiß / Nichts gleiches weiß
Bekant zu werden, fug gegeben. (Z I 149)

Im Hochzeitsgedicht für Johann von Hoverbeck, des Kurfürsten langjährigen Vertreter in Warschau, heißt es deutlich: „Der des Ober-Kammer-Herren / GnadenThür mir auff-kan-sperren“ (Z I 131). Den Oberrat und Obermarschall in Preußen, Ahasver von Brandt, spricht er in einer Adresse als „meinen hoch geneigten Herrn und Beförderer“ an und 1652 geht er in einem Gedicht „Ihr Seulen dieser Lande“ (Z I 261) die Oberräte direkt um eine Unterstützung an. Derlei legt nahe, Dachs Verflochtenheit in die res publicas und ihre Vertreter für stärker zu erkennen, als gemeinhin und bisher geschehen.

[15] Vgl. dazu auch Z II 109 ‚Da Churfürstl. Durchl. dem Bürgerlichen Scheibenschiessen der Kneiphöfer gnädigst beygewohnet und König worden ... ùnd Z II 107, AK 142 f. ‚Alß die hohe Churfürstl. Herrschaft sich eins in einem Lust-Bötchen auffm Pregel ergetzeten.‘

Erwähnenswert und zum Thema gehörig ist noch eine Sache, die wir heute lächelnd für eine Kuriosität halten mögen, was sie ihrer Zeit keineswegs war und die dem Dichter bei der Nachwelt große Bewunderung eingetragen hat. „Das merckwürdigste, das ich von Dachen sagen kan, sind seine Weissagungen von unserem Hofe" sagt sein Biograph Bayer (1723, S. 184 ff.) und berichtet, dieser habe vor der Geburt des Prinzen Karl Emil (1655) dem Kurfürsten mit einem Verse gratuliert. „Dieses Schreiben traff eben an dem Tage bey Hofe [in Berlin] ein, als die Churfürstin mit einem Printzen niederkam." Anläßlich des Taufgedichts spielt er selbstbewußt auf diese Voraussage an (Z II 142):

DEr Printz von Brandenburg wird an der Spree gebohren,
Das Kind, darumb viel Bitt' und Thränen sind verlohren,
. . . .
Es sah' Ihn ein Poet in Königsberg entspringen
(GOtt sagt es ihm) und fing darüber an zu singen:
Wer meint, Poeten sey der Götter Spruch nicht kunt,
Daß ihr Geheimnüß' sich nicht leg in ihren Mundt?
Wehmütter, geht, ihr müst von der Gebuhrt-Zeit schweigen,
Nun ein Poet von fern sie besser weiß zu zeigen.

Bei der Geburt des nächsten Prinzen, des späteren Friedrich III. (1657), betätigte er abermals und noch überraschender seine Seherkunst, indem er ihm (gegen die normale Erwartung) die Thronfolge voraussagte. Er tat dies im Taufgedicht (Z II 149) allerdings nur in geheimnisvoller Andeutung, indem er Clio, der Muse der Geschiche, das Wort gibt. Von ihr wird dem jüngern Sproß des „zweener Zweige-Pfand(s)" Herrschaft und Hoheit zugesungen und, er möge „wie vor Zeiten Salomo" wachsen, gewünscht. Was aber Clio aus den Büchern der Zukunft verrät, verheimlicht der Seher noch. Im Jahr darauf aber, zum Geburtstag des Einjährigen, klingt es deutlicher:

Nicht vergebens ahnt es mir,
Daß wir werden unter Dir
Unserm Haupt und Fürsten leben,
Da das Gold der alten Jahr,
Wie es umb Saturns Zeit war,
Sich wird wieder her begeben.

Wachs, O Printz, an Kräfften sehr,
Am Gemüthe noch viel mehr,
Wachs, Dein Bruder sey erkohren
Jenem Lande, das Ihn trug,
Dort auch hat Er Leute gnug,
Du bist, Hertzog, uns gebohren,
Unser durch des Himmels Raht,
Der Dich uns geschencket hat. (Z II 155)

So wurde der Jüngere deutlich für Preußen praeoptiert. Da der vielversprechende Kurprinz Karl Emil während des elsässischen Feldzuges 1674 in Straßburg starb, folgte Friedrich 1688 dem Vater in der Herrschaft, wenngleich unter großen Schwierigkeiten und gegen dessen testamentarischen Willen. Am 18. Januar 1701 wird er sich im Schloß zu Königsberg zum König in Preußen krönen. „Aber trifft die That nun ein, Werd ich schon entschlaffen seyn“, hatte Dach gedichtet. Der Krönungsakt erinnerte die Zeitgenossen gewiß erneut an Dachs vaticinium Prussicum und mehrte seinen Nachruhm. Andre suchten seine Seherrolle fortzusetzen. So reimte unter Berufung auf ihn der Berliner Diplomat und Hofdichter Freiherr von Canitz:

Beglückter Friederich

Ich bin zwar Dachen nicht an Geist und Kräfften gleich;
Doch scheint es daß sein Trieb sich heut in mir erneue.
Wollan ich prophezeye
Dir oder Deinen (!) Sohn ein zweytes Königreich.
Wie? sind woll einige, die es nicht können hoffen?
Dach war ein Mensch wie ich, und hat es doch getroffen[16].

So weit trug die antike, die vergilisch-horazische vates-Vorstellung die Dichter. Wie ernst die Zeitgenossen derlei nahmen, erinnert noch anderthalb Jahrhunderte später Herder, wenn er in den ‚Briefen zur Beförderung der Humanität‘ unter der Frage ‚Auch Leibnitz unter den Propheten?‘ vermerkt, dieser habe in seiner Jugend eine Abhandlung über dieses Phänomen schreiben wollen, „wobei er Seneka, Machiavell, Conrung, Lotichius, Dach zum Beispiel anführet“[17]. Später noch, in der ‚Adrastea‘, kommt Herder, der seinen Landsmann liebte, abermals darauf zurück, wenn es in dem schönen Essay ‚Preußische Krone‘ heißt: „In einer solchen Krisis der Zeiten nahm Friedrich die Krone, die ihm sein Geburtsort Königsberg, die Simon Dach ihm bei seiner Geburt prophezeit haben sollte“ — eben mit Hinweis auf das erwähnte Gedicht in ‚Chur-Brandenburgs (!) Rose, Adler, Löw und Scepter‘[18].

Alles bisher Dargelegte läßt den Schluß zu, daß Dachs Teilnahme an seiner Zeit nicht nur den nächsten Umkreis der Bürgerschaft der drei Städte, der Kirche und Universität, sondern auch darüber hinaus die öffentlichen und politischen Geschehnisse betraf — wenngleich gewiß in der herzlich schlichten Gewandung seiner poetischen Diktion, in der sehr persönlichen Tonart und Sehweise, die auch den eigenen und bleibenden Reiz seiner Verse ausmacht. Und bei aller christlichen Demut und Bescheidenheit war er sich des Werts seiner Dichterrolle stets und zunehmend bewußt. Das ist humanistisches Erbe: Diese auf Horazens „Exegi monumentum aere perennius“ gründende Gewißheit, daß allein der Dichter — selbst dem Helden, selbst dem Fürsten – zeitüberwindenden Ruhm und dauerndes Gedächtnis zu verleihen vermag, hat er in vielen Strophen ausgedrückt. So heißts im Epithalamium für Konrad von Burgsdorff 1644:

---

16 So hatte von Canitz auch in den Anhang zu seinen ‚Neben-Stunden (posthum Berlin 1703) Dachs Gedichte auf Geburt und Taufe Friedrichs aufgenommen.

17 Briefe zu Beförderung der Humanität, 5. Sammlung Riga 1795, in: Sämmtliche Werke, ed. Suphan, 17 (1881, 1967) 327.

18 Adrastea III, 1802, in: ebd. 23 (1885, 1967) 459.

Herr, sol Deine Tugend prangen,
So sind Dir Poeten noth.
Helden, die an sie gelangen,
Brechen erst durch Zeit vnd Todt,
Todt vnd Zeit reist alles nieder,
Ohn was lebt durch weise Lieder. (Z I 134)

Oder 1654 an Otto von Schwerin „Die von uns gesungen werden, / Wissen von dem Tode nicht" (Z II 18) und so fort in unermüdlicher Variation[19]. Und ein spezifischer Akzent dieses Selbstbewußtseins ist hier noch hervorzuheben: Dach wußte, und hat es immer wieder ausgesprochen, daß er, der Zeit- wie der Rangfolge nach, der erste Dichter Preußens war. Wiederum in einem Hochzeitsgedicht bekennt er:

Reime sind in dieser Welt
Das worzu mich GOtt bestellt.
. . .
Mein Gewerb' und Handel
sind Reime, die Latonen Kind *(d. i. Apoll, als Sohn der Leto)*
Mir in Preussen anbefohlen,
Daß er deutsch kan, danckt er mir,
Ich hab' erst der Musen Zier
An den Pregel müssen holen. (Z II 71, AK S. 125 f.)

Das ist seine dichtungsgeschichtliche und kulturpolitische Leistung für Preußen; sie stellt ihn, in humanistischer Tradition, gleichsam ebenwürdig neben den Herrscher, so wie „der Sänger mit dem König gehen" soll.

In Summation dieser Beobachtungen sollte man doch wohl das Urteil revidieren, Dach sei völlig a-politisch, wo nicht anti-politisch gewesen, wie es seit Österleys Auffassung „Dach war eine so durchaus subjektiv angelegte natur, dass es unmöglich ist, für sein leben, und dichten irgendwelchen größeren hintergrund zu finden" bis in unsere Tage immer wieder heißt[20]. Wogegen schon zu erinnern ist, daß kein Barockautor seine private Existenz auszudrücken begehrt, sondern mittels der objektiven Funktion der angewandten Formen spricht. Und diese gelten hier doch allenthalben öffentlichen und gesellschaftlichen Anlässen, denen seine Kunst dient, ob nun bei höfischen Festen oder akademischen Orationen, bei allen Gelegenheiten des bürgerlichen oder adligen Lebens oder in den großen Poemen zum hundertjährigen Jubiläum der von Herzog Albrecht gegründeten Stadt Tilsit oder zur Einweihung der vom Kurfürsten neuerbauten Kirche auf dem Sackheim usw. Sie alle sind Beiträge zur ihn umgebenden Wirklichkeit und nicht subjektive Gefühlsäußerungen.

---

19 Vgl. auch die Schlußverse des großen Gedichts ‚Klage über den endlichen Vntergang vnd ruinirung der Musicalischen Kürbs-Hütte und Gärtchens' (Z I 92, AK 54 – 61): „Es ist kein Reim, wofern ihn Geist vnd Leben schreibt, / Der vnß der Ewigheit nicht eilends einverleibt." Und Albrecht Schönes Deutung dazu (Anm. 9, 67).

20 *Österley* (Anm. 4), 46 f.; Wolfenbütteler Barocksymposion 1974: *A. Schöne* (Hrsg.), Stadt-Schule-Universität-Buchwesen und die deutsche Literatur im 17. Jhdt., München 1976, 130: Dach als ‚Antipolitiker'.

An den Schluß sei ein vollständiges Gedicht aus der von uns behandelten Gruppe gestellt, wie ein Siegel kann es unsere Betrachtung über Simon Dach und seinen Kurfürsten beschließen. Es gehört in seine letzten Lebensjahre. Der Dichter ist alt geworden. Wer wird für die Hinterbliebenen sorgen, für die fünf noch unmündigen Kinder? Er bittet den Kurfürsten, seinen allzeit gnädigsten Herrn, um Hilfe, um eine Dotation, um ein Gütchen. Neben den schriftlichen Supplicationen an den Kurfürsten über die Oberratsstube, die er seit 1654 eingab[21], verfaßte er auch eine poetische Version seines Bittgesuchs.

**Unterthänigste letzte Fleh-Schrifft
an Seine Churfürstl. Durchl.
meinen gnädigsten Churfürsten und Herrn**

Held, zu welches Herrschaft Füßen
Länder liegen, Ströme fließen,
Die ich auch nicht zähle schier,
Welchen ehren und anbeten
Sampt den Dörfern und den Städten
Auch die wild- und zahmen Tier:

Von dem großen Teil der Erden
Laß ein kleines Feld mir werden,
Welches mir erteile Brot,
Nun die Kraft mir wird genommen
Und auf mich gedrungen kommen
Beides, Alter und der Tod.

Hat ein Pferd sich wohl gehalten
Und zuletzt beginnt zu alten
Und nicht mehr taug in die Schlacht,
Es muß fressen, bis es stirbet,
Ja kein alter Hund verdirbet,
Der uns treulich hat bewacht.

Laß auch mich nur Futter kriegen,
Bis der Tod mich heißt erliegen,
Bin ich dessen anders wert,
Hab ich mit berühmter Zungen
Deinem Haus und dir gesungen,
Was kein Rost der Zeit verzehrt.

Phoebus ist bei mir daheime,
Diese Kunst der deutschen Reime
Lernet Preußen erst von mir.
Meine sind die ersten Saiten,
Zwar man sang vor meinen Zeiten,
Aber ohn Geschick und Zier.

---

21 *Österley* (Anm. 4) hat 49 – 57 den ihm damals noch zugänglichen amtlichen Briefwechsel in der Sache aus den Jahren 1654/55 publiziert.

Doch was ist hievon zu sagen?
Fürsten schenken nach Behagen,
Gnade treibet sie allein,
Nicht Verdienst, das sie tun sollen,
Nein, sie herrschen frei und wollen
Hie auch ungebunden sein.

Tu, o Churfürst, nach Belieben,
Such ich Huben zehnmal sieben?
Nein, auch zwanzig nicht einmal.
Andre mögen nach Begnügen
Auch mit tausend Ochsen pflügen,
Mir ist gnug ein grünes Tal,

Da ich Gott und dich kann geigen
Und von fern sehn aufwarts steigen
Meines armen Daches Rauch,
Wenn der Abend kömpt gegangen.
Sollt ich aber nichts empfangen,
Wohl, Herr, dieses gnügt mir auch.

Wulf Segebrecht (siehe Anm. 9) hat dieses Gedicht unter dem Tiel ‚Die Dialektik des rhetorischen Herrscherlobs' behandelt und in seiner Untersuchung gezeigt, wie hier die heroische Apostrophe und die bescheiden-stolze Bitte einander die Waage halten und wie — was für weite Teile der Panegyrik gilt — Herrscherlob in Hofkritik umschlagen kann, bzw. eine solche von vornherein schon enthält. Denn das aufgerichtete hohe Bild verpflichtet den Angesprochenen, ihm zu entsprechen; versagte er sich dem Bittenden, so erfüllte er dieses Herrscherideal (der Milde, Güte, Freigebigkeit, Großmut usw.) eben nicht. Der Verfasser bittet demütig ergeben, aber zugleich — in der Mitte des Gedichts — im vollen Bewußtsein seines Werts. Denn in der Mitte des Gedichts gipfelt die bescheidene Reihe der Begründungen seines Wunsches im Hinweis auf die eigne Leistung — für das Land, für Preußen, und damit auch für das Herrscherhaus — „auch was er sonst zu Ew. Churfl. Durchl. glorwürdigkeit in seinen stattlichen Schrifften concecriret" schrieben die Räte in ihrer Empfehlung. Es ist im Zentrum dieser ‚Fleh-Schrifft' eine der stolzesten Strophen Dachs! Dann aber stellt der Poet mit einem adversativen ‚Doch' die Entscheidungsfreiheit des Fürsten, seine gottgesetzte Souveränität wieder her — und bescheidet sich lächelnd, mit unterdrückten Tränen[22]. Ein Gedicht, das zugleich ergreifend das Leidensantlitz der Menschheit jenes Jahrhunderts voll Not zeigt, des Großen Krieges, der Pestkatastrophen, der Armut, christlichen Demut und Todesumfangenheit. Es zeigt auch die ganze Spannweite, die Ausgespanntheit des barocken Menschenbildes zwischen höchster Höhe und tiefster Tiefe.

---

22 Segebrechts Summe lautet (208): „Das Gedicht zeugt in exemplarischer Weise, in welchem Maße der Dichter und sein Publikum — bis hin zum Landesfürsten — im 17. Jahrhundert aufeinander angewiesen waren. Herrscherlob und Hofkritik waren nur zwei Seiten ein und derselben Sache, nämlich einer Poesie, die eine noch unbezweifelbare Verbindlichkeit besaß, weil sie dazu qualifiziert war, Vergängliches der Zeitlichkeit zu entreißen."

Der Kurfürst hat Dachs Bitte erfüllt. Er bekam das 10½ Hufen große Gut Kuykeim im östlichen Samland. Nach einer im vorigen Jahrhundert noch bekannten Schenkungsurkunde (Österley S. 57) war sie „d. d. Cöln a. d. Spree, den 3. September 1658" ausgefertigt. Im letzten Geburtstagscarmen im Hornung 1658 bedankt sich der Empfänger allerdings schon für die Gabe: „Mit dem Felde mich begabt, / So mein Alter hat begehrt" (Z II 154). Lang konnte sich der so Begabte des Besitzes nicht mehr erfreun — er starb am 15. April 1659, doch seinen Erben hat es noch genützt. Noch zu unsrer Zeit erinnerte ein Denkstein im Garten des Gütchens an des Dichters Bitte und des Fürsten Gabe.

Unsere aetas hat unserm Thema eine Nachdenklichkeit angefügt, die nicht fehlen darf. Jene preußische Residenz, jenes Königsberg, das uns im Gedicht gegenwärtig war und ist, ist nicht mehr. An seiner Statt ist nach 1945 eine Kaliningrad benannte russische Neapolis errichtet. Das Ordens- und Krönungsschloß ist gesprengt, der Dom eine ausgebrannte Ruine, die Gräber der Herzöge, Kurfürsten, Bürger und Professoren sind geborsten und geschändet, allein die außen angelehnte Stoa Kantiana ist erhalten, oft sei — so hört man — das Kenotaph des Philosophen von den neuen Bewohnern mit Blumen geschmückt. Der Kneiphof, Dachs Wohninsel im Pregel, ist zu einer Rasenfläche planiert — wer dächte nicht an Gryphs idyllische Vision der Vergänglichkeit (‚Es ist alles eitel')

> Wo itzund Städte stehn, wird eine Wiesen sein,
> Auf der ein Schäfers-Kind wird spielen mit der Herden.

Für ihre alten Bewohner ist die Stadt heute unbetretbar, eine verbotene Stadt, versunken wie auf dem Meeresgrund, Erinnerungen des Friedens und des Schreckens dringen herauf wie Glocken — ein preußisches Vineta.

Mein frühverstorbener Freund Johannes Bobrowski, der sarmatische Dichter, war dort auf der Dominsel zu Haus, von dorther stammt seine Dichtung. Öfters hat er Simon Dach und seine Freunde in Erzählungen und Romanen figurieren lassen. Er hat von jener Welt gesagt — am Ende der ‚Litauischen Claviere', seinem letzten Werk — und das ist sein letztes Wort: „Hingehen, das geht nicht mehr. Hingehen nicht." Und er hat hinzugefügt, als unser Teil: „Herrufen, hierher. Wo wir sind." Ebendas haben wir, Vergessenheit wehrend, Erinnerung mehrend, getan, indem wir Friedrich Wilhelm, jenen princeps litteratus, und Simon Dach als den er sich selber genannt hat „Des Großen Churfürsten von Brandenburg Poet" hergerufen haben.

*

Nachbemerkungen

1. Zur Druckgeschichte der ‚Chur-Brandenburgische(n) Rose . . .‘: Die Angaben über den Druck der an den Kurfürsten gerichteten Dachischen Gedichte sind in der Literatur seit je unsicher, vor allem, was das Verhältnis der undatierten Erstausgabe zur Titelauflage von 1696 betrifft. Das Verläßlichste gibt immer noch Österley (wie Anm. 4) S. 7 – 9. Er stellt fest, daß es sich bei beiden Ausgaben um ein und denselben Druck handle, der sich nur durch Titel, Vorrede und wenige Abweichungen sonst unterscheide. Aber wie? Die beiden im Besitz der Preußischen Staatsbibliothek in Berlin befindlichen Exemplare regen an, die Druckgeschichte zu prüfen, welches Ergebnis allerdings nur durch den Vergleich weiterer der selten erhaltenen Exemplare erhärtet werden könnte. Denn auch diese beiden Bände sind verändert und lassen die ursprüngliche Form nicht einfach erkennen.

Das Exemplar Yi 876 (= A) beginnt (ursprünglich) mit einem Doppelblatt mit Titel und Vorrede. Der Titel lautet: Simon Dachen / Weyland berühmten Poëseos Professoris bey der Königsbergischen Academie Poetische Wercke / Bestehend in Heroischen Gedichten / Denen beygefüget zwey seiner verfertigten Poetischen Schau-Spiele / Anitzo auf vielfältiges Verlangen zum Druck herausgegeben. Königsberg zufinden bey Heinrich Boyen Buchhändlern / Anno 1696.

Die Vorrede, die des ‚Hochgeneigten Lesers‘ . . . ‚dienstgeflissenster Knecht‘ verfaßt hat, erörtert reichlich akademisch ‚Die Zeit und deren Vergängligkeit‘, um daraus ‚zum wolverdienten Nachruhm‘ den Druck der Dachischen Gedichte zu rechtfertigen. Übrigens verspricht der Herausgeber einen weiteren Band mit den ‚Oden‘, der leider nicht erschienen ist, auch eine ‚ausführliche Lebens-Beschreibung‘. Beides wäre für die Dach-Rezeption sehr wichtig gewesen.

Es folgt ein Alphabet A – Z 4 mit den Gedichten (= 184 Seiten); daran schließt sich ein neues Alphabet A – K 2 (= 76 Seiten) mit den Spielen und drei großen Gedichten, auf die Gründung der Stadt Tilsit und die neuerbaute Kirche auf dem Sackheim. Ein zusätzliches Blatt verzeichnet die Druckfehler, aber nur für das erste Alphabet.

Vorgeklebt ist dem Band ein etwas knapper beschnittenes Doppelblatt mit der Titulatur der Erstausgabe. Sie lautet: Chur-Brandenburgische Rose / Adler / Löw und Scepter von Simon Dachen / Weyland Prof. Poeseos auff Chur-Brandenburgischer Preußischer Academie Königsberg Poëtisch besungen. Mit sonderbahr ertheiltem hoch und gnädigstem Churfürstl. Privilegio. Königsberg / Gedruckt bey Friedrich Reußner Churfl. Br. P. und Academischen Buchdruckers Erben.

Seite 2 enthält die Widmung: ‚Dem Durchläuchtigsten / Großmächtigsten Fürsten und HERRN / Herrn Friedrich Wilhelm / . . .‘ Seite 3 / 4 mit abermaliger Anrede das Vorwort, dessen Anfang und Unterschrift S. 167 f. bereits zitiert wurde. Es enthält auch eine aktuelle Bitte: „Demnach legen zu E. Churfürstl. Durchl. gnädigsten Füssen wir dieses geringfügige Werck in tiefster Demuth nieder / unterthänigst bittende / dasselbe nicht allein mit vormahliger Gnade anzusehen / und dabey in hoher Huld Ihres unterthänigsten Dieners und Poëten Sich zu erinnern / sondern auch Uns seinen hinterlaßenen mit beharrlicher Gnade zugethan zu seyn / alß die wir nicht weniger denn er es Zeit seines Lebens gethan / für E. Churfürstl. Durchl. und Dero hohen Hauses stets blühendes hohes Wohlergehen den Allerhöchsten täglich anflehen.“

Bedenkt man, daß die in den Beständen des Etatsministeriums des ehem. Königsberger Staatsarchivs enthaltenen Akten der Universität (wie Anm. 4) Unterlagen über die weitere Versorgung der Witwe Dachs, die erst 1685 starb, enthalten, Gesuche um

Sterbegeld und weiteres Nutzungsrecht der Wohnung durch die Kinder usw., so zeigt sich, daß diese dem Kurfürsten gewidmete Ausgabe eine abermalige und allerletzte ‚Fleh-Schrifft‘ war; nach dem Tode desselben konnte die persönliche Zuschrift durch die neutrale Adresse an den ‚Hochgeneigten Leser‘ ersetzt werden.

Das Exemplar Yi 876 a (= B) hat den gleichen Inhalt, nur ist hier die eben zitierte ältere Widmung und Vorrede original, die jüngere dagegen eingeklebt. Daß es sich nur um ein und denselben Druck handeln kann, erweist sich auch dadurch, daß die Errata-Liste in Yi 876 nicht berücksichtigt, sondern durch handschriftliche Korrekturen eingearbeitet worden ist. Nur eine einzige Korrektur zu D ij, 2. col. Zeile 12 ‚ihm bewußt — unbewußt‘ scheint eingedruckt. Die fehlende Zeile P ij Zeile 13 ist handschriftlich nachgetragen.

Offen bleibt die Frage, wann die erste Ausgabe über das erste Alphabet hinaus durch die Spiele erweitert wurde: ob sogleich beim Erstdruck oder anläßlich der Titelauflage von 1696, die ja auch bedeutet, daß die Auflage bis dahin nicht verkauft worden war, oder eventuell in der Zwischenzeit, wie Österley S. 8 annimmt. Die Barock-Sammlung von Faber du Faur in der Yale University scheint nach dem Katalog (New York: Yale University Press 1958) Nr. 367 ein Exemplar ohne diesen Anhang zu besitzen, hat aber merkwürdigerweise das Vorwort von 1696: „In this edition the first two pages of the first edition were removed, a new title given, and the publisher added his introduction.“ Das Exemplar der Göttinger Staats- und Universitätsbibliothek (Poet. Germ. II 6576), das dem reprografischen Nachdruck Hildesheim / New York: Olms 1970 zugrunde liegt, hat den Titel von 1696 vor dem unkorrigierten Erstdruck. Überall also zeigt sich die gleiche Vermischung von Anfang an. Jedenfalls gibt es nur einen Satz und Druck, der aus Vertriebsgründen einige Variationen erfuhr.

Zur Provenienz der Berliner Exemplare ist nachzutragen: Beide gehörten der Bibliotheca Regia. A: „Dono Friderici Wilhelmi IV Regis Augustissimi. D. V. Nov. MDCCCL. Ex Bibliotheca B. M. KAR. HARTW. GREGORII DE MEUSEBACH.“ Die Vorderseite des Vorsatzes trägt den handschriftlichen Namenszug „Ferd. Max Gottfried Schenkendorf.“ Das Buch ist also aus dem Besitz des ostpreußischen Dichters Max von Schenkendorf, der 1817 in Koblenz starb, in Meusebachs berühmte Sammlung übergegangen. Meusebach war in jenen Jahren ebenfalls in Koblenz tätig. Seine Bücher wurden nach seinem Tode 1847 von der Königl. Bibliothek erworben. — Das Exemplar B zeigt neben verblichenen Eintragungen die Angabe „ex libris Henrici, Anno MDCCXC (?)“, von andrer Hand ‚1695‘. Auf der Rückseite des Vorsatzes steht: „Von einem anderen Exemplare der K. Bibl. unterscheidet sich dieses durch einen besonderen Titel und Dedication zu der ‚Churbrandenburgischen Rose‘, der in jenem Exemplar fehlt.“ Von ‚durch‘ bis ‚fehlt‘ wird durchstrichen und ersetzt: „. . .nicht. Dieser fehlende Titel ist eingesetzt worden.“ Durch welche Manipulation die Ausgaben einander angeglichen und die Druckgeschichte verwischt wurde.

2. Zum Titel: Über die im Titel genannten Symbole haben mich freundlicherweise Teilnehmer in der Diskussion belehrt: Herr Dr. Meinhardt-Göttingen schlug vor, vom zeitgenössischen Münzbild auszugehen. Die Königsberger Prägungen zeigen das Szepter, den Kuradler die Münzstätte Berlin, die magdeburgischen Münzen die Rose und den Löwen der niederländische Löwentaler, der seit 1649 die wichtigste Handelsmünze in ganz Osteuropa gewesen sei. Er meint, der Löwentaler sei „für jeden Ostpreußen damals das Symbol der Niederlande“ gewesen. Eine Erklärung, die nach Lage der Dinge Sinn gibt.

Herr Dr. Baer, Berlin Schloß Charlottenburg, wies darauf hin, daß mehrere in Königsberg 1641 – 1643 geprägte Schaumünzen mit dem Bildnis des Kurfürsten eine voll erblühte Rose, von oben gesehen, zeigen (Abb. Nr. 2153, 2154, 2155 bei Friedrich von Schrötter, ‚Die Münzen Friedrich Wilhelms des Großen Kurfürsten . . .' Berlin 1913, Nachdruck Bielefeld 1978). Ebenso habe es allein in jenen ersten Regierungsjahren verschiedene Münzen Königsberger Prägung gegeben, die das Bildnis des Kurfürsten in einem Rosenkranz, ‚Rosenhag', zeigen. Ich danke beiden Herren Spezialisten für diesen klärenden Beitrag.

3. Ein in Bibliographien gelegentlich zitierter Titel: Belling, Der Große Kurfürst in der Dichtung, Berlin 1888, war mir leider nicht zugänglich.

Das Kolonialexperiment des Großen Kurfürsten in der Geschichtsschreibung des 19. und 20. Jahrhunderts

Von Klaus-Jürgen Matz, Mannheim

Man hat gesagt, Geschichte zu schreiben, sei die einzige Art und Weise, Geschichte zu machen[1]. Dieser Satz entbehrt — trotz seiner nun freilich kaum zu leugnenden kokettierenden Überhebung — nicht einer tiefen inneren Berechtigung. Quod non est in actis non est in mundo. Genauso könnte man sagen: Was der Historiker nicht in den Rang eines historischen Faktums erhoben hat, ist vergessen gleich dem Tod etwa irgendeines namenlosen vorgeschichtlichen Jägers.

Wie aber und warum schafft der Historiker Fakten, und welche schafft er? Es ist das Ziel dieser Ausführungen, an einem mehr oder weniger willkürlich herausgegriffenen Beispiel zumindest *einen* Modus aufzuzeigen, durch den ein einzelnes aus Myriaden von Ereignissen der Vergangenheit zur Höhe der Handbuchwürdigkeit gelangen kann, zu erklären, warum eine im Gedächtnis der Nachwelt schon völlig verschüttete Begebenheit anscheinend unvermittelt ans Licht gezerrt wird und in der Folge zum Bestandteil gar der kanonisierten Allgemeinbildung avanciert.

Als Leopold von Ranke[2] 1847/48 seine „Neun Bücher Preußischer Geschichte" veröffentlichte, erwähnte er darin mit keinem Wort, daß der Große Kurfürst gegen Ende seiner Regierungszeit mit einigem Erfolg den Versuch unternommen hatte, Brandenburg-Preußen in den Rang einer seefahrenden Kolonialmacht zu erheben, teilzuhaben an dem gewaltigen Unternehmen der europäischen Expansion nach Übersee. Auch als der Autor sein Werk Jahrzehnte später, 1874, in einer erweiterten Fassung nunmehr als „Zwölf Bücher Preußischer Geschichte" vorlegte, in denen er gerade dem 17. Jahrhundert und insonderheit der Regierung des Großen Kurfürsten viel größere Aufmerksamkeit gewidmet hatte als zuvor, behandelte er jenes frühe Kolonialexperiment nirgends.

Auch Johann Gustav Droysen, in der Rolle des preußischen Staatshistorikers wirkungsmächtiger vielleicht noch als Ranke, erschien das afrikanische Abenteuer des brandenburgischen Kurfürsten Friedrich Wilhelm ganz offen-

---

[1] *M. Oakshott,* Experience and its Modes, London 1933, 99, zitiert nach *E. H. Carr,* Was ist Geschichte? Stuttgart 1963 u. ö., 22.

[2] *L. v. Ranke,* Neun Bücher Preußischer Geschichte, Berlin 1847/48; *Ders.,* Zwölf Bücher Preußischer Geschichte, Berlin 1874.

bar nicht sonderlich bemerkenswert. Denn obwohl er dessen Regierungszeit im Rahmen seiner geradezu ausufernd breiten „Geschichte der Preußischen Politik" allein drei dickleibige Bände widmete, die zwischen 1861 und 1865 erschienen sind[3], streifte er den frühen Versuch des Kolonialerwerbs nur mit einer ganz beiläufigen Bemerkung[4], ohne auch nur ein einziges Detail — wie etwa die 1683 erfolgte Gründung des Forts Groß-Friedrichsburg — zu erwähnen.

Otto Hintze dagegen behandelte fünfzig Jahre nach Droysen in einer insgesamt viel knapperen Gesamtdarstellung der brandenburgisch-preußischen Geschichte die Seemachts- und Kolonialpläne des Großen Kurfürsten vergleichsweise ausführlich[5]. Heute fehlen die entsprechenden Hinweise in keiner Gesamtdarstellung des absolutistischen Zeitalters[6], in keinem Handbuch der deutschen Geschichte[7], erst recht natürlich nicht in einer der gerade jüngst wieder zahlreich erschienenen Biographien des Großen Kurfürsten[8]. Die 1981 veranstaltete Preußen-Ausstellung in Berlin zeigte immerhin acht Exponate zur brandenburgisch-preußischen Flotten- und Kolonialpolitik im ausgehenden 17. Jahrhundert, und auch im Ausstellungsführer wurde sie behandelt[9]. Merkwürdigerweise fehlen indes in den jüngeren Gesamtdarstellungen und Anthologien zur preußischen Geschichte einschlägige Passagen wieder ganz oder sind doch zu fast schon nichtssagender Kürze zusammengeschmolzen[10]. Demgegenüber findet das Kolonialexperiment des

---

3 *J. G. Droysen,* Geschichte der Preußischen Politik, III. Theil, Der Staat des großen Kurfürsten, 1. Abt., Leipzig 1861, 2. Abt., Leipzig 1863, 3. Abt. Leipzig 1865.

4 Ebd., 3. Abt. 716.

5 *O. Hintze,* Die Hohenzollern und ihr Werk. Fünfhundert Jahre vaterländischer Geschichte, Berlin 1915, 244 - 247.

6 Dies gilt auch für knappe Überblicksdarstellungen; vgl. etwa *R. Vierhaus,* Deutsche Geschichte im Zeitalter des Absolutismus (1648 - 1763), Göttingen 1978, 43.

7 Vgl. etwa *W. Treue,* Wirtschaft, Gesellschaft und Technik vom 16. bis zum 18. Jahrhundert, in: B. Gebhardt, Handbuch der deutschen Geschichte, 9. Aufl., hrsg. v. H. Grundmann, Stuttgart 1970; Tb.-Ausg. Bd. 12, München 1974, 23 f.

8 *E. Opgenoorth,* Friedrich Wilhelm. Der Große Kurfürst von Brandenburg, II. Teil 1660 - 1688, Göttingen 1978, 305 - 311; *B. Beuys,* Der Große Kurfürst. Der Mann, der Preußen schuf. Biographie, Reinbek bei Hamburg 1979, 375 - 379; *L. Hüttl,* Friedrich Wilhelm von Brandenburg der Große Kurfürst. Eine politische Biographie, München 1981, 445 f.; *B. Gloger,* Friedrich Wilhelm. Kurfürst von Brandenburg. Biographie, Berlin (Ost) 1985, 329.

9 Preußen — Versuch einer Bilanz. Katalog, Bd. 1: Ausstellungsführer, hrsg. v. G. Korff. Text von W. Ranke. Reinbek bei Hamburg 1981, 94 f., Exponate 5/34-5/41 (104 - 106).

10 Nicht behandelt wird das Kolonialexperiment in: *F. L. Carsten,* The Origins of Prussia (1954), dt. unter dem Titel: Die Entstehung Preußens. Köln - Berlin 1968; *R. Dietrich,* Kleine Geschichte Preußens, Berlin 1966; *E. J. Feuchtwanger,* Prussia: Myth and Reality (1970), dt. unter dem Titel: Preussen. Mythos und Realität, Frankfurt 1972; *V. Hentschel,* Preußens streitbare Geschichte 1594 - 1945, Düsseldorf 1980; *G. Vogler / K. Vetter:* Preußen. Von den Anfängen bis zur Reichsgründung, Berlin (Ost) Neuaufl. 1980; Moderne preußische Geschichte 1648 - 1947. Eine Anthologie, bearb.

Großen Kurfürsten im Rahmen der heute verstärkt betriebenen Forschung zur Geschichte der europäischen Expansion zunehmendes Interesse[11].

Das Ausgreifen Brandenburg-Preußens nach Übersee am Ende des 17. Jahrhunderts ist also, so viel läßt sich bereits sagen, anders als noch in den Tagen Rankes und Droysens zu einem anerkannten historischen Faktum geworden. Offenbar ist es jedoch — zumindest, was seinen Stellenwert in der preußischen Geschichte anlangt, — ein Faktum im Niedergang. Wie nun kam es, daß die überseeischen Ambitionen des Großen Kurfürsten irgendwann zwischen Droysen und Hintze scheinbar unvermittelt aus der Vergangenheit aufgetaucht sind, sich im Bewußtsein der Historikerzunft wie ihres Publikums fest verankert haben, um in der Gegenwart freilich langsam zu verblassen?

Der erste, der sich mit dem Kolonialexperiment des Kurfürsten Friedrich Wilhelm von Brandenburg wissenschaftlich beschäftigte, war Peter Feddersen Stuhr (1787 - 1851), seit 1826 außerordentlicher Professor an der Berliner Universität[12]. Er publizierte 1839 eine größere Spezialstudie[13] zu dem Thema, der er nach bewährter Manier schon des 18. Jahrhunders einen ausführlichen Aktenanhang beigegeben hatte. Die erhoffte Resonanz auf das Werk blieb indes aus. Stuhrs berühmter Berliner Kollege Ranke hat es, wie wir gesehen haben, der Beachtung überhaupt nicht für wert befunden. Das mochte mit der mangelnden Qualität der Arbeit zusammenhängen, wenngleich darin enthaltene gravierende Fehler und handwerkliche Mängel erst ganze fünfzig Jahre später aufgedeckt worden sind[14]. Wichtiger dürfte gewesen sein, daß der Autor als rechter Sonderling galt, dem man eine Neigung zu bizarren Themen nachsagte. Letztendlich entscheidend war aber wohl das Sujet selbst. Stuhr hatte ein historisches Faktum entdeckt und beschrieben, das in den Augen seiner Zeitgenossen als bloßes Kuriosum galt, als Ereignis

---

und hrsg. v. *O. Büsch / G. Neugebauer,* Berlin - New York 1981, 3 Bde.; knappe Erwähnungen finden sich in: *S. Haffner,* Preußen ohne Legende, Hamburg 1978, 49 f.; *B. Engelmann,* Preußen. Land der unbegrenzten Möglichkeiten, München 1979, 42; *G. Heinrich,* Geschichte Preußens. Staat und Dynastie, Frankfurt u. a. 1981, 113 f.

11 *E. Schmitt,* Die brandenburgischen Überseehandelskompanien im XVII. Jahrhundert, in: Schiff und Zeit 11 (1980), 6 – 20; inhaltsgleich mit: *Ders.,* The Brandenburg Overseas Trading Companies in the 17th Century, in: Companies and Trade, ed. by L. Blussé / F. Gaastra, Leiden 1981, 159 - 176; *A. Jones,* Brandenburg Sources for West African History, 1680 - 1700, Stuttgart 1985 (= Studien zur Kulturgeschichte, 77. Band); *H. Duchhardt,* Europäisch-afrikanische Rechtsbeziehungen in der Epoche des „Vorkolonialismus", in: Saeculum 36 (1985), 367 - 379; *Ders.,* Afrika und die deutschen Kolonialprojekte der 2. Hälfte des 17. Jahrhunderts, in: Archiv f. Kulturgesch. 68 (1986), 119 - 133.

12 ADB, Bd. 36, 738 – 741.

13 *P. F. Stuhr,* Die Geschiche der See- und Colonialmacht des Großen Kurfürsten Friedrich Wilhelm von Brandenburg in der Ostsee, auf der Küste von Guinea und auf den Inseln Arguin und St. Thomas aus archivalischen Quellen dargestellt, Berlin 1839.

14 *P. Kayser,* in: R. Schück, Brandenburg-Preußens Kolonialpolitik unter dem Großen Kurfürsten und seinen Nachfolgern (1647 - 1721), Leipzig 1889, 2 Bde., Bd. 1, V.

ohne Folgen und Wirkung, als toter und ins Leere laufender Nebenstrang der Geschichte, deren es so viele gab ... An dieser Einschätzung sollte sich über Jahrzehnte hinweg nichts ändern.

Der Zeitpunkt des Wandels läßt sich exakt bestimmen. Er fiel in das Jahr 1884, in dem Bismarck binnen weniger Monate ausgedehnte Gebiete in Südwestafrika, in Kamerun, Togo und an der Sansibar gegenüber liegenden Festlandküste, darüber hinaus auch den nordöstlichen Teil Neuguineas samt dem vorgelagerten Archipel unter den Schutz des Deutschen Reiches stellte und dieses damit aus dem Nichts zur mittleren Kolonialmacht erhob[15]. Jetzt plötzlich entsann man sich jener schon fast vergessenen Episode brandenburgischer Übersee-Expansion unter dem Großen Kurfürsten, in dem man nun einen weitsichtigen Ahnherrn zu erkennen glaubte.

Bezeichnend war in diesem Zusammenhang, daß sich das preußische Militär zuerst des Themas bemächtigte. Bereits im Februar 1885 hielt ein Bataillonskommandeur vor dem Offizierskorps der Garnison Köln-Deutz einen Vortrag, in dem er die Kolonialleistung des Großen Kurfürsten in höchsten Tönen pries und sich dabei zu der Behauptung verstieg, das ephemere Wirken der Brandenburger in Afrika habe dort bleibende Wirkung gezeitigt. So sagte er u. a.:

> „Die Stämme organisierten sich zu Gemeinden nach brandenburgischem Vorbilde und nahmen unsere Bestimmungen über öffentliche Ordnung und Sicherheit an. Die Folge war eine allgemeine Umwandlung dieser von den Brandenburgern beeinflußten Neger. Ihr Sinn für Ordnung brach überraschend hervor (...). Die Bildungsfähigkeit der Schwarzen unter deutscher Anleitung wäre hiermit bewiesen[16]."

Mit dem damals allen Europäern gemeinen Sendungsbewußtsein paarte sich hier ein spezifisch deutscher Dünkel, der als Stachel wirken sollte, das neu gewonnene Kolonialreich zu festigen und auszubauen.

Noch im selben Jahr 1885 erschien, „verfaßt vom Großen Generalstabe, Abth. f. Kriegsgeschichte", eine neue größere Gesamtdarstellung[17] des brandenburgisch-preußischen Kolonialexperiments. Das Werk war offensichtlich eilig zusammengestellt, enthielt aber einen reichen Dokumentenanhang und vor allem zahlreiche Zeichnungen, Skizzen und Pläne aus archivalischen Quellen, die seinen bleibenden Wert bis heute ausmachen. Ziemlich unverblümt wurde im Text die politische Nutzanwendung aus der Geschichte für die Gegenwart gezogen:

---

15 Zu den Erwerbungen des Jahres 1884 vgl. aus der Fülle der Literatur v. a.: *H.-U. Wehler,* Bismarck und der Imperialismus, Köln - Berlin 1969, 263 ff.; *H. Gründer,* Geschichte der deutschen Kolonien, Paderborn 1985, 79 ff.

16 Zitiert nach *W. Westphal,* Geschichte der deutschen Kolonien, München 1984, 13.

17 Brandenburg-Preußen auf der Westküste von Afrika 1681 bis 1721, verfaßt vom Großen Generalstabe, Abt. f. Kriegsgeschichte. Berlin 1885.

„Der historische Sinn, welcher mit pietätvollem Eifer die Spuren und Fäden verfolgt, die Vergangenheit und Gegenwart verknüpfen, findet in jenen Unternehmungen, die der Große Kurfürst mit weitem staatsmännischen Blick und mit entschlossener Ausdauer vor 200 Jahren ins Leben rief, verheißungsvolle Mahnung, ein Werk von Neuem zu beginnen, das damals lediglich an der politischen Ungunst der Zeiten und an der Kleinlichkeit der staatlichen Zustände Deutschlands zu Grunde gegangen war[18]."

Und an anderer Stelle hieß es:

„Der neueren Zeit und der aufstrebenden Macht Deutschland war es vorbehalten, die Hemmnisse zu beseitigen, welche seither der Wiederaufnahme der Pläne entgegenstanden, die vor zwei Jahrhunderten zur Errichtung des Forts auf der Westküste von Afrika geführt haben, deren Geschichte, wie sie uns in dem Vorstehenden entgegentritt, lehrreiche Mahnung genug enthält für Gegenwart und Zukunft[19]."

Zwei Motive scheinen hier auf, die so recht geeignet waren, im politischen Tageskampf eingesetzt zu werden, um diejenigen, die dem Kolonialabenteuer Bismarcks skeptisch bis ablehnend gegenüberstanden, wenn möglich vom Gegenteil zu überzeugen, sie aber mindestens, wo dies fruchtlos bleiben sollte, vor den Augen der Öffentlichkeit zu diskreditieren. Da war zum einen das offen ausgesprochene Motiv der Mahnung für Gegenwart und Zukunft: Was einst gescheitert war, sollte nun unter besseren Bedingungen von Neuem gewagt werden. Bismarck erschien hier gewissermaßen als Erbe und Vollender des Großen Kurfürsten. Noch nicht offen so genannt, war es doch das ex-ossibus-ultor-Motiv. Nicht umsonst wurde bald die Anekdote kolportiert, wonach Kaiser Wilhelm I., als man ihm die Nachricht von der ersten afrikanischen Erwerbung überbrachte, gesagt haben solle, jetzt erst könne er dem Standbild des Großen Kurfürsten wieder ruhig in die Augen sehen[20].

Das zweite Motiv, das in der Publikation des Generalstabs freilich nur unterschwellig anklang, war das der Legitimierung politischer Ambitionen und Aktionen in der Gegenwart durch hohes Alter weit zurückliegender Anfänge und Vorbilder. Was nun aus ganz anderen Beweggründen als früher ins Werk gesetzt wurde, die Eroberung überseeischer Gebiete, erhielt Würde und Bedeutung dadurch, daß man dessen tief in die Vergangenheit zurückreichenden Wurzeln bloßlegte. Geschichte wurde dergestalt zum politischen Argument, und zwar sowohl in stimulierender wie in legitimierender Absicht. Und noch eine Nutzanwendung ließ sich ziehen: Indem nämlich die Militärhistoriker des Großen Generalstabs neben dem „engherzigen Geist" der Zeit als zweiten Hauptgrund für das Scheitern der Kolonialpläne des

[18] Ebd., 3.

[19] Ebd., 65.

[20] *Kayser,* in: Schück (Anm. 14), VIII; *C. Grotewold,* in: O. F. v. d. Gröben, Guineische Reise-Beschreibung. Nebst einem Anhange der Expedition in Morea, Marienwerder 1694, Faksimile Ausgabe mit einem Geleitwort von Christian Grotewold gedruckt in 500 numerierten Exemplaren im Insel Verlag, Leipzig 1907, 26.

Großen Kurfürsten das Fehlen einer leistungsfähigen Flotte benannten[21], lieferten sie ein wertvolles Argument zur Durchsetzung eigener Forderungen. Die Flottendiskussion kommender Jahrzehnte warf hier bereits ihre Schatten voraus.

Noch 1885 / 86 erschienen zwei weitere kleinere Arbeiten zur Kolonial- und Flottenpolitik des Großen Kurfürsten[22], denen 1887 schließlich ein größer Aufsatz aus der Feder des damaligen wissenschaftlichen Hilfsarbeiters im Badischen Generallandesarchiv Eduard Heyck (1862 - 1941) folgte[23]. Heyck zeigte aufgrund zufällig gefundener Archivalien, daß Kurfürst Friedrich Wilhelm von Brandenburg lange vor der ersten Entsendung einer Flotte nach Afrika bereits Kolonialprojekte verfolgt hatte, die seinerzeit mit der Hoffnung auf Hilfe durch den Kaiser und den spanischen Hof und durch Vermittlung des Markgrafen Hermann von Baden-Baden betrieben worden waren. Auch der junge Archivar schien bei der Abfassung des Textes ganz offensichtlich vom patriotischen Hochgefühl der Zeit beseelt und knüpfte gleich den preußischen Militärhistorikern zwei Jahre zuvor Fäden zwischen kolonialer Vergangenheit und Gegenwart. Er setzte freilich einen anderen, wenn man so will, süddeutschen Akzent, indem er die „reichsfürstliche Mitwirkung" des Großen Kurfürsten „zur Errichtung einer gemeindeutschen See- und Kolonialmacht" betonte und seinen Helden zum Vorläufer einer Bewegung stilisierte, die „dem Grosshandel" der „Bürger" des Reiches „in zukunftsreichen neuen Gebieten" Wege und Chancen eröffnen und „den zum Gedeihen erforderlichen staatsrechtlichen Rückhalt" schaffen sollte[24].

Die erste wissenschaftlichen Ansprüchen wirklich genügende Gesamtdarstellung des frühen brandenburgisch-preußischen Kolonialexperiments erschien nochmals zwei Jahre später, 1889[25]. Sie ging auf eine Anregung des Juristen und nachmaligen Dirigenten der Kolonialabteilung des Auswärtigen Amtes Paul Kayser[26] zurück, die dieser im Frühjahr 1887 während eines Vortrags gegeben hatte. Als Autor zeichnete Richard Schück (1859-?), ein eigens für diese Forschungen freigestellter Gerichtsassessor, verantwortlich. Das Werk umfaßte zwei gewichtige Bände. Der erste enthielt eine systematische Gesamtdarstellung von den allerersten Kolonialprojekten des Jahres

---

21 Anm. 19.

22 *M. Beheim-Schwarzbach,* Die maritime und koloniale Thätigkeit Friedrich Wilhelms, des Großen Kurfürsten, in: Zs. f. allg. Gesch., Bd. 2 (Stuttgart 1885); *H. Hofmeister,* Die maritimen und kolonialen Bestrebungen des Großen Kurfürsten. 1640 bis 1688, Emden 1886.

23 *E. Heyck,* Brandenburgisch-deutsche Kolonialpläne. Aus den Papieren des Markgrafen Hermann von Baden-Baden, in: ZGO 41 (1887), 129 - 200; zu Heyck selbst vgl. den Nachruf in der ZGO 94 (1942), 288.

24 *Heyck* (Anm. 23), 129.

25 *Schück* (Anm. 14).

26 Zu Kayser vgl. Meyers Konversations-Lexikon 5. Aufl., Bd. 10 (1897), 9; 7. Aufl., Bd. 6 (1927), 1175.

1647 bis zur endgültigen Abwicklung des Verkaufs der afrikanischen Besitzungen unter König Friedrich Wilhelm I. 1721. Im zweiten waren an die 200 Urkunden und Aktenstücke abgedruckt, die bis heute fast alleinige Quellengrundlage für alle Arbeiten zur frühen brandenburgisch- preußischen Kolonialexpansion geblieben sind. Schück legte eine substantiierte und detaillierte Darstellung vor, in der er jeden noch so unbedeutenden Nebenstrang in aller Ausführlichkeit verfolgte. Von besonderem Wert sind seine Ausführungen zu den inneren Zuständen der Kolonialstützpunkte, ihrer Organisation und Verwaltung sowie darüber hinaus zu den Rechtsverhältnissen der Kompanie selbst. Wenngleich auch er die Bedeutung des Kolonialerwerbs gelegentlich überschätzte, so z. B., indem er die Gesamtheit der brandenburgischen Forts und Faktoreien in Afrika und der Karibik mit dem Reich Kaiser Karls V. verglich[27], so zeichnete er insgesamt doch ein realistisches Bild mit ausgewogenen Proportionen. Den entscheidenden Anteil der Niederländer beim brandenburgischen Kolonialerwerb beispielsweise stellte er in aller Deutlichkeit heraus. Für den Entschluß König Friedrich Wilhelms I., die überseeischen Besitzungen zu verkaufen, bezeugte er Verständnis, auch wenn er diesen Entschluß vom Standpunkt seiner eigenen Gegenwart aus für beklagenswert hielt[28].

Schück selbst zog keinerlei Parallelen zwischen dem Kolonialexperiment des Großen Kurfürsten und jenem Bismarcks. Nur durch die auffällige Betonung der Unbeirrbarkeit und Standhaftigkeit der Hohenzollernherrscher[29] offenbarte er eine stramm borussische und monarchische Gesinnung. Die politische Nutzanwendung für die Gegenwart aber zog der Anreger der Arbeit, Paul Kayser, in seinem Vorwort. Darin wurde die Kolonialpolitik des Großen Kurfürsten nicht nur zu einer „deutsch-nationalen Großthat", sondern auch zu einer „deutsch-wirthschaftlichen" emporstilisiert[30]. Kayser zögerte im übrigen nicht, die Historie für die zeitgenössische politische Diskussion direkt dienstbar zu machen. Die Kolonialkritiker im Reichstag suchte er mit der Wehklage des Niederländers Benjamin Raule zu beschämen, der als eigentlicher Schöpfer und Organisator der brandenburgischen Überseepolitik im ausgehenden 17. Jahrhundert die mangelnde Initiative und Risikobereitschaft der Untertanen des Großen Kurfürsten wiederholt in herben Worten gegeißelt hatte[31].

Mit Schücks großer Gesamtdarstellung war das Kolonialexperiment des Großen Kurfürsten endgültig als historisches Faktum fest etabliert, zumal nun auch die Quellen für die weitere Beschäftigung in gedruckter Form zur Verfügung standen und vollends, nachdem Otto Meinardus 1891 die Übersee-

27 *Schück,* (Anm. 14), Bd. I, 198.

28 Ebd., 287.

29 Ebd., 7, 120, 215, 306.

30 Ebd., X.

31 Ebd., XIII.

Expansion in den Gesamtkontext der brandenburgischen Handelspolitik am Ende des 17. Jahrhunderts eingeordnet hatte[32]. So nimmt es nicht wunder, daß das frühe Kolonialexperiment in den nächsten auf Ranke und Droysen folgenden Geamtdarstellungen der preußischen Geschichte aus den Federn des Königlich Preußischen Hausarchivars Ernst Berner (1896)[33] und des Königsberger Geschichtsprofessors Hans Prutz (1900 - 1902)[34] sowie in den 1902 erschienenen, für ein breites Publikum bestimmten Biographien des Großen Kurfürsten von Martin Spahn[35] und wiederum Eduard Heyck[36] stärkere Berücksichtigung fand. Während indes die beiden Biographen und erst recht Berner die Kolonialexpansion des 17. Jahrhunderts in überschwenglichen Worten priesen und ihr „Großartigkeit" bescheinigten, sprach Prutz von „trügerischen Hoffnungen", „verfrühten Experimenten", von Groß-Friedrichsburg als einer „bloßen Kuriosiät". Diese häretischen Äußerungen entsprachen völlig der eher kritisch-differenzierten Sicht der preußischen Geschichte, die Prutz auch sonst eignete. Ob es damit zusammenhing, daß sich der Königsberger Ordinarius mit Erscheinen seines opus magnum wegen eines Augenleidens vorzeitig emeritieren ließ und ausgerechnet nach München übersiedelte[37]?

Wenn es Prutz gelungen sein sollte, das Heldenbild vom Großen Kurfürsten im geringsten zu beflecken, so hat es der Direktor der preußischen Staatsarchive Reinhold Koser (1852 – 1914) vier Jahre später wieder auf das Hellste erstrahlen lassen[38]. Koser erblickte in Kurfürst Friedrich Wilhelm erneut einen „Bahnbrecher", der mit Weitblick erkannt habe, daß für die Deutschen beim Ausgang des Dreißigjährigen Krieges der Zeitpunkt noch keineswegs verpaßt war, sich am Wettlauf nach Übersee zu beteiligen und einen „Platz an der Sonne zu verlangen"[39]. Die Assoziation, die Koser hiermit erwecken wollte, ist offensichtlich: Mitten in den harten Auseinandersetzungen um die Tirpitz'schen Flottennovellen schritt die Politik wieder im Gewande der Historie einher, wurde ein stilisierter Ahnherr zum sinnstiftenden Stichwortlieferanten im hitzigen Meinungsstreit. Die politische Absicht des preußischen Chefarchivars wurde durch den Druckort seiner kleinen Arbeit, die „Marine-Rundschau", noch unterstrichen.

---

32 *O. Meinardus*, Beiträge zur Geschichte der Handelspolitik des Großen Kurfürsten, in: HZ 66 (1891), 444 – 495.

33 *E. Berner*, Geschichte des preußischen Staates, München - Berlin 1896, 206 – 209.

34 *H. Prutz*, Preußische Geschichte, 2. Bd., Die Gründung des preußischen Staates (1655 – 1740), Stuttgart 1900, 254.

35 *M. Spahn*, Die Wiedergeburt Deutschlands im 17. Jahrhundert. Der Große Kurfürst, Mainz 1902, 133.

36 *E. Heyck*, Der Große Kurfürst, Bielefeld - Leipzig 1902, 48 - 54, 100 – 106.

37 Wer ist's Jgg. 1914, 1922, 1928.

38 *R. Koser*, Der Große Kurfürst und Friedrich d. Gr. in ihrer Stellung zu Marine und Seehandel, in: Marine-Rundschau, Jg. 1904; Ndr. in: *Ders.*, Zur preußischen und deutschen Geschichte. Aufsätze und Vorträge, Stuttgart - Berlin 1921, 14 – 37.

39 Ebd. (Ndr.), 14 bzw. 16 f.

Durch den Verlust des deutschen Kolonialreichs 1914 / 18 veränderte sich die Qualität des frühen brandenburgisch-preußischen Kolonialexperiments als denkwürdiges historisches Faktum kaum. Überraschenderweise beriefen sich indes die eifernden Kolonialrevisionisten der Weimarer Zeit, allen voran Heinrich Schnee[40], kaum je auf den Großen Kurfürsten. Ihnen galten jetzt die Bahnbrecher des kaiserzeitlichen Kolonialreiches, Adolf Lüderitz etwa und natürlich Carl Peters, als Gründerheroen. Nur einmal, zu Beginn der nationalsozialistischen Herrschaft, zog ein obskurer Autor[41] direkte Parallelen zwischen dem ausgehenden 17. Jahrhundert und seiner Gegenwart, indem er Kurfürst Friedrich Wilhelm zum Schöpfer eines ersten und Bismarck zum Schöpfer eines zweiten deutschen Kolonialreichs erhob, dem nun in Analogie zum „Dritten Reich“ ein von Hitler zu schaffendes drittes folgen müsse. Im übrigen stellte man in den 20er und 30er Jahren das Fehlen einer gesicherten Machtgrundlage Brandenburgs im 17. Jahrhundert heraus und machte diesen Umstand für das Scheitern des frühen Kolonialexperiments in erster Linie verantwortlich. Hatte man im Kaiserreich völlig zu recht noch einen wichtigen Grund für den endlichen Mißerfolg im Fehlen eines risikofreudigen, wirtschaftlich aktiven Bürgertums gesehen[42], so galt nun ein Defizit an realpolitischer Einsicht und militärischer Potenz als vorrangige Ursache. Gustav Adolf Rein (1885 – 1979)[43] etwa, schon vor der „Machtergreifung“ Mitglied der NSDAP und seit 1933 Ordinarius für Übersee- und Kolonialgeschichte in Hamburg, argumentierte ganz auf dieser Linie. In souveräner Blindheit wurde hier völlig übersehen, daß beispielsweise die niederländische Ostindien-Kompanie ihre gewaltigen kolonialen und wirtschaftlichen Erfolge mit einem Minimum an militärischem und administrativem Einsatz erzielt hatte, getrieben einzig von der Gier nach Profit.

Noch vor dem Zweiten Weltkrieg erschienen jedoch auch zwei echte Forschungsbeiträge zum Kolonialexperiment des Großen Kurfürsten. G. Gieraths beschrieb 1924 aus den Quellen das Leben Benjamin Raules, des eigentlichen Schöpfers und Motors der brandenburgisch-afrikanischen Companie (BAC)[44]. Sein Versuch, Raule vom Vorwurf geschäftlicher Mißgriffe und

---

40 *H. Schnee,* Die deutschen Kolonien vor, in und nach dem Weltkrieg, Neuaufl. Leipzig 1939 (dort nur kurze Erwähnung des Großen Kurfürsten).

41 *F. Maywald,* Die Eroberer von Kamerun, Berlin 1933, 7 (Hinweis aus: *K. Hildebrand,* Vom Reich zum Weltreich. Hitler, NSDAP und koloniale Frage 1919 - 1945, München 1969, 395, Anm. 516).

42 Eine Sicht, die vor dem Zweiten Weltkrieg bezeichnenderweise nur von einer angelsächsischen Autorin weiter vertreten wurde; vgl. *M. Townsend,* Macht und Ende des deutschen Kolonialreichs, Leipzig 1932 (= The Rise and Fall of Germany's Colonial Empire, dt.).

43 *G. A. Rein,* Die europäische Ausbreitung über die Erde, Potsdam 1931, 256, 259; vgl. für diese Sicht auch: *F. W. Schaafhausen,* Der Große Kurfürst, Jena 1927, 81; *H. v. Petersdorff,* Der Große Kurfürst, Leipzig 1939, 215; *F. Rörig,* in: *H. Szymanski,* Brandenburg-Preußen zur See 1605 - 1815. Ein Beitrag zur Frühgeschichte der deutschen Marine. Mit einer Einführung von Fritz Rörig. Leipzig 1939, VI.

Verfehlungen völlig reinzuwaschen, gelang ihm indes nur zum Teil. 1939 folgte dann eine Arbeit von H. Szymanski[45], in der — für diese Zeit bemerkenswert — schmucklos und bar aller politisch-ideologischen Seitenhiebe nachgewiesen wurde, daß die BAC in erster Linie deshalb fallierte, weil sie im Krieg der Großen Allianz und im Spanischen Erbfolgekrieg gewaltige Schiffsverluste erlitten hatte[46].

1945 war das Deutsche Reich vernichtet und endgültig auch der Traum von der Restituierung als Kolonialmacht. Unter dem Eindruck der Katastrophe schrieb der Göttinger Mediävist Percy Ernst Schramm (1894 - 1970), motiviert hauptsächlich durch die Tatsache, daß seine eigenen Großväter in Übersee Handel getrieben hatten, eine reichlich nationalistisch getönte Gesamtdarstellung[47] deutscher Erfolge und Mißerfolge im außereuropäischen Raum, wobei er immer wieder seltsam wehmütig das Thema des Zukurz-gekommen- seins und des gewaltigen Abstands gegenüber England variierte[48]. Schramm behandelte darin natürlich auch das Kolonialexperiment des Großen Kurfürsten; er stellte ihm jedoch — eindringlicher, als dies zuvor geschehen war, — zeitgenössische Parallelbeispiele der Kolonialbestrebungen des Herzogs von Kurland, der Orientalischen Handelskompanie der Habsburger und der Glücksburger Westindien-Kompanie zur Seite[49]. Dadurch wurde die brandenburgische Übersee-Expansion ihrer Einzigartigkeit beraubt; sie wurde aus dem bis dahin einseitig betonten Strang Vergangenheit — Gegenwart gelöst und in den eigenen Zeitkontext gerückt — oder, wie man neuerdings zu sagen pflegt, „historisiert". Diese neue Sicht hat in den nachfolgenden Darstellungen bis in die Handbücher hinein[50] ihren Niederschlag gefunden.

Seit Schramm ist unser Kenntnisstand über die Kolonialambitionen des Großen Kurfürsten nur unwesentlich verbreitert worden. Immerhin hat der Brite A. W. Lawrence als Mitarbeiter des Ghana Museum and Monuments Board neben den anderen Fortifikations- und Faktoreiüberresten an der Goldküste auch jene der brandenburgischen Anlagen archäologisch untersucht und darüber 1963 ein umfangreiches Buch vorgelegt[51]. Die hier festgehaltenen Ergebnisse sind in mehr als einer Hinsicht bemerkenswert. Lawren-

---

44 *G. Gieraths,* Benjamin Raule, sein Leben und insbes. seine volkswirtschaftlichen Ansichten; in: Econ.-hist. Jaarboek X (1924), 219 - 302.

45 *H. Szymanski* (Anm. 43).

46 Ebd., insbes. 48, 85 ff.

47 *P. E. Schramm,* Deutschland und Übersee. Der deutsche Handel mit den anderen Kontinenten insbesondere Afrika, von Karl V. bis zu Bismarck. Ein Beitrag zur Geschichte der Rivalität im Wirtschaftsleben, Braunschweig 1950.

48 Ebd., 183 ff., 470.

49 Ebd., 29 f., 32.

50 Vgl. etwa *W. Treue* in: Gebhardt (Anm. 7).

51 *A. W. Lawrene,* Trade Castles and Forts of West Africa, London 1963.

ce stellte nämlich fest, daß das Fort Groß- Friedrichsburg nächst der zuerst portugiesischen, später niederländischen Hauptniederlassung an der Goldküste, Elmina, hinsichtlich der Qualität der aufgeführten Bauten und Befestigungsanlagen an zweiter Stelle rangierte. Bei Besatzung und Bewaffnung habe es gar den Spitzenplatz behauptet. Auch die wirtschaftliche Situation der brandenburgischen Niederlassungen scheint nach Lawrence selbst im Spanischen Erbfolgekrieg nicht derart desolat gewesen zu sein, wie es oft dargestellt wird. Der Handel florierte, freilich nicht der mit dem Mutterland[52].

Wie in Afrika war die Position der BAC wohl auch in der Karibik, wo die Brandenburger nur ein Gastrecht auf der dänischen Insel St. Thomas besaßen, besser als meist angenommen. Jedenfalls konnte der bekannte Wirtschaftshistoriker Hermann Kellenbenz aus Akten des Kopenhagener Reichsarchivs dartun, daß die Vertreter Brandenburgs jenseits des Atlantik allzeit einen schwunghaften und einträglichen Handel, u. a. mit Sklaven, betrieben und unter Ausnutzung der Neutralität auch beim Verkauf von Prisenbeute kriegsführender Mächte manchen Erfolg erzielt haben[53]. Dies wie die Forschungen von Lawrence ist geeignet, die gerade jüngst gefällten abfälligen Urteile über den Großen Kurfürsten, dessen vorgeblich „hochstaplerische“ und „grossmannssüchtige“ Politik (Haffner[54]) und „windigen Unternehmungen“ (W. Ranke[55]) als zumindest überspitzt erscheinen zu lassen.

Obwohl das brandenburgische Kolonialexperiment gerade durch die jüngere Forschung eine gewisse Aufwertung erfahren hat, ist es zweifellos ein Fehlschlag gewesen. Daran ändert auch nichts, daß 1983 pünktlich zum 300. Jahrestag der Gründung Groß-Friedrichsburgs eine zuweilen der reinen Phantasie entspringende, populäre Darstellung aus der Feder von H. G. Steltzer (1912 - 1987), eines ehemaligen Botschafters der Bundesrepublik in Ghana, erschienen ist[56]. So besteht die Gefahr, daß es wieder an den Rand des Interesses gerät und zur bloßen Episode herabsinkt.

Fassen wir zusammen: Das brandenburgisch-preußische Kolonialexperiment unter dem Großen Kurfürsten ist als handbuchwürdiges historisches Faktum eine Schöpfung der kolonialen Expansionspropaganda des Kaiserreiches. Preußische Militärhistoriker, hohe Beamte und vor allem Staatsarchivare, haben es aus der Vergessenheit gehoben und dargestellt — in der kaum verhüllten Absicht, den Kolonialbestrebungen der eigenen Zeit sinn-

[52] Ebd., 42, 50, 93, 219.

[53] *H. Kellenbenz,* Die Brandenburger auf St. Thomas, in: Jb. f. Geschichte von Staat, Wirtschaft und Gesellschaft Lateinamerikas 2 (1965), 196 - 217; hier bes. 201 f., 211 ff.

[54] *S. Haffner* (Anm. 10), 50.

[55] *W. Ranke,* in: Preußen — Versuch einer Bilanz (Anm. 9), 94.

[56] *H. G. Steltzer,* „Mit herrlichen Häfen versehen“. Brandenburgisch-preußische Seefahrt vor dreihundert Jahren, Frankfurt u. a. 1983.

stiftende Tradition zu verleihen und sie damit zu legitimieren. In dem Maße, wie dies durch den Verlust des Kolonialreichs, den Untergang Preußens und des Deutschen Reiches immer weniger notwendig wurde, verblaßte das Bild. Noch freilich ist es nicht verschwommen, und seine Konturen werden vermutlich noch lange wahrnehmbar sein.

In unserer Zeit bemüht man sich derweil um die Schöpfung neuer historischer Mythen. Botschafter Steltzer benutzte beispielsweise seinen Exkurs in die Historie auch dazu, das gute Verhältnis zwischen dem deutschen und dem ghanaischen Volk mit der Patina und der Ehrwürdigkeit hohen Alters zu versehen, indem er die Beliebtheit der Brandenburger vor Niederländern, Engländern und Dänen bei den Stämmen der Goldküste hervorhebt und deren Anhänglichkeit gegenüber Brandenburg-Preußen idealisierend ausmalt. Immerhin ist richtig: Auch aus den Quellen der brandenburgisch-afrikanischen Kompanie kann zu verstehen versucht werden, wie sich der europäisch-überseeische Kulturkontakt in vorindustrieller Zeit gestaltete und welche Folgen er hatte. Insofern wird die Bedeutung der Übersee-Expansion Brandenburg-Preußens unter dem Großen Kurfürsten heute von Historikern wie Schmitt und Duchhardt nicht ohne Grund wachgehalten, ist die Mühe um eine Verbreiterung der Quellenbasis keineswegs l'art pour l'art[57].

---

[57] Vgl. die in Anm. 11 genannte Literatur. Merkwürdigerweise wird der brandenburgische Anteil an der europäischen Übersee-Expansion in der Gesamtdarstellung von *W. Reinhard,* Geschichte der europäischen Expansion. Bd. 1: Die Alte Welt bis 1818, Stuttgart u. a. 1983 nicht behandelt.

Personenregister

Abkürzungen: Bf. = Bischof; Bln. = Berlin; Brdbg. = Brandenburg; brdbg. = brandenburgisch; dt. = deutsch; Ebf. = Erzbischof; Fam. = Familie; Frhr. = Freiherr; Geh. = Geheimer; Gem. = Gemahlin; Gf. = Graf; Hz. = Herzog; Hzn. = Herzogin; Kf. = Kurfürst; kfl. = kurfürstlich; Kg. = König; Kgn. = Königin; Ks. = Kaiser; luth. = lutherisch; Min. = Minister; Pz. = Prinz; Pzn. = Prinzessin; ref. = reformiert; Rfrhr. = Reichsfreiherr.

Beiläufig erwähnte oder lebende Personen wurden nicht verzeichnet.

Quellen- und Literaturverzeichnis

Adler, Friedrich: Zur Geschichte der Befestigung Berlins, in: MF 8 (1863), 213 - 220.

Albert, Karl: Weimann's diplomatische Verhandlungen. Ein Beitrag zur politischen Geschichte des Großen Kurfürsten, Phil. Diss. Leipzig 1942 (MS.).

Baumgart, Peter (Hrsg.): Ständetum und Staatsbildung in Brandenburg-Preußen, Berlin 1983 (= Veröff. d. Histor. Komm. zu Berlin 55).

Behre, Otto: Geschichte der Statistik in Brandenburg-Preußen, Berlin 1905.

Berlin im Jahre 1682, in: Mitt. d. Vereins f. d. Geschichte Berlins 7 (1890), 82 - 84.

Berner, E.: Aus dem Briefwechsel König Friedrichs I. von Preußen und seiner Familie, Berlin 1901 (= Quellen u. Untersuchungen z. Geschichte d. Hauses Hohenzollern 1).

Börsch-Supan, Helmut: Die Kunst in Brandenburg-Preußen, Berlin 1980.

v. d. Borne, H. G.: Consultatio Politico-Theologica Ueber den Gegenwertigen, betrübten und kümmerlichen Zustand der Chur und Marck Brandenburg. Haupt-Ursachen des ... gegenwärtigen Jammers, Elendes und Verwüstungen, wie auch Eröffnung derjenigen Mittel, dadurch mehrerem Verderben und dem Total ruin entgegen gegangen ... werden könne, 2. Aufl., Helmstädt 1681.

Breysig, Kurt: Die Organisation der brandenburgischen Kommissariate in der Zeit von 1660 bis 1697, in: FBPG 5 (1892), 135 - 156.

— Der brandenburgische Staatshaushalt in der zweiten Hälfte des 17. Jahrhunderts, in: Schmollers Jahrbuch 16 (1892), 135 - 156.

— Die Entwicklung des preußischen Ständethums von seinen Anfängen bis zum Regierungsantritt Friedrich Wilhelms, in: Urkunden und Aktenstücke zur Geschichte des Kurfürsten Friedrich Wilhelm von Brandenburg, Bd. 15, Berlin 1894, 19 - 224.

— Geschichte der brandenburgischen Finanzen in der Zeit von 1640 bis 1697, Bd. 1, Leipzig 1895 (= Urkunden und Aktenstücke zur Geschichte der inneren Politik des Kurfürsten Friedrich Wilhelm von Brandenburg, T. 1, Bd. 1).

Brinckwerth, W.: Beiträge zur Reorganisation des Städtewesens in der Kurmark Brandenburg und im Herzogtum Magdeburg in den Jahren 1680 bis 1713, in: Magdeburger Geschichtsblätter 48 (1913), 115 - 153.

Büsch, Otto (Hrsg.): Das Preußenbild in der Geschichte. Protokoll eines Symposions, Berlin - New York 1981 (= Veröff. d. Histor. Komm. zu Berlin, 50).

Busse, Ulrich: Die Kurfürsten Friedrich Wilhelm und Friedrich III. von Brandenburg als Förderer der Reformierten in Dänemark, in: Der deutsche Hugenott 44 (1980), 42 - 44.

Butzke, August: „Spezifikation aller Innwohner des Churfürstl. Friedrichswerders“ [1666], in: Der deutsche Roland 27 (1939), 1 - 3.

Carsten, F. L.: Die Judenfrage in der Auseinandersetzung zwischen dem Kurfürsten Friedrich Wilhelm von Brandenburg und den Landständen (1640 - 1688), in: Tijdschr. v. geschiedenis 53 (1938), 52 - 60.

Delius, Walter: Berliner Unionsversuche im 17. und 18. Jahrhundert, in: Jahrbuch f. Berlin-Brandenburgische Kirchengeschichte 45 (1970), 7 - 121.

Dietrich, Richard: Die Anfänge des preußischen Staatsgedankens in den politischen Testamenten der Hohenzollern, in: Neue Forsch. z. Brandenburg-Preußischen Geschichte 1, hrsg. von F. Benninghoven / C. Lowenthal-Hensel, Köln - Wien 1979, 1 - 60 (= Veröff. a. d. Archiven Preuß. Kulturbesitz, Bd. 14).

— Die politischen Testamente der Hohenzollern, Köln - Wien 1986.

Doebner, Richard (Hrsg.): Briefe der Königin Sophie Charlotte von Preußen und der Kurfürstin Sophie von Hannover an hannoversche Diplomaten, Leipzig 1905 (= PubllPreußStaatsarch 79).

Dösseler, E.: Die Wirtschaft der Grafschaft Mark unter Brandenburg-Preußen 1609 - 1806, Altena 1961.

Eilers, Eilhart: Friedrich v. Jena. Ein Beitrag zur politischen Geschichte des Großen Kurfürsten. Berlin 1935 (Phil. Diss. Leipzig 1935).

Erdmannsdörffer, Bernhard: Graf Georg Friedrich von Waldeck, Berlin 1869.

— Deutsche Geschichte vom Westfälischen Frieden bis zum Regierungsantritt Friedrichs des Großen. 1648 - 1740, Bd. 1 u. 2, Berlin 1892/1893 (Neudr. Darmstadt 1962), (= W. Oncken, Allgemeine Geschichte in Einzeldarstellungen, Abt. 3, 7).

Faden, Eberhard: Berlin im Dreißigjährigen Kriege, Berlin 1927 (= Berlinische Bücher 1).

Fidicin, Ernst: Berlin, historisch und topographisch dargestellt, Berlin 1843; 2. Aufl., 1852.

Fischer, E.: Die offizielle brandenburgische Geschichtsschreibung zur Zeit Friedrich Wilhelms, des Großen Kurfürsten (1640 - 1688), in: ZPGL 15 (1876), 1 - 54.

Flink, Klaus: Kleve im 17. Jahrhundert. Studien und Quellen, 3. Teil (1667 - 1688), Kleve 1980 (= Klever Archiv 2).

Fürbringer, Christoph: Necessitas et Libertas. Staatsbildung und Landstände im 17. Jahrhundert in Brandenburg, Frankfurt a. M. 1985.

Galland, Georg: Hohenzollern und Oranien, Leipzig 1911 (= Gesammelte Aufsätze).

Gause, Fritz: Die Geschichte der Stadt Königsberg in Preußen, Bd. 2: Vom Ersten Weltkrieg bis zum Untergang Königsbergs (= Ostmitteleuropa in Vergangenheit und Gegenwart).

Gerhard, Dietrich: Regionalismus und ständisches Wesen als ein Grundzug europäischer Geschichte, in: Herrschaft und Staat im Mittelalter, Darmstadt 1960, 332 - 364 (= Wege der Forschung 2).

— Amtsträger zwischen Krongewalt und Ständen — ein europäisches Problem, in: Alteuropa und die moderne Gesellschaft. Festschrift für Otto Brunner, Göttingen 1963, 230 - 247.

Geyer, Albert: Zur Baugeschichte des königlichen Schlosses in Berlin. I. Der Festsaal des Großen Kurfürsten, in: Hohenzollern-Jahrbuch 1 (1897), 146 - 162.

Gloger, Bruno: Friedrich Wilhelm. Kurfürst von Brandenburg, Berlin (Ost) 1985; 2. Aufl., 1986.

v. d. Gröben, Otto Friedrich: Des Brandenburgischen Adelichen Pilgers Orientalische Reisebeschreibung. Nebst der Brandenburgischen Schiffahrt nach Guinea ... Nebst einem Anhang der Expedition in Morea, Marienwerder 1694.

Großmann, Julius: Jugendgeschichte Friedrichs I., in: Hohenzollern-Jahrbuch 4 (1900), 10 - 51.

Haake, Paul: Brandenburgische Politik und Kriegführung in den Jahren 1688 und 1689, Phil. Diss. Berlin 1896 (Teildruck).

Hahn, Peter-Michael: Landesstaat und Ständetum im Kurfürstentum Brandenburg während des 16. und 17. Jahrhunderts, in: Peter Baumgart (Hrsg.), Ständetum und Staatsbildung in Brandenburg-Preußen, Berlin 1983 (= Veröff. d. Histor. Komm. zu Berlin 55), 41 - 79.

Hartmann, Stefan: Die Beziehungen Preußens zu Dänemark 1688 - 1789, Köln - Wien 1983 (= Neue Forsch. z. Brandenburg-Preußischen Geschichte, 3).

Hassinger, Hugo: Wirtschaftliche Motive und Argumente für religiöse Duldsamkeit im 16. und 17. Jahrhundert, in: Ernst Walter Zeeden (Hrsg.), Gegenreformation, Darmstadt 1973 (= Wege der Forschung 311), 332 - 358.

Hein, Max: Johann von Hoverbeck. Ein Diplomatenleben aus der Zeit des Großen Kurfürsten, Königsberg 1925.

— Otto von Schwerin. Der Oberpräsident des Großen Kurfürsten, Königsberg 1929.

Heinrich, Gerd: Staatsaufsicht und Stadtfreiheit in Brandenburg-Preußen unter dem Absolutismus (1660 - 1806), in: Die Städte Mitteleuropas im 17. und 18. Jahrhundert, T. 1, hrsg. von Wilhelm Rausch, Linz 1981 (= Beiträge zur Geschichte der Städte Mitteleuropas, 5), 155 - 172.

— Geschichte Preußens. Staat und Dynastie, 2. Aufl., Frankfurt a. M. 1984.

— Toleranz als Staatsraison. Ursachen und Wirkungen des Potsdamer Ediktes (1685), in: Festschrift für Otto Büsch, Berlin 1988, 29 - 54.

Hertzfeld, Erika: Klassenkämpfe in der Kur und Mark Brandenburg während der schwedisch-brandenburgischen Auseinandersetzungen des Jahres 1675, Phil. Diss. Berlin (Ost) 1961.

Hinrichs, Carl: Der Große Kurfürst 1620 - 1688, in: Ders., Preußen als historisches Problem. Gesammelte Abhandlungen, hrsg. v. Gerhard Oestreich, Berlin 1964 (= Veröff. d. Histor. Komm. zu Berlin 10), 227 - 252.

Hintze, Otto: Der österreichische und der preußische Beamtenstaat im 17. und 18. Jahrhundert, zuletzt in: Ders., Staat und Verfassung, 2. Aufl., Göttingen 1962, 321 - 358.

Hirsch, Ferdinand: Die ersten Anknüpfungen zwischen Brandenburg und Rußland unter dem Großen Kurfürsten, Programm des Königstädtischen Realgymnasiums zu Berlin 1885 und 1886.

— Die Erziehung der älteren Söhne des Großen Kurfürsten, in: FBPG 7 (1894), 141 - 171.

— Das Tagebuch Dietrich Sigismund v. Buchs (1674 - 1683). Leipzig 1904 (= Veröff. d. Vereins f. Geschichte der Mark Brandenburg, 6).

— Die Beziehungen des Großen Kurfürsten und seines Nachfolgers zu der Königin Christine von Schweden in den Jahren 1687 bis 1689, in: FBPG 23 (1910), 377 - 402.

— Der Große Kurfürst und der pfälzische Gefolgestreit 1685 - 1688, in: FBPG 27 (1914), 55 - 96.

Hötzsch, Otto: Brandenburg und Polen von 1640 bis 1815, in: Albert Brackmann (Hrsg.), Deutschland und Polen. Beiträge zu ihren geschichtlichen Beziehungen, München 1933.

Hüttl, Ludwig: Friedrich Wilhelm von Brandenburg, der Große Kurfürst, 1620 - 1688. Eine politische Biographie, München 1981.

Jacoby, Jörg: Boguslaus Radziwill, der Statthalter des Großen Kurfürsten in Ostpreußen, 2. Aufl., Marburg 1960.

Jähns, Max: Die Friedrichstadt unter dem Großen Kurfürsten und Friedrich I., Berlin 1912.

Jagenburg, Else: Die Diplomatie Brandenburgs zur Zeit des Großen Kurfürsten, Würzburg 1936.

Jahn, Hans: Berlin im Todesjahr des Großen Kurfürsten, Erläuterungen zum Perspektivplan von Johann Bernhard Schultz aus dem Jahre 1688, Berlin 1935 (= Schriften d. Vereins f. d. Geschichte Berlins 55).

— Berlin, Der Kern der Reichshauptstadt in seiner geschichtlichen Entwicklung von 1650 bis 1920, Berlin 1935 (2. Aufl. 1942).

Jahns, S.: Brandenburg-Preußen im System der Reichskammergericht-Präsentationen 1648 - 1806, in: Politische Ordnungen und soziale Kräfte im alten Reich, hrsg. von H. Weber, Mainz 1980, 169 - 202.

Janke, Otto: Dorotheenstadt (unter den Linden), Berlin 1927.

— Friedrichstadt, Berlin 1927 (= Vom alten zum neuen Berlin, H. 5).

Jany, Curt: Der Anfang des stehenden Heeres in Brandenburg, in: FBPG 51 (1938), 178 - 180.

Joret, Ch.: Pierre et Nicolas Formont, un banquier et un correspondant du Grand Electeur à Paris, Paris 1890.

Kalbe, Wilhelm: Beiträge zur brandenburgisch-preußischen Geschichte beim Regierungsantritt des Großen Kurfürsten, Phil. Diss. Göttingen 1902.

Koser, Reinhold: Ein Wahlspruch des Großen Kurfürsten, in: Hohenzollern-Jahrbuch 12 (1908), 27.

Kunisch, Johannes: Hofkultur und höfische Gesellschaft in Brandenburg-Preußen im Zeitalter des Absolutismus, in: August Buck u. a. (Hrsg.), Europäische Hofkultur im 16. und 17. Jahrhundert, 3 Bde., Hamburg 1981, Bd. 3, 735 - 744.

— La guerre — c'est moi! Zum Problem der Staatenkonflikte im Zeitalter des Absolutismus, in: ZHF 14 (1987), 407 - 438.

Der Große Kurfürst. Sammler, Bauherr, Mäzen. Katalog der Ausstellung im Neuen Palais vom 10. Juli bis 9. Oktober 1988, hrsg. v. d. Generaldirektion der Staatlichen Schlösser und Gärten Potsdam-Sanssouci 1988.

Lackner, Martin: Die Kirchenpolitik des Großen Kurfürsten, Witten 1973.

v. Ledebur, Karl Frhr.: Friedrich I. König von Preußen. Beiträge zur Geschichte seines Hofes sowie der Wissenschaften, Künste und Staatsverwaltung seiner Zeit, Bd. 1, Leipzig 1878, Bd. 2, Schwerin 1884.

v. Ledebur, Leopold: Schauplatz der Thaten oder Aufenthalts-Nachweis des Kurfürsten Friedrich Wilhelm des Großen ... Zur Erinnerung an den Regierungsantritt desselben, Berlin 1840.

— Vorträge zur Geschichte der Mark Brandenburg, gehalten im Jahre 1853 im Verein für Geschichte der Mark Brandenburg, Berlin 1854.

Loewe, Victor: Ein Diplomat und Gelehrter: Ezechiel Spanheim (1629 - 1710), Berlin 1924.

Lüdicke, Reinhard: Geschichte der Berliner Stadtgrundstücke seit der Einführung der Grundbücher Ende des 17. Jahrhunderts, Bd. 1, Berlin 1933 (= Veröff. d. Histor. Komm. f. d. Provinz Brandenburg u. d. Reichshauptstadt Berlin 7, 2).

Meinardus, Otto (Hrsg.): Protokolle und Relationen des Brandenbugischen Geheimen Rathes aus der Zeit des Kurfürsten Friedrich Wilhelm, Bd. 1 - 7 (1640 - 1666). Leipzig 1889 - 1919 (= PubllPreußStaatsarch 41, 54, 55, 66, 80, 89, 91).

— Beiträge zur Geschichte der Handelspolitik des Großen Kurfürsten, in: HZ 66 (1891), 444 - 495.

— Eigenhändige Briefe des Großen Kurfürsten an Johann Moritz von Nassau, in: FBPG 19 (1906), 115 - 155.

Meusel, Friedrich: Briefe des Prinzen Karl Emil und des späteren Königs Friedrich I. an die Freifrau von Schwerin, in: Hohenzollern-Jahrbuch 12 (1908), 32 - 40.

Mittenzwei, Ingrid / *Hertzfeld,* Erika: Brandenburg-Preußen 1648 - 1789, Berlin (Ost) 1987.

v. Moerner, Theodor: Kurbrandenburgs Staatsverträge von 1601 bis 1700, Berlin 1867.

Oestreich, Gerhard: Der brandenburgisch-preußische Geheime Rat vom Regierungsantritt des Großen Kurfürsten bis zur Neuordnung im Jahre 1651, Würzburg 1937 (= Berliner Studien zur neueren Geschichte 1).

— Fundamente preußischer Geistesgeschichte. Religion und Weltanschauung in Brandenburg im 17. Jahrhundert, in: Jahrbuch der Stiftung Preußischer Kulturbesitz 7 (1970), 20 - 45.

— Friedrich Wilhelm. Der Große Kurfürst, Göttingen u. a. 1971 (= Persönlichkeit und Geschichte, Bd. 65).

Opgenoorth, Ernst: Friedrich Wilhelm, der Große Kurfürst, Bd. 1 u. 2, Göttingen 1971/ 1978.

— Der Große Kurfürst, das Reich und die europäischen Mächte, in: Neue Forsch. z. Brandenburg-Preußischen Geschichte, Bd. 7 (1987), 19 - 31.

Opitz, Eckardt: Österreich und Brandenburg im Schwedisch-Polnischen Krieg 1655 - 1660. Vorbereitung und Durchführung der Feldzüge nach Dänemark und Pommern, Boppard 1969 (= Militärgeschichtliche Studien 10).

Oppenheim, G.: Christoph Hendreich, kurfürstlich brandenburgischer Rat und Bibliothekar, Berlin 1904.

v. Orlich, L.: Friedrich Wilhelm, Der Große Kurfürst, Berlin 1836.

— Geschichte des Preußischen Staates im 17. Jahrhundert, Bd. 1 - 3, Berlin 1838 – 1839.

Othmer, Sieglinde C.: Berlin und die Verbreitung des Naturrechts in Europa. Kultur- und geistesgeschichtliche Studien zu Jean Barbeyracs Pufendorf-Übersetzungen und eine Analyse seiner Leserschaft, Berlin 1970 (= Veröff. d. Histor. Komm. zu Berlin 30).

Pagès, Georges: Le grand Electeur et Louis XIV. 1660 – 1688, Paris 1905.

v. Pelet-Narbonne, G.: Friedrich Wilhelm. Der Große Kurfürst von Brandenburg, Berlin 1905 (= Erzieher des Preußischen Heeres, Bd. 1).

v. Petersdorff, H.: Der Große Kurfürst, Gotha 1926; 2. Aufl. Leipzig 1939.

Philippson, Martin: Der Große Kurfürst Friedrich Wilhelm von Brandenburg, T. 1 – 3, Berlin 1897 – 1903.

Pierson, William: Kurfürstin Dorothea, die Gründerin der Dorotheenstadt zu Berlin, in: Festschrift zu dem 50jährigen Jubiläum des Dorotheenstädtischen Realgymnasiums zu Berlin 1886, 1 - 39.

Poppe, Kurt: Benjamin Raule, General-Direktor der kurbrandenburgischen Marine in Kolberg, in: Pommersche Monatsblätter 52 (1938), 249 – 255.

Pribram, Alfred Francis: Österreich und Brandenburg. 1685 - 1686, Innsbruck 1884.

— Österreich und Brandenburg 1688 – 1700, Prag - Leipzig 1885.

— Zur auswärtigen Politik des Kurfürsten Friedrich Wilhelm von Brandenburg, in: FBPG 5 (1892), 103 – 133.

Prutz, Hans: Aus des Großen Kurfürsten letzten Jahren, Berlin 1897.

— Zur Geschichte des Konfliktes zwischen dem Großen Kurfürsten und dem Kurprinzen Friedrich 1687, in: FBPG 11 (1898), 530 – 540.

— Analekten zur Geschichte des Großen Kurfürsten, in: FBPG 12 (1899), 163 – 243.

— Gottfried von Jena als brandenburgischer Reichstagsgesandter 1679 – 1687, in: FBPG 18 (1905), 387 – 470.

Rachel, Hugo: Der Große Kurfürst und die ostpreußischen Stände 1640 – 1688, Leipzig 1905 (= Staats- u. sozialwiss. Forsch. 24, 1).

Rachel, Hugo / *Papritz,* Johannes / *Wallich,* Paul: Berliner Großkaufleute und Kapitalisten, Bd. 1 – 3, Neu hrsg., ergänzt u. bibliographisch erweitert von Johannes Schultze, H. C. Wallich, Gerd Heinrich, Berlin 1967 (= Veröff. d. Vereins f. Geschichte der Mark Brandenburg).

v. Ranke, Leopold: Fuchs und Bentik. Aktenstücke zum Jahre 1888, in: ZPGL 2 (1865), 1 – 15.

Reuther, Hans: Barock in Berlin. Meister und Werke der Berliner Baukunst 1640 – 1786, Berlin 1969.

Rudolph, Martin: Friedrichsgracht Nr. 58, in: Jahrbuch f. brandenburgische Landesgeschichte 15 (1964), 98 – 130.

v. Salpius, F.: Paul von Fuchs, ein brandenburgisch-preußischer Staatsmann vor 200 Jahren, Biographischer Essay, Leipzig 1877.

Saring, Hans: Tatarische Gesandtschaften an Kurfürst Friedrich Wilhelm während des ersten Nordischen Krieges, in: FBPG 46 (1934), 374 – 380.

— Tatarische Gesandtschaften an den kurbrandenburgischen Hof, in: FBPG 49 (1937), 115 - 124.

— Zeitgenössische Berichte über die letzten Tage und den Tod des Großen Kurfürsten. Aus den Akten des Gottorper Archivs, in: Deutsches Adelsblatt 56 (1938), 1256 f.

— Philipp v. Horn, ein Staatsmann des Großen Kurfürsten, in: Baltische Studien NF 41 (1939), 161 - 171.

— Die Altonaer Traktate 1687 - 1689, in: Zeitschrift d. Gesellschaft f. schleswig-holsteinische Geschichte 67 (1939), 191 - 242.

— Die Mitglieder des Kammergerichts zu Berlin unter dem Großen Kurfürsten, in: FBPG 54 (1943), 69 – 114, 217 – 256.

Schevill, F.: The Great Elector, Chicago 1947.

Schiedlausky, Günther: Martin Grünberg. Ein märkischer Baumeister aus der Wende vom 17. zum 18. Jahrhundert, Burg 1942 (= Beiträge zur Kunstgeschichte 7).

Schindling, Anton: Kurbrandenburg im System des Reiches während der zweiten Hälfte des 17. Jahrhunderts, in: Neue Forsch. z. Brandenburg-Preußischen Geschichte 7 (1987), 33 – 46.

Schneider, F.: Geschichte der formellen Staatswirtschaft von Brandenburg-Preußen, Berlin 1952.

Schöffer, Ivo: Die Republik der Vereinigten Niederlande und das Kurfürstentum Brandenburg — das Problem eines Kontrastes, Vortrag Berlin 1968.

Schröer, Fritz: Das Havelland im Dreißigjährigen Krieg. Ein Beitrag zur Geschichte der Mark Brandenburg, ergänzt u. hrsg. von Gerd Heinrich, Köln - Graz 1966 (= Mitteldeutsche Forsch., 37).

v. Schroetter, Friedrich Frhr.: Die brandenburgisch-preußische Heeresverfassung unter dem Großen Kurfürsten, Leipzig 1892 (= StaatsSozialwissForsch, 11, 5).

— Die Berliner Münzprägung der märkischen Stände 1661 – 1664, in: FBPG 31 (1918/19), 401 - 409.

Schück, Richard: Brandenburg-Preußens Kolonial-Politik unter dem Großen Kurfürsten und seinen Nachfolgern (1647 - 1721), Bd. 1 u. 2, Leipzig 1889.

Schultze, Johannes: Der Ausbau Berlins zur Festung und die Aufnahme der ersten ständigen Garnison 1658 - 1665, in: Jahrbuch d. Vereins f. d. Geschichte Berlins 1 (1951), 140 - 162.

— Die Mark Brandenburg. Bd. 5: Von 1648 bis zu ihrer Auflösung und dem Ende ihrer Institutionen, Berlin 1969.

Schulz, Helga: Berlin 1650 – 1800. Sozialgeschichte einer Residenz, Berlin (Ost) 1987.

Schuster, Georg (Hrsg.): Aus der Geschichte des Hauses Hohenzollern, Berlin 1915.

Schwartz, Paul: Aus der Zeit der Kämpfe zwischen Lutherischen und Reformierten im 17. Jahrhundert, in: Zeitschrift d. Vereins f. Geschichte d. Neumark 24 (1910), 35 - 88.

Seidel, Paul: Der Lustgarten am Schlosse in Berlin bis zu seiner Auflösung im Jahre 1715, in: FBPG 3 (1890), 89 - 124.

— Die bildenden Künste unter Friedrich I. 2. Kunst und Künstler am Hofe, in: Hohenzollern-Jahrbuch 4 (1900), 247 - 268.

— Der Einzug des Großen Kurfürsten in Berlin am 12. Dezember 1678, in: Hohenzollern-Jahrbuch 6 (1902), 246 - 253.

— Das Potsdamer Stadtschloß, in: Hohenzollern-Jahrbuch 8 (1904), 143 - 174.

Seyler: Leben und Thaten des Großen Kurfürsten, Frankfurt - Leipzig (1730).

Steltzer, Hans Georg: „Mit herrlichen Häfen versehen". Brandenburg-preußische Seefahrt vor dreihundert Jahren, Berlin 1981.

Stolpe, Manfred / *Winter,* Friedrich (Hrsg.): Wege und Grenzen der Toleranz. Edikt von Potsdam 1685 - 1985, Berlin (Ost) 1987.

Storch, A.: Der brandenburgisch-preußische Kammerstaat unter Leitung Bodos von Inn- und Knyphausen, Phil. Diss. Göttingen 1912.

Strecker, A.: Franz von Meinders. Ein brandenburgisch-preußischer Staatsmann im 17. Jahrhundert, Leipzig 1892 (= Staats- und sozialwissenschaftliche Forschungen, 11, H. 4). [Phil. Diss. Berlin 1891].

Tautz, K.: Die Bibliothekare der Churfürstlichen Bibliothek zu Cölln an der Spree, Leipzig 1925.

v. Thadden, Rudolf / *Magdelaine,* Michell: Die Hugenotten, München 1985.

Thouret, Georg: Einzug der Musen und Grazien in der Mark, in: Hohenzollern-Jahrbuch 4 (1900), 192 - 230.

Tollin, H.: Kurfürstlich-königliche Ober-Kommissare und Minister aus der französischen Colonie, Berlin 1893.

Urkunden und Aktenstücke zur Geschichte des Kurfürsten Friedrich Wilhelm von Brandenburg, Bd. 1 - 23, Berlin 1864 - 1930.

Vogler, Günter: Kurfürst Friedrich Wilhelm, in: Preußen. Legende und Wirklichkeit, Berlin (Ost) 1983, 23 - 35.

Waddington, A.: Le grand électeur Frédéric Guillaume de Brandebourg. Sa politique extérieure 1640 - 1688, T. 1 u. 2, Paris 1905/1908.

Wadzek, Fr. / *Wippel,* W.: Geschichte der Erbhuldigungen der Preußisch-Brandenburgischen Regenten aus dem Hohenzollernschen Hause, Berlin 1798.

Wallich, Paul: Urkunden und Aktenstücke, Manuskripte und Drucke, Zeitungen und Adreßbücher zur Geschichte Brandenburg-Preußens, insbesondere zur Wirtschafts- und Familiengeschichte Berlins (Nicht im Buchhandel), Leipzig 1938.

Werners, Margarete. Die Reichspolitik des Großen Kurfürsten im Rahmen seiner europäischen Politik von 1679 - 1684, Phil. Diss. Bonn 1937.

Wilke, Jürgen: Die Französische Kolonie in Berlin, in: Helga Schulz, Berlin 1650 - 1800. Sozialgeschichte einer Residenz, Berlin (Ost) 1987, 353 - 430.

Winau, Rolf: Der Hof des Großen Kurfürsten und die Wissenschaften, in: August Buck u. a. (Hrsg.), Europäische Hofkultur im 16. und 17. Jahrhundert, 3 Bde., Hamburg 1981, Bd. 3, 647 - 658.

Wittram, Reinhard: Peter I., Czar und Kaiser. Zur Geschichte Peters des Großen in seiner Zeit, Göttingen 1964.

Wolters, Friedrich: Geschichte der brandenburgischen Finanzen in der Zeit von 1640 bis 1697, München - Leipzig 1915 (= Urkunden und Aktenstücke zur Geschichte der inneren Politik des Kurfürsten Friedrich Wilhelm von Brandenburg, T. 1, Bd. 2).

Zernack, Klaus: Studien zu den schwedisch-russischen Beziehungen in der zweiten Hälfte des 17. Jahrhunderts, Gießen 1958.

Beihefte zur Zeitschrift für Historische Forschung

1 Peter Moraw (Hrsg.)
Unterwegssein im Spätmittelalter
108 S. 1985. Vergriffen

2 Johannes Kunisch (Hrsg.)
Expansion und Gleichgewicht
Studien zur europäischen Mächtepolitik des ancien régime
239 S. 1986. DM 78,–

3 Johannes Kunisch (Hrsg.)
Neue Studien zur frühneuzeitlichen Reichsgeschichte
202 S. 1987. DM 78,–

4 Johannes Kunisch (Hrsg.)
Analecta Fridericiana
113 S. 1987. DM 46,–

5 Peter Moraw (Hrsg.)
„Bündnissysteme“ und „Außenpolitik“ im späteren Mittelalter
119 S. 1988. DM 52,–

6 Peter Moraw (Hrsg.)
Das geographische Weltbild um 1300
Politik im Spannungsfeld von Wissen, Mythos und Fiktion
108 S. 1989. DM 48,–

7 Hans Joachim König / Wolfgang Reinhard / Reinhard Wendt (Hrsg.)
Der europäische Beobachter außereuropäischer Kulturen
Zur Problematik der Wirklichkeitswahrnehmung
169 S. 1989. DM 68,–

Duncker & Humblot · Berlin